LANDLIJNEN

Raynor Winn

Landlijnen

Uitgeverij Balans

Oorspronkelijke titel *Landlines*
Oorspronkelijke uitgever Michael Joseph/Penguin Random House UK

Omslagontwerp Mijke Wondergem
Omslagillustratie Angela Harding
Kaarten Hannah Bailey
Typografie en zetwerk Adriaan de Jonge
Druk Wilco, Amersfoort

ISBN 978 94 638 2239 8
NUR 320

www.uitgeverijbalans.nl

facebook.com/uitgeverijbalans
twitter.com/balansboeken
instagram.com/uitgeverijbalans
uitgeverijbalans.nl/nieuwsbrief

Voor het Team

'De wereld openbaart zich aan wie te voet reist.'

Werner Herzog

Inhoud

Proloog

Water stort met zoveel geweld van de berg dat het zijn eigen wind veroorzaakt, die lawaai en nevel omhoogstuwt tot mijn kleren doorweekt zijn van de sproeidruppeltjes en ik doof ben van het kletterende geraas dat tegen de heuvel weerkaatst. Mijn schoen glijdt weg over de natte steen, zodat het gewicht van de rugzak op mijn rug verschuift en ik omlaagglibber, in de richting van het ravijn. Om mijn val te stuiten grijp ik me vast aan een rotsblok voor me, maar een steenlawine stort langs de bijna loodrechte wand van druipende vegetatie omlaag en verdwijnt in de diepte van de kloof. Ik klamp me aan de rots vast en huiver, bevangen door elektrische schokken van angst die door mijn lichaam trekken. Toch zie ik, als ik omhoogkijk, heel even een andere wereld: een wereld van blauwe lucht waarin een bonte kraai geluidloos onder langzaam voortdrijvende wolken zweeft.

Ik haal adem, inhaleer de groene vochtigheid en wens dat ik vleugels had. Vleugels, touwen, alles wat ons veilig uit de Falls of Glomach kan helpen. Het vergt een bijna fysieke inspanning om niet aan een van de hoogste watervallen in Groot-Brittannië te denken of aan de diepte van de kloof die hij in de aarde vreet, maar als mijn blik het smalle pad tussen de rotsblokken door omhoog volgt, maakt angst om mezelf plaats voor angst om Moth.

'Alles oké daarboven?' Ik hoop dat hij me boven het geraas van het water uit kan horen.

'Nee. Nee, het lukt me niet, ik moet omlaag. Jij? Alles oké?' Ik kijk achterom naar het water daar beneden en het onheil dat wacht op het wegglijden van een voet.

'Ja hoor, het gaat best, ik kom nu naar je toe.'

Ik klauter tegen de ruwe, gebarsten rots op, over zulke hoge treden dat ik uiteindelijk op handen en knieën bij Moth aankom. Hij staat zijdelings tegen de wand van de kloof aangedrukt, die in een hoek van tachtig graden boven ons oprijst, zo dicht ertegenaan als hij maar kan met de rugzak op zijn rug, en zijn voeten nemen de hele breedte van het pad in dat door de helling snijdt.

'Ik kan niet verder.'

Ik ga dicht achter hem staan, kan nergens anders heen.

'We kunnen niet terug.'

De Cape Wrath Trail door het noorden van Schotland lopen: het had zo haalbaar geleken, toen we plannen voor deze reis maakten in de voorjaarswarmte van Cornwall, waar de zon scheen en de appelbloesems op uitkomen stonden. Dit unieke gebied had een bijna magnetische aantrekkingskracht op ons gehad; een land van afgelegen bergen, rijk aan wilde natuur, een oord van schoonheid en eenzaamheid. We wisten dat het geen gemakkelijk pad zou zijn om te volgen, zonder markeringen of snelle uitwegen, maar dat was onderdeel van de uitdaging. De momenten van ontzag en dramatische wildernistaferelen die we tot nu toe al hebben gekend, hebben elke lange dag en elk moeilijk te vinden pad de moeite waard gemaakt. Maar nu, dicht tegen de wand van dit ravijn aan, zo overspoeld door de natuur dat de geur van brak water op mijn huid en in mijn adem blijft hangen, is het alsof die dagen van plannen maken in Cornwall zich in een ander leven hebben afgespeeld. Nu kan ik me alleen nog maar richten op de vraag hoe we hieruit moeten komen. En op Moth, bij wie de verschijnselen van zijn levensbedreigende ziekte niet afgenomen zijn. Ondanks al mijn hoop en alle kilometers die we al hebben gelopen, kost het hem nog steeds moeite zijn rugzak om te doen, zegt hij dat hij niet meer weet hoe hij een kaart moet lezen en heeft hij nu een blijkbaar verlammende hoogtevrees ontwikkeld.

'Ik geloof dat ik moet overgeven.' Moths gezicht is grauw als hij naar me omkijkt, terwijl hij zich aan een uitstekende punt met bosbessenstruikjes blijft vastklampen.

'Nee, dat hoef je niet. Niet aan denken, hou je ogen op het pad en blijf lopen. Je moet blijven lopen.'

Ik voel me slap worden van opluchting als het pad uitkomt op een stenig plateau met een bassin stilstaand water. Moth laat zijn rugzak en zijn van angst doortrokken kleren vallen en springt erin.

'Kom er ook in, het is oké nu, we zijn er bijna.'

We zijn er helemaal niet 'bijna', het pad slingert zich almaar verder omhoog, tot het bijna in een geul tussen de rotsen verdwijnt. Ik zie helemaal geen uitweg. Ik kijk naar hem terwijl hij zwemt, zijn magere witte lichaam naakt in het donkere water, zijn hoogtevrees gesust door de koelte, en als ik me ook even ontspan, voel ik hoe de adrenaline wegtrekt maar dan plaatsmaakt voor uitputting. Stel dat we hier nooit uitkomen? Ik krijg visioenen van Moth en mijzelf die voorgoed bij dit zwembassin blijven kamperen, overlevend op door passerende wandelaars achtergelaten voedselpakketten. Maar als ik me omdraai om dit vooruitzicht aan Moth te vertellen, staat hij al aangekleed en wel zijn rugzak op te hijsen.

We lopen weg van de poel omhoog over een helling van nat, glibberig gras die zo steil is dat mijn handen wanneer ik ze uitsteek bijna de grond voor me raken. Terwijl ik mijn post-adrenalinebenen omhoogsleur, begin ik te wanhopen; ik heb nauwelijks meer de kracht om uit deze angstaanjagende plek weg te komen. Ik concentreer me zo op elke stap dat ik niet zie hoe hij me passeert, hem niet op de rots zie stappen die voor mij te hoog is, zodat ik er niet op kan klauteren. Ik zie alleen zijn hand die omlaagreikt en mij optrekt.

Het pad verbreedt zich, maar niet voor lang. Van hieraf zie ik dat het steiler wordt, smaller en minder beschut, terwijl het naar de top van de waterval en de uitgang van de kloof slingert.

‘Gewoon niet naar beneden kijken, als we nog voor de waterval een ander pad zien, nemen we dat.’ Ik laat zijn hand los en loop achter hem aan, met mijn ogen op zijn voeten gericht. In de geul stroomt water door zachter glooiend gras, voordat het over stenen bijna honderd meter omlaag naar de voet van de waterval stort. Mijn benen reageren nauwelijks meer en ik wil alleen nog maar slapen, maar ik volg hem door water dat over glibberig gras stroomt. Elke stap omhoog die hij zet, volg ik, op de moeilijkste stukken is daar altijd zijn hand. En dan, eindelijk, de verblekende blauwe lucht van een Hooglandavond. Ik lig op een door de zon verwarmd rotsblok, geen geraas van water, geen vallende stenen, alleen een bonte kraai die boven ons cirkelt.

We zetten de tent op een vlak stukje grond tussen heide en moerasgras, hoog op een Schotse heuvel, en ik val erin neer. Om ons heen strekken de bergen van de verlaten Hooglanden zich uit in tinten blauw, hoge rotspunten vangen nog steeds het roze en perzik van het laatste licht waarvan de gloed om Moth heen valt terwijl hij theezet op het gasbrandertje en bij het flikkerende licht daarvan de kaart bestudeert.

‘Morgen gaat het allemaal heuvelaf, volgens mij wordt dat een gemakkelijkere dag.’

Hoop komt opzetten met de avonddauw en vliegt met duizend langpootmuggen de zachte lucht in.

DEEL EEN

Dekking zoeken

'Dit is een tijd om langzaamaan te doen,
Dekking te zoeken,
Tot de bittere kou voorbij is.'

John O'Donohue, *This is the Time to Be Slow*

I

Zacht opkomend in een afnemend grijs trekken de tinten van een kleurloos halflicht door de kamer, van zijn bijna-witte bron tot in de donkerste hoeken. Een nevel van licht kruipt de morgen in. Ik weet dat de kleuren van de kamer er zijn, maar ze zijn verhuld, monochroom gemaakt. Een dichte deken van stilheid ligt zwaar over alles heen en ik durf die niet te verstoren. Ik doe mijn ogen dicht en zak weg in de stilte, sluit het licht en de nieuwe dag buiten.

Maar het donker biedt geen schuilplaats; het heeft nog steeds de grimmige, rauwe werkelijkheden van de afgelopen nacht in zich en ik raak verstrikt in het licht van de dageraad, te verdrietig om terug te keren, te bang om verder te gaan. Het licht wordt sterker, het scheidt de grijsheid, haalt vormen van gedempte kleur naar voren, trekt mij de onvermijdelijkheid van de dag in. Ik beweeg me langzaam door het toenemende licht, een grijze wollen trui schuurt over mijn koude huid, maar als ik zachtjes de deur verder opentrek, verandert zijn ademhaling. Ik blijf bewegingloos staan en wacht tot de verschrikkingen van de nacht terugkomen, maar een zacht ademritme begint weer en ik glip de deur door, de morgen in.

Buiten hangt mist, wit en nat. Ik loop weg van het huis, tussen de bomen van een oude boomgaard waarin de gekromde vormen zich donker aftekenen, de met korstmos overdekte takken druipen van de nevel en de vormen lager op de helling vervagen naar witheid, tot ze verdwijnen, opgaan in water en lucht. De beek stroomt snel door het bosje hoge eiken en essen onder aan de helling, onzichtbaar in de dikke mist die het dal tot aan de kreek bedekt, alleen het geluid van vallend water vertelt hoe hard het in de storm van vannacht heeft geregend. Onze kleine witte hond is ook ergens daar beneden; hij jaagt achter fazanten aan die in een tumult van flapperende vleugels en alarmkreten uit het hakhout opvliegen. Hij komt tevoorschijn uit het hoge gras van de wilde hoek; aan zijn houding kun je zien dat hij blij is: zijn ochtend is nu al geslaagd. De reeën grazen zeker ergens anders, misschien in het bos bij de kreek, anders waren zij ook wel onder de bomen vandaan komen stormen. Het moment van lawaai is voorbij. Als ik van de boomgaard wegloop, verdwijnt zelfs het geluid van de beek, de stilte keert terug in de dichte lucht.

Terug in het huis kruipt Monty op zijn kussen onder de tafel, zijn lange haar zit aan elkaar geklit door mist en takjes. Hij valt in een zorgeloze slaap, terwijl het water kookt en ik theezet. In huis is de stilte nog ondoordringbaarder dan in de boomgaard, maar de absolute rust werkt kalmerend en ik trek hem om me heen als ik me in een stoel nestel, met de mok thee die mijn handen warmt. Natte januarikou dringt in het huis door. Ik zou de houtkachel kunnen aansteken, maar het lawaai zou Moth wekken, die nog in bed ligt te slapen, en daarom schakel ik een elektrisch kacheltje in en sla een jas om me heen. Misschien komt het door de warmte die in deze hoek van de kamer begint door te dringen of door de kalmerende werking van warme thee, maar als de herinneringen aan de afgelopen nacht terugkeren, onderdruk ik ze niet, maar laat ze opkomen en bekijk ze vanuit de afstand van de ochtend.

Ik was uit een diepe slaap wakker geworden met een plotseling gevoel van desoriëntatie en verwarring, in een aardedonkere kamer. Geen maan die door de dunne mousselinen gordijnen scheen, alleen de totale duisternis van het platteland, waar geen straatlantaarns door het donker heen breken en alleen het geluid van regen tegen het raam een idee geeft van wat er buiten gaande is. Maar het geluid dat me gewekt had, kwam niet van buiten, het klonk naast me in het bed. Een raspend, schor hijgen, het dringende geluid van lucht die vecht om door gesloten luchtwegen te komen, het bed dat schudt van Moths wanhopige pogingen om adem te krijgen. Ik deed het licht aan en liet hem overeind zitten; zijn gezicht was een studie van angst, hij kon niet praten, er ontsnapten geen woorden uit zijn dichtgesnoerde keel.

'Ontspan je, vecht er niet tegen, probeer je alleen te ontspannen.'

Langzaam, langzaam liet de kramp los en werd zijn ademhaling weer rustig.

'Was je aan het drinken, heb je je verslikt?'

'Nee, ik werd gewoon wakker en ik kon geen adem krijgen... Ik moet naar de wc.' Onderweg naar het toilet leunde hij op mij, zijn linkerkant weigerde zijn gewicht te dragen, maar toen we de smalle gang overstaken, zakten zijn benen onder hem in elkaar, hij viel op de vloerplanken en sleurde mij met zich mee. Een hele tijd bleef het stil, we konden geen van beiden iets uitbrengen, zo geschokt waren we.

'Dit is het, het is zover.'

'Nee, nee, dat overkomt jou niet, het is gewoon een nachtmoment, het gaat weer voorbij.'

'In godsnaam, Ray, luister naar me, ik kan niet blijven vechten, kun je niet gewoon naar me luisteren?'

We lagen daar met zijn tweeën op een hoop vloerkleed en pis, geluidloos te huilen om de overweldigende treurigheid van wat er gebeurde. Het leek erop dat de ziekte waartegen hij al zo lang vocht, nu haar machtige armen om hem heen sloeg, hem niet langer omhelsde, maar haar greep verstevigde en begon te knellen. Hoe lang nog, voor ze zo hard knijpt dat de Moth die ik ken verdwijnt en met de eindstadia van deze afschuwelijke ziekte verloren raakt in het omhulsel van een lichaam dat niet langer kan functioneren?

'Nou, ik hoef nu in elk geval niet meer naar de wc.' Hoe speelt hij het toch altijd klaar om op de ergste momenten te lachen?

'Laten we niet proberen op te staan. Zullen we naar de slaapkamer terugkruipen?'

Terwijl we op handen en knieën over de overloop kropen en vervolgens zijn een meter negentig lange lijf op het bed probeerden te sleuren, was duidelijk, zelfs in het donker, dat we de kans liepen ons evenwicht te verliezen op het smalle koord tussen komedie en tragedie: elk moment konden we eraf vallen, naar de kant waar alleen wanhoop is.

Ik keek toe hoe hij langzaam weer in een diepe slaap viel, deed toen de lichten uit en luisterde in het donker naar zijn gestage ademhaling. Het was nu echt. De ziekte waarvan we hadden gehoopt dat ze altijd op de drempel zou blijven staan, maar nooit de deur door zou komen, was er nu, kwaadaardig, donker en heel erg in de kamer. Ze was bij ons ingetrokken en nam de boel over, waarbij ze alle andere leven het huis uit gooide om ruimte voor zichzelf te maken. Een koekoek in het nest, die alles verwoestte wat er eerder was geweest.

De grijsheid van de vroege ochtendmist trekt op naar een lage, dichte wolkenlucht. Er dreigt geen regen, maar er is ook geen kans op zon, gewoon een koude saaie dag in januari. Ik scharrel stilletjes door het huis en luister voortdurend of ik boven iets hoor bewegen, maar ik hoor niets. Eindelijk, als de morgen al overgaat in de middag, wordt hij wakker.

'Ik ben duizelig en die pijn, diep in mijn hoofd...' De woorden komen langzaam, ze vallen niet als een stroom snel over elkaar buitelende gedachten uit zijn mond zoals ze dat het grootste deel van zijn zestig jaar hebben gedaan. Ze worden zorgvuldig gevormd en aarzelend uitgesproken. Sinds de dagen korter werden, hebben deze langgerekte momenten van spraakvorming tussen ons in gehangen, er is niet over gepraat, ze zijn niet onderzocht, het zijn alleen stille momenten van wachten, van weten dat daar in die ongevormde woorden en onuitgesproken gedachten een wereld van verdriet, lijden en verlies ligt die nog ontdekt moet worden.

'Ik heb hier thee voor je, wil je die opdrinken en dan opstaan? Ik weet zeker dat je je beter zult voelen als we...'

'Nee, ik kan het niet. Ik kan mezelf niet blijven forceren.' Het grijze licht van de middag trekt zich langzaam terug naar de bron, het laat schaduwen achter, de damp kringelt niet langer omhoog en in de kamer dreunt het zwijgen.

'Ik maak de bewegingen die bij leven horen, terwijl we allebei weten dat ik eigenlijk bezig ben te leren sterven.'

De schaduwen worden donkerder, terwijl de namiddagregen langs het raam valt. Als je maar genoeg tijd krijgt, kun je je gezicht trainen zijn vorm te behouden en niet te vertrekken door de emoties achter de façade. Gladde, onbezorgde spier en huid die een verwrongen schreeuw van verdriet, zelfmedelijden en angst maskeren.

'Dan haal ik nog wat thee. Deze is koud geworden.'

Daglicht keert terug, hardnekkig, onvermijdelijk, de morgen wordt een nieuwe dag om onder ogen te zien. Ik hoor hem niet opstaan en zich aankleden, zie hem alleen, zonder hulp, de trap af lopen.

'Ik heb je niet horen opstaan, je had moeten roepen.' De meeste ochtenden beginnen ermee dat ik thee naar boven breng en hem overeind help. Een deprimerend moment en meestal is er een tweede kop thee nodig om het uit ons hoofd te zetten.

'Het ging wel, er lagen zoveel kussens in het bed dat ik toch al bijna rechtop zat. Ik ga naar de oude boomgaard om verder te gaan met snoeien.'

'Hè? Na die nacht en gisteren, waarom? Eet dan tenminste eerst iets.'

'Ik heb geen honger.'

Ik zie hem met langzame, onregelmatige passen de boomgaard in lopen, met de snoeizaag in zijn hand en Monty op zijn hielen, die een tennisbal in zijn bek geklemd houdt. Zoals de meeste januariochtenden begonnen zijn sinds we zijn verhuisd naar deze oude boomgaard, waarin Moth in de winter zoveel tijd doorbrengt met het verwijderen van de dode, gebroken en aangetaste takken uit de oude, knoestige bomen, dat er een bijna symbiotische relatie is ontstaan: de bomen hebben evenveel zorg nodig om overeind en in leven te blijven als hun verzorger. Door de fysieke inspanning die nodig is om de bomen te verzorgen, blijft hij kennelijk in beweging, terwijl de verwachting was dat hij stil zou staan, en blijven de bomen fruit produceren terwijl hun tijd van productiviteit voorbij leek. Tot nu. Nu lijkt de balans door te slaan ten gunste van de bomen.

Ik maak iets te eten klaar en een thermosfles thee en volg het donkere spoor van zijn voeten door het natte gras naar een stapel snoeihout onder de bomen. Het geluid van de handzaag die door hout snijdt houdt op als ik eraan kom en hij verplaatst zijn smalle gestalte voorzichtig uit de boomgaard naar de open grond. Zijn eetlust is maanden geleden al verdwenen en daarmee ook elke gedachte aan eten. Met als onvermijdelijk gevolg spierverlies en zwakte. Ik maak het trommeltje boterhammen open met de gedecideerdheid van een schoolkokkin die niets wil weten van voedselvoorkeuren of kieskeurigheid, ik reik simpelweg voedsel aan dat opgegeten dient te worden; alleen de blauwe muts en schort ontbreken nog.

'Kaas met zuur.'

'Ik heb geen honger.'

'Dat weet ik, maar je moet toch eten.'

Ik houd hem het plastic trommeltje voor, terwijl hij zijn handschoenen uittrekt. De hand die naar een boterham grijpt, trilt met een tremor die elke keer dat ik mezelf toesta hem op te merken opvallender is. Hij begint te eten en ik gooi de bal weg voor Monty.

Het zou niet zo moeten zijn. Deze man, die marathons heeft

gelopen, bergen beklommen, zijn hele leven naar de zon heeft gereikt, zou niet een boterham uit een trommeltje moeten pakken met een hand die zo trilt dat het zuur van de kaas valt. Niet de hand die veertig jaar van met de natuur verweven leven de mijne heeft vastgehouden, stevig, zeker en zo met elkaar verstrengeld dat ik niet meer kan zeggen waar mijn hand eindigt en de zijne begint. Hij trekt zijn handschoenen weer aan, komt moeizaam overeind, pakt de zaag op en de bomen omvatten hem weer. Maar zelfs dat zou niet zo moeten zijn.

Ik blijf in de boomgaard zitten, op een rechtopstaand houtblok in het natte gras, omringd door herinneringen die ik niet kan ontlopen. Herinneringen aan een arts die op zijn bureau zat en ons vertelde dat Moth een ziekte had waarvoor geen behandeling of genezing bestond, een ziekte die de man van wie ik al mijn hele volwassen leven houd, zou wegnemen, die langzaam maar zeker een eind zou maken aan zijn vermogen te bewegen zoals hij wilde, die hem daarna zijn gedachten en zijn herinneringen zou afnemen en uiteindelijk zo machtig zou worden dat zijn tijd tot een stikkend, ademloos eind zou komen. Moth hoeft het niet te zeggen, terwijl ik hem over snoeihout in het hoge gras zie struikelen. Ik weet dat hij denkt dat hij een heel eind heeft afgelegd van de weg die op de diagnose volgde en dat hij nu de laatste bocht ziet opdoemen. Elke ademloze kramp als hij zich in zijn eten verslikt, of in frisse lucht, brengt hem een stap dichter bij het punt waarop hij niet langer probeert te vechten en het maar laat gebeuren.

Maar zelfs het moeilijke leven vol pijn dat hij nu leidt, zou niet zo mogen zijn. Toen in die stille ziekenhuiskamer de diagnose van een vorm van corticobasale degeneratie (CBD) viel, klonk die zwaar, onveranderlijk, definitief. Deze ziekte zou zich maar in één richting ontwikkelen: vooruit; een langzaam vorderende, niet te doven natuurbrand van afbraak, die kostbare hersencellen wegbrandt en alle functies die zij beheersen verwoest.

Moth zaagt nog een tak af, laat die op de grond zakken en gaat er dan op zitten, doodop van de inspanning, klaar om het op te geven. Ik loop terug naar huis om mijn handschoenen en nog een zaag te halen, want ik wil hem niet alleen laten werken.

Als ik de heuvel op loop, zie ik twee zilvermeeuwen in het veld achter het huis. Ze komen elke winter naar hetzelfde veld en blijven er dan dagen, soms weken, terwijl ze vaak alleen maar urenlang bij elkaar staan, af en toe in het gras naar larven pikken, maar voornamelijk alleen maar kijken. Ze gaan soms wel afzonderlijk naar verschillende hoeken van het veld, maar komen altijd weer bij elkaar om opnieuw te gaan staan kijken; zo te zien vinden ze het genoeg om naar de buizerd boven hen te turen of naar de woelmuizen die in het gras wroeten, of alleen maar wat door ons leven te zwerven. Dan, even plotseling als ze kwamen, zijn ze weer verdwenen. Weg naar de zee en de kust, aangetrokken door het magnetisme van de zoute lucht, de roep van de wind en de open horizon. Zij weten niets van artsen of diagnoses; ze volgen simpelweg de luchtstromingen, weten instinctief wat ze nodig hebben en hoe ze die behoefte kunnen vervullen, hoe ver deze vlucht hen ook zal brengen.

Ik zoek in de schuur naar de dikke leren handschoenen die ik gebruik voor het werken met het hout maar kan ze niet vinden. Anders dan Moth, die voor alles een plek heeft, zal ik ze wel hebben laten liggen waar ik ze het laatst heb gebruikt. Ik vind ze in het huis, neergegooid achter de houtmand naast de boekenkast. Terwijl ik ze opraap, stoot ik een stapel geplastificeerde boekjes op de onderste plank om. Gidsen voor andere werelden, naar wilde plekken, afgelegen bergen en verre kusten. Ik leg ze weer op een stapel; een ervan is zwaarder dan de andere: er zitten gedroogde bladeren in, stukjes papier, zand en veren, de pagina's zijn geribbeld van het water, als het strand bij afgaand tij. Ik houd hem even in mijn hand, voel het gewicht, terwijl ik het zwarte haarelastiek dat hem dichthoudt, rechttrek. Ik hoor het geluid van de zee tegen de kliffen en proef het zout op mijn lippen. Ik leg hem terug, pak de handschoenen en ga op weg naar de boomgaard.

Voordat ik bij de bomen ben, zie ik Moth die al naar het huis toe komt lopen. Hij blijft even staan om te kijken waar Monty is, en dan, als hij zich weer naar mij toe keert, valt hij. Het is geen struikelen of misstappen, hij valt gewoon om, als een dode boom bij harde wind. De lucht blijft stil hangen, ademloos, terwijl de weg korter wordt en de laatste bocht duidelijk in zicht komt. Ik ren, ren naar hem toe, maar zijn lichaam raakt de grond, zijn bovenlijf komt iets omhoog maar valt dan weer neer. Ik glijd op mijn knieën naast hem, houd zijn hoofd vast, praat tegen hem, schud hem door elkaar, terwijl Monty de bal loslaat en zijn arm likt. Ik kan nauwelijks iets uitbrengen, doordat mijn keel is dichtgesnoerd, kan nauwelijks iets zien met ogen waaruit de tranen stromen. Maar als ik omhoogkijk, stijgen de twee zilvermeeuwen op, de grijze lucht in, ze strekken hun machtige vleugels, laten zich sturen door de wind en ik kan de zoute lucht die hen roept bijna ruiken.

2

'Hé, jij.' Na seconden of misschien wel minuten gaan zijn ogen open.

Hij kijkt me aan, maar ik ben er niet. Er zit iets vaags in die blauwe ogen dat ik niet herken. Hun blik heeft altijd met onwankelbare intensiteit de mijne vastgehouden, sinds de eerste keer dat ze opkeken en dwars door een schoolkantine heen mijn verlegen, aarzelende tienernieuwsgierigheid opvingen. Maar dit lege, waterige staren ken ik niet, net zomin als de schokkerige bewegingen van zijn pupillen terwijl hij probeert het beeld scherp te krijgen. Ik raak gewend aan zijn veranderende gezicht, met de donkere groeven en scherper wordende contouren, maar ik dacht dat die ogen altijd van mij zouden zijn. Die ogen die mij door en door kennen en vanaf de andere kant van een volle kamer kunnen zien wat ik denk. Ik dacht dat ze altijd een herinnering zouden inhouden aan de lange jaren die we samen hebben doorgebracht, dat ze altijd van mij zouden blijven. Maar deze ogen zijn leeg, ze zien niets anders dan de nevel die vanaf de kreek begint op te trekken en nat in de lucht hangt.

'Wat gebeurt er?'

'Ik weet het niet; je bent zeker gestruikeld.' Monty pakt zijn tennisbal op en holt naar het huis. Ik help Moth wankelend overeind en we lopen achter de hond aan. De mist wordt dichter terwijl we langzaam de heuvel op lopen, hij bekleedt de bomen met zijn vochtige nevel en omhult de ciderschuur bij de weg tot alleen de hoogste bomen nog te zien zijn. De weg en de bocht verdwijnen uit het zicht en een donkere, laaghangende, ondoordringbare wolk volgt ons naar het huis.

'Zal ik de dokter bellen?'

'Wat heeft dat voor zin? Die zegt toch alleen maar: "Zo gaat dat nu eenmaal" en vinkt dan weer een vakje af.'

'Maar toch, het kan ook een andere oorzaak hebben, je bloeddruk of iets anders.'

'Nee. Ik ga even liggen.' Hij kruipt op handen en knieën de trap op en ik help hem op bed. Ik weet dat ik me aan strohalmen vastklamp. Elke keer als deze ziekte een nieuwe sprong vooruit maakt, zoek ik wanhopig naar een simpel etiket om erop te plakken, net zoals de artsen. Maar zijn bloeddruk blijft altijd stabiel en de etiketten blijven onbeschreven.

Ik zet thee en breng die naar boven, maar hij slaapt, dus leg ik een deken over hem heen en ga weer naar beneden. Het is koud in huis, de vochtige mist kruipt naar binnen en legt een natte slijmerige glinstering op de leistenen vloer van de gang. Ik haal de aanmaakblokjes en wat aanmaakhout en steek de houtkachel aan, het droge hout vat snel vlam en ik pak kleine blokken uit de houtmand om het vuur op te bouwen. Ik heb het gevoel dat er behalve het vuur nog iets anders is wat ik niet moet aanraken, en toch wil mijn hand erheen gaan. Ik bouw het vuur verder op, houd mijn ogen op de vlammen gericht en laat ze niet afdwalen, maar ik voel de magnetische aantrekkingskracht en weet dat ik die niet kan weerstaan. Ik doe het deurtje van de kachel dicht terwijl de warmte door de kamer trekt en ik zwicht, zoals ik wist dat ik zou doen. Ik reik naar de onderste plank van de boekenkast, pak er de bijeengebonden gids uit en streel de gerimpelde rand, hoor de zee tegen een rotsige kust slaan. Ik leg het boekje op tafel en pak er nog een, scherp en hoekig als het landschap dat erin beschreven staat. Ik sla het open en de geur van zwavel is nog aanwezig en echt, de geur die nog steeds in de slaapzakken en de tent hangt die we op onze reis naar IJsland hebben gebruikt. Ik leg het naast het gidsje van het South West Coast Path en mijn handen blijven boven de twee boekjes zweven. Oude vrienden. Stukgelezen, vertrouwde pagina's met wandelingen die in mijn herinnering gegrift staan door tijd, getijden en betreden landschappen. Maar ik voel niet alleen de troost van voorbije avonturen of bezochte plaatsen, het is meer. Iets fels en dringends en noodzakelijks. Ik verzet me tegen de gedachte die in een donkere hoek van mijn brein oplicht als een vonk, die dreigt uit te barsten, met evenveel kracht te knetteren als de vlammen achter het glazen deurtje van de houtkachel. Ik leg de boekjes terug op de plank, knijp de zuurstof af, doof de vonk. Laat de gedachte niet verder opkomen; het is te laat nu, die tijd is voorbij.

Het vage ochtendlicht is een echo van de grijze vouwen en kreukels van het kussensloop onder mijn hoofd. Moth doet langzaam zijn ogen open en houdt mijn blik vast. Terwijl de duisternis van de slaap wegtrekt en zijn ogen zich scherpstellen, zie ik ze zoals ze altijd zijn geweest: een blauw prisma van alle hartstocht en mogelijkheden die in hem besloten liggen. Is het echt te laat? Hij trekt moeizaam zijn pijnlijke hand onder de dekens vandaan en legt hem om mijn wang en terwijl zijn gezicht zich tot een halve glimlach kreukt, zie ik hem terugkomen. Dezelfde man die nog maar twee korte jaren geleden door een rivier van snelstromend ijzig smeltwater waadde in de asvelden van het IJslandse hoogland, dezelfde energie die hem honderden kilometers over wilde landtongen naar de meest westelijke rand van Engeland bracht en bewees dat er wel degelijk hoop kon zijn, toen de mensen om hem heen zeiden dat die er niet was. Dezelfde man, maar durf ik hem zelfs maar voor te stellen de zuurstof weer binnen te laten en de vonk weer te laten opvlammen? Zou hij ooit de kracht kunnen hebben om het nog eens te proberen?

'Ik vind dat we vanmorgen een stukje moeten proberen te wandelen, gewoon een beetje bewegen. Wat vind jij, zie jij dat zitten?'

'Ik weet het niet, ik ben bang nu, na gisteren. Stel dat ik weer val?'

'Nou, laten we eerst ontbijten, en dan misschien gewoon de

heuvel op lopen tot de eerste bocht en terug. Over de weg, niet door het veld, dus dan is er geen oneffen grond.'

'Misschien.'

De boomgaard ligt op een helling. Een verborgen, typisch Cornishe vallei, met een beekje dat omlaagloopt naar een kreek met diepe modder en ondiep water, die weer uitmondt in een rivier die bij haar monding een diepwaterhaven wordt, voordat ze uiteindelijk uitmondt in het Kanaal en de open zee. Als je op de heuvel achter het huis staat, voel je de stevigheid van de grond onder je voeten, maar tegelijkertijd de trek van de verre horizon die alleen schuilgaat achter een bocht in de rivier. Nergens loop je op vlakke grond, het huis uitgaan is ofwel heuvelop of heuvelaf lopen. Omlaag is gemakkelijk, maar er zal altijd een helling zijn waarover je terug moet. Eerst omhooglopen betekent dat je de gemakkelijke afdaling voor de terugweg bewaart.

'Dan zet ik even theewater op.'

De lucht is zwaar van het vocht als we aan een langzame klim over de korte, maar steile heuvel beginnen. Monty holt voor ons uit, hij laat zijn bal vallen, kijkt hoe die omlaag rolt en rent dan zonder bal verder. Moth loopt met onvaste tred omhoog, zijn voeten slepen met hun vertrouwde, onregelmatige ritme over het asfalt: één... tweee, één... tweee, in plaats van één-twee, één-twee. Het onhandige en scheve van zijn houding is zichtbaarder dan ooit. Ik probeer de aandacht op alles behalve de steilheid te richten, maar vraag me in ernst af of we die honderd meter naar de top wel zullen halen.

'Heb vanmorgen naar het weerbericht gekeken, het schijnt dat dit natte weer voorbijgaat, dat er misschien een koudere, heldere periode aankomt.' Ik weet niet zeker of ik Moth van de klim probeer af te leiden of mezelf van de pijn hem zo te zien worstelen.

'Echt? Zo voelt het niet.'

Halverwege de helling blijven we staan rusten. Moth leunt met zijn handen op zijn knieën en ademt diep in.

'Zullen we verder gaan, of wil je terug?'

'Laten we naar de bocht op de top gaan, maar dat is het dan, meer lukt me niet.'

De kraaien verzamelen zich in grotere aantallen dan ik ooit op de boerderij heb gezien, een enorme vlucht zit in een gebogen lijn over het midden van het veld voedsel te zoeken in het gras. Er is zo weinig te eten in deze tijd van het jaar: ze wachten vol ongeduld tot de schapen elkaar niet langer verdringen om het voer dat de herder heeft neergegooid, en duiken dan omlaag om de restjes van de eiwitrijke brokken in het gras op te ruimen. Deze opportunistische overlevers laten zelden een kans op gratis voedsel voorbijgaan. Ik overdenk net of ik in een volgend leven zal terugkomen als kraai, wanneer we eindelijk het hek aan het eind van het steile stukje weg bereiken en eroverheen leunen om het grijze uitzicht naar de kreek beneden in ons op te nemen.

'Zullen we door het veld teruggaan?' Achter het hek loopt het veld rechtstreeks omlaag naar de tuin, Monty's favoriete route terug, maar Moth draait het hek zijn rug toe en stapt de weg op.

'Nee, laten we doorgaan naar de bovenste weg, dan keren we om. Terug omlaag zal het makkelijk zijn.'

Ik zie hem weglopen, de minder steile helling op, met zijn langzame en onregelmatige tred. Ik zou niet eens moeten overwegen die vonk te laten ontbranden.

We komen bij de bovenste weg. Iets breder dan het smalle weggetje omlaag naar de boerderij, slingert die zich langs wat verspreid staande huizen en de kerk, voordat hij de heuvel af gaat naar een nog smaller weggetje, dat vanaf de andere kant terugleidt naar de boerderij.

'Laten we nu teruggaan, dit is al te ver voor jou.' Ik pak zijn hand en wil omdraaien en teruglopen.

'Alleen nog even naar de kerk, het is altijd lekker om op dit vlakke stuk weg te zijn.'

'Dat kunnen we wel doen, denk ik, dan kun jij bij de kerk blijven wachten, terwijl ik de bus ga halen om je op te pikken.'

Op de vlakke topweg kun je helemaal naar Dartmoor in de verte kijken, dat vandaag zichtbaar is als de witte, golvende lijn aan de verre horizon. Blijkbaar komen de motregen en natte lucht van het warmere westen in de koude lucht van de hoge, open moors als sneeuw omlaag. Sneeuw die zich zal ophopen achter granieten rotspunten en het gras en de hei zal bedekken. Ik voel bijna hoe mijn lichaam zich rekt, vol verlangen naar de horizon. Corona heeft ons zo lang op dit kleine stukje platteland gevangengehouden, dat we eigenlijk alleen in onze verbeelding dicht bij de wijd open ruimte zijn geweest. Maar het komt niet alleen door de beperking van de lockdown: mijn verlangen naar weidse luchten en open landschap is er altijd, een diepe behoefte die bijna tastbaar is. Een verlangen dat misschien nooit meer vervuld zal worden, nu Moths gezondheid onze horizon steeds dichterbij brengt.

We leunen tegen de muur rond de begraafplaats. Ik blijf er met mijn rug naartoe staan – nu Moths conditie achteruitgaat, kan ik niet eens denken aan het definitieve van koude aarde.

'Blijf jij hier staan? Dan haal ik de bus.'

'Nee, laten we het rondje afmaken, het is nu toch voornamelijk heuvelaf.'

'Maar het is te ver, straks doe je te veel en dan lig je weer dagen in bed.' Wanneer hij te veel van zichzelf heeft gevergd, eindigt het zo vaak in oververmoeidheid en dan kan hij vervolgens dagenlang nauwelijks lopen of functioneren.

'Ik wil doorlopen.'

We gaan verder. Voorbij de oude paardenstallen en dan de heuvel af, die steil afloopt naar de kreek waar de wulpen, de blauwe reigers en de zilverreigers over het ondiepe water heen hun roep laten horen. De weg slingert langs de rest van de verspreid staande huizen, de boerderij komt weer in zicht tussen de groene heuvels, voorbij een Georgian landhuis aan de rand van de modder. Hier heeft ooit een priorij gestaan, met een handvol monniken die waarschijnlijk de eerste appelbomen hebben geplant op het land waar de boerderij staat. Zij leidden een rustig leven in de vallei, waar ze groenten kweekten, cider maakten en uitrustten aan de rivier, tot de neergang van de kloosters ze dwong te vertrekken en de priorij in de helling verdween waaruit hij was voortgekomen. Maar er groeien daar nog steeds appelbomen, verspreid over de steile heuvel die ons uitzicht blokkeert.

'Hierom hadden we bij de kerk terug moeten gaan. Het is hier veel te steil voor jou.'

We blijven in de bocht staan, tot onze enkels in het water op de plek waar de beek bij droog weer onder de weg door stroomt maar na een storm over het asfalt heen gutst en daar een poel van bruin water en takken vormt. Vanaf hier klimt de weg tussen twee heggen omhoog, zo steil dat je hoofd ervan gaat bonzen en je adem in je keel blijft steken: het venijn in de staart van ons rondje van drie kilometer.

'Laten we door het gat in de heg gaan en dan door de boomgaard terug omhoog.'

Ik kijk toe hoe Moth zonder struikelen over het kapotte prikkeldraad stapt en geef Monty aan hem door, die wegrent in het hoge gras, zodra zijn poten de grond weer raken. Hij steekt zijn hand uit en heel even zet ik de laatste stappen door een ijzige Arctische rivier en trekt hij me op de oever van zwarte as, maar dat is nu alleen maar een herinnering.

We zoeken onze weg door de boomgaard tussen knoestige bomen en kegelvormige stapeltjes snoeihout. Toen hij drie jaar geleden deze bomen begon te snoeien, vormde Moth die kegels van afgezaagd hout met de bedoeling ze te verbranden. Sommige werden ook verbrand, maar alle kegels die in het voorjaar nog over waren, werden nestelplekken voor kleine vogels, die de lucht vulden met activiteit en gezang. Dus verbranden we er steeds maar een paar, de rest blijft staan tot de langere dagen nieuw leven brengen in dood hout.

Terug in het huis steek ik het vuur aan. Monty gaat op het haardkleedje zijn natte poten liggen likken. Moth gaat in de stoel ernaast zitten, maakt de veters van zijn schoenen los en hangt zijn sokken te drogen. Tegen de tijd dat ik thee heb gezet en mee terug naar het vuur heb gebracht, is Moth in slaap gevallen, zijn benen uitgestrekt, zijn armen over zijn middel gekruist, zijn blote voeten dampend in de warmte. Ik laat de thee staan en kijk vanaf de andere kant van de kamer naar hem. Hij heeft vandaag verder gelopen dan ik voor mogelijk had gehouden. Misschien, heel misschien.

Ik ga met mijn handen langs de ruggetjes van de met plastic omhulde boeken op de onderste plank van de boekenkast, tot ik er een vind dat nog schoon is, nieuw en ongebruikt. Ik houd het in mijn hand. Een klein boek met beperkte inhoud, maar als ik ermee bij het vuur hurk, vertegenwoordigen de weinige woorden iets groots, grenzeloos, vrij. Ik blader door de ongelezen pagina's. Misschien. Onverantwoordelijk, irrationeel, zelfzuchtig, oneerlijk, ik kan alle redenen bedenken waarom ik het niet moet doen, maar ik doe het toch. Zachtjes, zonder hem te storen, leg ik het boek naast zijn mok thee, ga dan naar de keuken en begin aardappelen te schillen.

Misschien, heel misschien.

'Geen denken aan.' Hij staat in de deuropening van de keuken, met het boekje in zijn hand. Hij legt het voorzichtig op het aanrecht en draait zich dan om. 'Mijn voeten doen echt pijn. Vroeger was het gewoon gevoelloosheid, maar nu doen ze de hele tijd pijn en het wordt erger als ik gewandeld heb.'

'Ik hoopte dat het goed zou gaan, maar ik wist wel dat die wandeling vandaag te ver voor je was.'

'Nou ja, jij was degene die voorstelde om te gaan wandelen.'

'Ja, maar niet zo ver.'

'Ik weet wel wat je probeert te doen, maar het is te laat. Ik weet dat het nu te laat is, ik voel hoe het de boel overneemt, alsof het niet meer mijn lichaam is. Ik ben op weg naar het einde en het heeft geen zin dat we doen alsof het niet zo is.'

Ik kijk de andere kant op, met dichtgeknepen keel, mijn ogen branden, maar zoeken naar iets om me af te leiden. Ik doe water in de ketel, alweer. Hij loopt naar boven, gaat op het bed liggen en valt binnen een paar seconden in slaap. Slaap is zijn leven binnengedreven als de mist in de bomen en heeft tijd en ruimte en energie uitgewist; hij komt elke dag een paar uur in de wakende wereld, maar zodra hij de kans krijgt om weer weg te gaan, grijpt hij die.

Nog lang nadat hij naar boven is gegaan, blijven zijn boosheid, verdriet en frustratie in de kamer hangen. Ze geven me het gevoel dat de tijd bevriest, een ondoordringbare koude stilheid waaruit ik niet kan losbreken. Terwijl ik door het raam naar de regenvlagen staar die tussen het huis en de loods ertegenover door waaien, weet ik dat ik iets moet doen om hem te helpen, maar er valt niets te doen. Moth aanvaardt eindelijk het advies van de arts bij die eerste diagnose: 'Vermoei je niet en wees voorzichtig met traplopen.' Maar die aanvaarding voelt als de rand van een afgrond vanwaar er geen weg terug meer is. Ik ga naar boven en kijk naar hem terwijl hij slaapt. Zijn gezicht op het kussen verraadt weinig van zijn zestig jaren, vreemd hoe slaap de tijd, spanning, pijn en angst wegwist en het lichaam in onbezorgde, gladde toestand achterlaat. Behalve in zijn slaap heb ik in de jaren sinds zijn diagnose zijn gezicht maar een paar keer zo gezien. Momenten dat hij over de zee uitkeek terwijl er een gordijn van regen op de verre horizon viel, of dat hij op een uitstekende rots stond, met vulkanische as aan zijn schoenen en de koude wind in zijn haar. Misschien zorgt zo'n totale ontspanning er op een of andere manier voor dat de symptomen van spanning en pijn, de kramp van dyspraxie en dysfagie afnemen en hij zijn natuurlijke, comfortabele staat terugkrijgt.

Terug in de keuken pak ik de gids weer op. De Cape Wrath Trail. Driehonderdachtenzeventig kilometer van de noordwestelijkste punt van Schotland zuidwaarts naar Fort William. Een wandelroute die onder langeafstandswandelaars bekendstaat als de zwaarste, meest verlaten wandelroute van Groot-Brittannië. Wat haal ik me in mijn hoofd? Ik probeer de gids terug te zetten op de plank, maar het lukt me niet, de vlam is al ontstoken en ik kan hem niet doven. Als we weer zouden gaan lopen, zou het hem dan nog één kans geven? Zou nog één lange wandeltocht hem van de ketenen van CBD bevrijden, al is het maar voor even? Zou het mij de mogelijkheid geven hem nog wat langer bij me te houden?

Maar deze tocht? Natuurlijk, ik kan ook naar een gemakkelijker pad kijken, niet zo'n extreme route door de bergen en veenmoerassen, ofwel de moors, van de woeste Hooglanden. Ik blader door de gids, naar foto's van glens en lochs en ik weet het antwoord. Het moet dít pad zijn, door de Great Wildernis naar de Rough Bounds van Knoydart. Een omgeving waar hij altijd al langere tijd heeft willen blijven, maar waar hij zelden meer dan een week heeft kunnen doorbrengen. Als er een route is die hem ertoe kan brengen het nog één keer te proberen, dan is het deze. Maar hij is te zwaar en te lang. Ik zet het boek terug op de plank en ga in de oude stoel in de hoek zitten, zodat een wolk haren van Monty de kamer in dwarrelt. Ik probeer mijn gedachten ertoe te krijgen dat ze genoegen nemen met meer wandelingen rond het huis en eindelijk waardig en begripvol zijn langzame ondergang aanvaarden. Maar het lukt me niet. Mijn hoofd voelt zwaar, het gewicht van verdriet verspreidt zich als een intense druk. Ik duw mijn vingers tegen mijn ogen om de gedachten en de tranen binnen te houden, in de hoop alleen zwartheid te zien. Maar dat zie ik niet, ik zie alleen ons leven samen, dat zich als een video afspeelt achter mijn gesloten ogen. Moths gezicht als hij zich omdraait om me aan te kijken van de zandstenen richels van Derbyshire, met de zon op zijn huid, de wind in zijn haar, op rotspunten van hoge Schotse bergen, op kliffen aan de kust en op ijzige gletsjers. Een gezicht dat oplicht van enthousiasme en hartstocht, niet alleen voor die wilde plekken, maar ook voor het leven. Het moet Cape Wrath zijn, dat is het enige pad waarvoor hij de veters van zijn schoenen dicht zal rijgen, waarvoor hij die laatste bocht in de weg de rug toe zal keren, het enige dat hem zal dwingen weg te lopen van die bocht, zodat die hem op een andere dag inhaalt.

Ik sta in de zinken loods houtblokken in een kruiwagen te gooien, als ik het hek hoor dichtvallen en hem met Monty de heuvel op zie lopen. Moet ik met hem meegaan? Stel dat hij weer valt? Ik laat de houtblokken vallen en begin achter hem aan te lopen, bedenk dan dat hij vanmorgen geen woord tegen me heeft gesproken en toch zeker wel iets gezegd zou hebben als hij me mee wilde hebben. In al die decennia die we samen hebben doorgebracht, hebben we nauwelijks ruziegemaakt, dit is toch zeker niet het moment om daarmee te beginnen? Niet nu, niet nu ik de eindeloze leegte van een leven zonder hem zie opdoemen. Niet nu, nu ik me alleen maar steviger aan hem wil vastklampen dan ooit.

Ik breng de houtblokken het huis in, terwijl een donkere angst knopen in mijn maag legt. Het gidsje van de Cape Wrath Trail ligt weer op tafel. Daar heb ik het niet gelegd. Ik zie voor me hoe hij de heuvel op loopt, boos en verdrietig, met het gevoel dat ik niet naar hem luister als hij zegt dat hij niet meer verder kan, hem niet laat rusten wanneer hij zegt dat hij zich niet kan bewegen, niet accepteer dat hij er op een dag niet meer zal zijn. Mijn hersens draaien rondjes in een poging te ontkomen aan de gedachte hoe ongevoelig ik in zijn ogen moet zijn. Minuten worden een uur en ik weet niet of mijn zicht zo troebel is door de regen op het raam of door de tranen waardoor mijn ogen rood zijn en mijn gezicht opgezwollen is.

Het hek valt dicht en de deur gaat open, Monty holt naar binnen, schudt modderwater uit zijn natte vacht tegen de muren omhoog en Moth komt achter hem aan. Ik kan hem nauwelijks aankijken.

'Waar was je? Het spijt me, het spijt me zo… het is alleen dat ik alles zou willen doen om deze ziekte te stoppen, alles om jou gezond te houden.'

'Ik heb het rondje gelopen. Als we de Cape Wrath Trail gaan doen, vond ik dat ik toch in ieder geval dat moet kunnen doen zonder daarna drie uur lang te slapen.'

'Natuurlijk kunnen we dat niet doen. Het is te lang en te moeilijk, het was stom van me om het zelfs maar te denken.'

'Dat is zo, maar de gedachte is er nu.'

'Nee, zeg dat niet, ik dwing je er niet toe.'

'O, jawel, dat doe je wel.'

3

Corticobasale degeneratie is een zeldzame en progressieve neurodegeneratieve aandoening die problemen kan veroorzaken met bewegen, spraak, geestelijk functioneren en slikken, plus een hele reeks andere symptomen die de neuroloog misschien als bijkomende verschijnselen ziet, maar die voor de patiënt juist heel belangrijk kunnen zijn: problemen met gezichtsvermogen en eetlust, met slapen en denken. De diagnose CBD stellen is alsof je een paling probeert te vangen in een bad vol zeewier. Er zijn geen doorslaggevende testen waardoor neurologen ondubbelzinnig en zonder een spoortje twijfel kunnen zeggen dat een patiënt CBD heeft, ze kunnen alleen andere mogelijkheden uitsluiten. Met de langzame bewegingen, stijfheid en loopproblemen die de ziekte veroorzaakt, vertoont CBD hetzelfde type symptomen als veel andere aandoeningen die samen 'parkinsonisme' worden genoemd, omdat ze enkele, maar niet alle symptomen van de ziekte van Parkinson vertonen. CBD overlapt gedeeltelijk met de ziekte van Parkinson, en ook met progressieve supranucleaire parese (PSP), de ziekte van Alzheimer en een aantal andere aandoeningen.

Niemand weet precies wat de oorzaak van CBD is, maar de aandoening wordt geclassificeerd als een tauopathie – een ziekte die ontstaat wanneer een eiwit dat tau wordt genoemd en dat normaal in de hersens aanwezig is, zich op een abnormale manier ophoopt, waardoor hersencellen achteruitgaan. We zaten in een spreekkamer van een ziekenhuis toen Moth zijn oorspronkelijke diagnose kreeg, en luisterden naar een arts die zo voorzichtig als hij kon uitlegde dat het pas mogelijk zou zijn onomstotelijk te zeggen dat Moth deze vreselijke ziekte had, als hij dood was. Nu weet ik dat hij dat zei omdat een wetenschapper pas wanneer hij de hersens onder een microscoop bekijkt, kan zien welke vorm de tau-draden aannemen en dan onderscheid kan maken tussen een CBD-draad en een van, zeg, alzheimer of een hele reeks andere tauopathieën.

Moth heeft veel typische CBD-kenmerken, maar zijn diagnose werd pas voor het eerst gesteld na jaren van medische onderzoeken en observaties waarbij andere ziektes werden uitgesloten; scans waaruit bleek wat het níét was, niet wat het wél was; kuren van medicijnen die niet werkten en daarmee andere aandoeningen uitsloten waarvoor ze wel zouden werken; zenuwgeleidingstests; cognitieve tests, tijd en analyse. Geen van al die dingen kan de neuroloog met honderd procent zekerheid vertellen dat de aandoening die hij ziet CBD is. Ze kunnen hem alleen vertellen wat het niet is en daarmee het aantal mogelijkheden steeds verder terugbrengen tot de enig overblijvende logische conclusie is dat de patiënt mogelijk CBD heeft. Elke keer dat een neuroloog zijn hand in het bad steekt. denkt hij dat hij er een paling uithaalt, om te ontdekken dat het, alweer, alleen maar zeewier is. Haal er genoeg zeewier uit en er blijft uiteindelijk een paling over, maar zelfs dan kan die in het bruine, troebele water moeilijk te zien zijn.

Maar er was één test die doorslaggevend was. Die vertelde ons niet welke soort paling er in het bad overbleef, maar wel dat er zonder enige twijfel eentje in zat, die zijn aanwezigheid heel duidelijk liet voelen. Een DAT-scan wordt gebruikt om de niveaus van dopamine-receptorcellen in het brein te meten. Dopamine is een chemische boodschapper die signalen overbrengt tussen zenuwcellen en spieren. Uit Moths scan bleek dat hij een duidelijke vermindering had in zijn receptorcellen, die zich op het scherm als lichtjes manifesteren. Zijn lichtjes waren overduidelijk aan het doven. Er was geen manier om erachter te komen welke soort paling er precies in het bad was achtergebleven, we zullen het misschien nooit weten tot de stop eruit wordt getrokken en het water wegstroomt, maar in combinatie met al zijn andere testuitslagen is de meest waarschijnlijke mogelijkheid dat hij CBD heeft. Het proces dat hij heeft doorgemaakt is hetzelfde als wat iedereen ervaart die uiteindelijk een diagnose krijgt van een van vele parkinsonismen die niet echt de ziekte van Parkinson zelf zijn.

Met zijn diagnose belandde Moth in de categorie mensen die lijden aan een ziekte waarvoor geen behandeling of genezing bestaat en waarbij het enige te geven advies luidt dat hij zich niet moet vermoeien en voorzichtig moet zijn met traplopen. Maar die diagnose kwam in de week dat we ook uit het huis werden gezet waarin we twintig jaar hadden gewoond, een week waarin we dakloos werden. We konden ons niet bezighouden met niet moe worden, aangezien we geen plek hadden om te slapen; we konden niet voorzichtig zijn met traplopen, want we hadden geen trap meer. In plaats daarvan laadden we onze rugzakken vol met de basisbenodigdheden om te overleven en begonnen aan een wandeltocht van duizend kilometer over een nationale langeafstandsroute waarvan het aantal hoogtemeters het equivalent is van vier keer de Mount Everest beklimmen. Irrationeel, onverantwoordelijk misschien, maar op dat wanhopige moment gaf dat besluit om te gaan lopen ons alles wat we nodig hadden: onderdak in de vorm van onze tent en een lijn op een kaart die we konden volgen. Het gaf ons een route voorwaarts, een doel, een reden om door te gaan naar de volgende dag nadat alle andere redenen waren weggevallen.

Maar er gebeurde iets vreemds tijdens die wandeling, iets vreemds en volkomen onverwachts. Na driehonderd kilometer lopen over eindeloze landtongen, met alles wat we nodig hadden om te overleven op onze rug, begon Moths gezondheid te verbeteren, in allerlei opzichten die onmogelijk hadden moeten zijn. Zijn tred werd bijna normaal, zijn gedachten werden helderder, zijn kortetermijngeheugen scherper en bewegingen die voor die tijd vrijwel onmogelijk waren geweest, werden gemakkelijk. Zo hoorde het niet te gaan. CBD is een eenrichtingsstraat; Moth hoorde niet terug te kunnen gaan naar een vroegere tijd waarin zijn lichaam nog op verzoeken reageerde of waarin hij zonder hulp de tent kon opzetten of zonder pijn een rugzak kon dragen of een kaart kon lezen en vervolgens ook op zijn bestemming aankomen. Zijn die mijlpalen eenmaal gepasseerd, dan hoorde er geen weg terug meer te zijn.

In de jaren daarna haalde Moth een universitair diploma, hij leidde een meer zittend leven en zijn gezondheid ging snel achteruit. Maar toen kwamen we in de boomgaard wonen en begonnen aan een leven waarvoor Moth elke dag fysiek actief in de buitenlucht moest zijn. In het begin van dat nieuwe leven verbeterde zijn gezondheid enigszins, zijn geheugen werd weer helderder, zijn lichaam sterker, zijn bewegingen werden zelfverzekerder. Maar daarna kwam de winter, kwamen de coronabeperkingen en de lockdown, kwam het stilzitten, en daarmee de versnelling in het verergeren van zijn symptomen. Dat alles mondde uit in dat moment waarop hij viel, dat moment waarop ik in het gras neerknielde en hem door elkaar schudde, smekend dat dit niet het eind van alles zou zijn.

Sinds onze tocht over het kustpad hebben artsen, fysiotherapeuten en neurologen contact met ons opgenomen om mogelijke redenen aan te geven waarom zijn gezondheid zo vooruitging. Een van de vele manieren om een patiënt met de fysieke symptomen van CBD te helpen, is fysiotherapie: voorzichtige oefeningen om nog zo lang mogelijk een beetje beweeglijkheid te behouden. Dus er was reden om te zeggen dat wat Moth op die lange wandeltocht ondernam, een extreme vorm van fysiotherapie was. Of misschien kwam het wel door het zeer caloriearme dieet waarop we leefden omdat we geen geld hadden om te eten, of doordat we zoveel tijd in de natuur doorbrachten, of door andere denkbare oorzaken. Wel duidelijk was hoe snel zijn gezondheid achteruitging wanneer hij weer een meer zittend leven kreeg: dan kwamen alle oude symptomen terug, agressiever dan voorheen.

Maar het enige waarover artsen het uit alle macht proberen niet te hebben, is dat CBD een einddatum heeft. Weinig mensen die deze ziekte hebben, blijven langer dan acht tot tien jaar na de eerste symptomen in leven, de meeste korter. Moth heeft het al veertien jaar en is er nog steeds.

4

De lockdown legt een deken van passiviteit over het land, winterdagen gaan langzaam over in weken en de sfeer heeft iets van een winterslaap. Voedsel wordt vanuit een bezorgbusje over de muur aangereikt, mensen die met hun hond wandelen, wuiven vanaf de andere kant van de smalle weg. Iedereen is wantrouwig, onzeker, op zijn hoede, terwijl het aantal coronadoden stijgt en wij dicht bij de bomen blijven. In het huis ligt de wandelgids permanent op tafel en straalt een zacht licht van mogelijkheid uit. In het donker van de vroege morgen lees ik blogs van wandelaars die de Cape Wrath Trail hebben gelopen, verhalen over ontberingen, bar weer, uitgestrekte, diepe veenmoerassen en mannen die het ondanks alles halen, met nauw verhulde trots. Ik kijk al die verhalen nog eens door: waar zijn de vrouwen?

'sAvonds kijken we naar een serie videoblogs van een man die de route in twee weken loopt met zijn trouwe collie naast zich of over zijn schouders wanneer hij naar de overkant van rivieren waadt, en tegelijkertijd in zijn camera praat, of in elkaar gerold ligt te slapen in de superlichtgewicht tent, onbeweeglijk, uitgeput. Ik zoek online naar een wandelgids voor de South Downs Way, in de hoop dat ik Moth kan overhalen naar een gemakkelijkere, kortere wandeltocht te kijken en zo mijn toenemende schuldgevoel kan verlichten. Maar het is te laat, hij heeft al beelden van verre, eenzame glens op zijn netvlies en hoe ik ook mijn best doe om de voordelen van een minder barre route te verkopen, er is geen weg terug. Hij loopt elke dag het vaste rondje en slaapt daarna maar een half uur.

De gids beschrijft een route die niet vastligt, een pad zonder markeringen. Op de pagina's staat wel een route, maar een paar bladzijden verder komt er een alternatief of zelfs de suggestie er zelf een te bedenken als de glens ontoegankelijk zijn door overstromingen, brand of andere natuurrampen. We hebben grotere kaarten nodig, die een breder gebied bestrijken. Als we van de wandelgids afdwalen, zullen we volkomen verdwaald zijn in een wildernis van bergen en veen.

De Ordnance Survey-kaarten komen aan, een bundeltje kunstig gevouwen papier met een roze voorkant. Pagina's vol onontwarbare hoogtelijnen, symbolen voor natte veengrond en weinig anders. Geen wonder dat een deel van deze route The Great Wilderness heet: op één hele kaart is niets anders te zien dan heuvels en water. Opeens besef ik hoe dom ik ben geweest. Hoe kon ik vergeten dat ik drie pogingen nodig had gehad om mijn aardrijkskundetentamen te halen, voornamelijk doordat ik geen OS-kaarten kon lezen?

'Dit wordt niks, Moth, jij zult moeten kaartlezen, als ik het doe raken we hopeloos verdwaald.' Ik probeer de lijn van het pad te volgen over de kaart die helemaal uitgevouwen de hele tafel bedekt, maar ik zie alleen maar één groot spel 'slangen en ladders', waarin we telkens als we op een slangenkop terechtkomen, tot onze nek in een moeras staan of van een klif vallen.

'Ik weet niet of ik dit kan. Je weet hoeveel moeite het me kost besluiten te nemen of problemen op te lossen, het lukt me meestal niet eens te bedenken wat ik wil eten. We houden ons aan de wandelgids, maar nemen de kaarten wel mee.'

'Heb jij nog steeds een kompas?'

'Ja, natuurlijk. Ik weet alleen niet of ik er nog mee om kan gaan.'

's Avonds zit ik aan tafel met de kaarten uitgespreid onder de laptop naar de blogs van de man met de collie te kijken, vergelijk zijn route met de beschrijving in de gids en trek dan met potlood een lijn van de route over de kaart. 's Nachts schrik ik wakker van angstaanjagende dromen waarin ik ergens op een heuvel de kaart probeer te lezen, terwijl een stortbui de potloodlijnen uitwist en de wind de kaart uit mijn handen scheurt. Als ik door de zoveelste nachtmerrie overeind schiet in bed, heb ik Moth blijkbaar ook wakker gemaakt. Zelfs zonder zijn ogen open te doen weet hij wat er aan de hand is.

'Je kunt de lijn ook met pen trekken, dan regent die er niet af.'

'Dat kan ik nog niet, misschien klopt het niet. Ik heb juist potlood gebruikt om het nog te kunnen uitgummen en veranderen.'

'Ik heb iemand in het dorp verteld waar we mee bezig zijn; hij zei laat die papieren kaarten toch zitten en heeft de OS-kaarten voor me op mijn telefoon gedownload. Ik had het hart niet om te zeggen: hoe moet dat als mijn batterij leeg is?'

Moth zakt weer in slaap, alsof hij niet eens echt wakker is geweest en ik staar naar een donker plafond in een heel nieuwe wereld van zorg. Nu ik zoveel met de kaarten bezig ben geweest, zie ik dat er vaak dagenlang nergens een plek is om eten te kopen, laat staan een batterij op te laden. Geen batterij, waarschijnlijk heel weinig bereik en in ons onvermijdelijk lage tempo dagenlang buiten de bewoonde wereld. Stel dat er iets met Moth gebeurt op zo'n stuk, stel dat hij weer valt, stel dat...?

Ik kijk naar een specht die heen en weer vliegt naar zijn nest in de tamme kastanje om voor zijn pas uit het ei gekomen jongen te zorgen, ze te beschermen zolang ze te zwak zijn om in hun eentje te overleven, en ik voel me alleen maar schuldig. Als we echt gaan, moeten we ons daarop voorbereiden, maar Moth zit aan de tafel en ritselt met zijn duim langs de hoeken van de wandelgidspagina's.

'Het is nog niet te laat om hiermee op te houden. Ik had het nooit moeten voorstellen.'

'Je snapt het nog steeds niet, hè?' Hij legt de gids neer en houdt op met friemelen, zeker van wat hij zegt: 'Ik had mezelf gedwongen niet langer aan dit soort tochten te denken, had die gedachten uit mijn hoofd gezet, probeerde te accepteren dat het niet meer zou gebeuren. Toen haalde jij dit boek tevoorschijn.'

'Ik weet het, het spijt me, het was stom...'

'Ik ben bang. Bang voor waar deze ziekte heengaat en wanneer. Jij weet dat, maar je weet ook precies op welke knoppen je kunt drukken en ondanks dat, of dankzij, dat weet ik nog steeds niet, heb je er toch op gedrukt, toen je dit boek van de plank pakte.'

Ik verberg mijn gezicht in mijn handen en durf hem nauwelijks aan te kijken.

'Maar het heeft me aan het denken gezet: er zijn nog zoveel plekken die ik niet heb gezien. Ik heb de pest aan het idee van een bucketlist, ik heb altijd gevonden dat je moet doen wat je kunt wanneer je het kunt en moet leven zonder spijt dat je iets niet hebt gedaan; dan heb je geen bucketlist nodig. Maar dit gebied... dit gebied heeft me altijd aangetrokken, is me altijd ontgaan, dus laten we gaan.' Hij staat op van de tafel, doet de deur open om Monty naar buiten te laten, trekt dan zijn wandelschoenen aan en strikt met langzame, zorgvuldige aandacht de veters. 'Hoe dan ook, misschien wordt het een ramp. Misschien val ik dood in een ravijn, misschien zit ik een weeklang in een café alleen maar naar het uitzicht te staren. Maar het zal tenminste niets iets zijn waarover we spijt hebben dat we het niet hebben gedaan.'

Ik zie hem de deur uit stappen – zal ik deze man ooit helemaal begrijpen? 'Ik denk dat er misschien wel wat spijt zal zijn, als jij doodvalt in een ravijn.'

'Niet voor mij.'

'Wat doen we met de boomgaard? Misschien zijn we wel een maand weg.' Als de lockdown afgelopen is en we weer mogen reizen, zijn we in het voorjaar aan het wandelen, wanneer de boomgaard heel weinig zorg nodig heeft: de tijd van het snoeien en heggen planten is dan voorbij en alleen de graspaden moeten gemaaid worden. Maar ik begin in paniek te raken over de gevaren van de route en probeer te bedenken wat ik kan om Moth een ander, minder zwaar pad aan te praten. 'En met Monty? Voor hem is het te ver, zijn poten zijn te kort, we raken hem kwijt in het moeras. Dus we kunnen niet gaan. We zullen iets gemakkelijkers moeten zoeken, zodat hij mee kan. Wat dacht je van de Two Moors Way? Die is veel makkelijker en ligt hier voor de deur.'

'Tom.'

Onze zoon komt zo vaak hij kan langs om in de boomgaard te helpen, maar een maand lang grasmaaien zou weleens te veel gevraagd kunnen zijn, zelfs voor hem. En wil hij echt een hond met een obsessie voor ballen, die bang voor mensen is, tegen andere honden blaft en waar hij ook gaat een spoor van haar achterlaat – een maand lang? Dit is de uitweg, niemand zal Monty willen.

'Hij komt straks, ik zal het hem vragen.'

'Hoi, Tom, je moeder denkt dat je nee zult zeggen als ik je vraag een maandlang het gras te maaien en voor Monty te zorgen.'

Ik sta thee te zetten en vertrouw erop dat Tom zal weigeren en mijn roekeloze idee nog niet zo veel vaart heeft gekregen dat er geen weg terug meer is.

'Natuurlijk, we zijn dol op Monty, waar gaan jullie naartoe?'

Ik schenk de thee in de kopjes en voel me een beetje misselijk worden door de almaar toenemende ongerustheid. Het lijkt erop dat we de Cape Wrath Trail gaan lopen en dat wat alleen maar als een onbezonnen en wanhopige gedachte begon, werkelijkheid wordt.

Moth heeft eindeloos last van pijn en ongemak in zijn voeten, als gevolg van lichte schade aan perifere zenuwen. Hij trekt vaak zijn schoenen uit, klaagt dat zijn sokken nat aanvoelen of dat hij een steentje in zijn schoen heeft, terwijl dat dan niet het geval is. En zijn oude wandelschoenen zijn versleten. We proberen nieuwe te vinden, zoeken naar een paar dat zijn voeten zo lang mogelijk comfortabel houdt en ook droog op het grote deel van de tocht dat volgens de wandelaar met de collie over diep, nat veen gaat. De schoenen zijn ofwel te laag, zodat er water over de randen in kan lopen, of te zwaar, of helemaal niet waterdicht. Het lijkt een hopeloze zoektocht.

'Ik geloof dat ik ze gevonden heb.'

Ik kijk op het computerscherm naar een paar zwarte ex-legerlaarzen. Lelijk, maar ze reiken tot halverwege de kuit en zijn geheel gevoerd met een waterdichte laag. Dit zou weleens precies goed kunnen zijn voor de drassige veengrond waar de collieman het over heeft en die, zo te lezen, steeds erger wordt naarmate hij verder naar het noorden komt, zodat ik begin te vermoeden dat hij er tegen de tijd dat hij op Cape Wrath is, tot zijn middel in zal staan.

'Oké, je kunt ze altijd nog terugsturen, neem ik aan.'

'Ik bestel ook een paar voor jou, voor het geval je ze lekker vindt zitten.'

'Nee...' Hij heeft al op 'betalen' geklikt.

'Ik stuur de mijne zeker terug.'

De laarzen arriveren. Moth is zo blij met de inlegzolen van schuim dat hij ze het liefst niet meer uit zou doen. Geslaagd. Het paar dat hij voor mij heeft gekocht, staat weggestopt in de hoek, wachtend tot het teruggestuurd wordt. Ik heb de laarzen een paar keer aangepast, maar ze zijn zwaar en stijf en ik kan me niet voorstellen dat ik er ver mee kan lopen.

Ongemerkt wordt het lente. In Engeland komt er een eind aan de lockdown, maar de grens met Schotland blijft dicht. April komt met strenge vorst, erger dan we de hele winter hebben meegemaakt. In de warmte overdag komen de boomgaarden tot bloei, maar 's nachts zakt de thermometer onder nul, zodat de tere roze bloemen tot een bruine krul bevriezen, lang voordat zich een vrucht heeft kunnen vormen. De oogst zal veel kleiner zijn dit jaar. In het noorden van Schotland is het nog kouder, er zijn nachten waarin het in de afgelegen glens min zes graden wordt. Ik houd voortdurend het nieuws in de gaten, in de hoop dat Schotland zijn poot stijf houdt en de grens nog een maand gesloten blijft.

De grens gaat open.

Alle voorbereidingen zijn getroffen en hoe we er ook allebei tegen opzien, het lijkt erop dat we echt gaan. De rugzakken staan tegen de muur, klaar om te gaan, vol met de vertrouwde uitrusting die de ijzige wind van het hoogland in het zuiden van IJsland heeft doorstaan en ons dus hopelijk ook door Schotland in mei zal helpen. Een oude driepersoons Vango-tent die te veel weegt, maar aanvoelt als thuis. Slaapzakken, iets te koud voor IJsland, maar te warm voor een Engelse zomer, dus hopelijk helemaal toegesneden op een Schotse lente. Een kleine titanium brander die ons nooit in de steek heeft gelaten, met twee gasflesjes. Waterdichte jassen van een Zweeds bedrijf die tegen elke hoeveelheid regen bestand lijken, en superlichtgewicht broeken. Roestvrijstalen mokken met plastic deksel maar zonder oor, een oplaadbare hoofdlamp met een extra batterij, voor het geval dat. Een aansteker met een IJslandse papegaaiduiker erop en lucifers in een plastic zakje. Een toilettasje met het hoogstnoodzakelijke, een opschrijfboekje en pen, een set extra kleding, een dun donsjack en een telefoonlader. En een waterdichte zak met daarin de wandelgids en de stapel OS-kaarten met hun roze voorkant, waarop het grootste deel van de route nu in inkt is uitgezet, niet met potlood. Kunnen we het echt alleen hiermee een maand volhouden? Even hoor ik het geflapper van de banden tegen de rugzak terwijl we aan de uiterste westelijke rand van Engeland op granieten kliffen staan, gegeseld door de wind die met orkaankracht vanaf de open Atlantische Oceaan komt, vrijwel zonder eten en zonder geld op zak. Ik weet dat in deze rugzakken al alles zit wat we nodig hebben.

'Zijn we klaar?'

'Ik geloof het wel.'

Tom laadt de hondenmand, voor een maand hondenvoer en een berg tennisballen achter in zijn vrachtwagen en met een brok in mijn keel reik ik hem Monty aan. Ik kijk hen na als ze wegrijden, Monty drukt zijn natte neus tegen het raam, niet wetend wat er gebeurt en zonder enig idee hoelang we weg zullen blijven.

'Maak je geen zorgen, Monty, over een paar weken zijn we er weer.' Ik zwaai naar hem alsof hij een kind is.

'We zien wel hoe het gaat. Misschien duurt het niet eens zo lang.'

Tijd, het is een ongrijpbaar begrip. Uren kunnen voorbijgaan als dagen, maar maanden kunnen ogenblikken lijken. Het hangt er helemaal vanaf wat je met die tijd doet.

5

Ik zit in het hoge gras aan de wilde rand van de tuin om het gevoel van een Cornishe lente op te zuigen, voordat we die achterlaten. Er was maar zo weinig insectenleven op deze uitgeputte boerderij toen wij hier kwamen, maar nu die op een andere manier wordt beheerd, met minder chemische bestrijdingsmiddelen en minder vee dat op de velden graast, heeft de natuur ruimte gekregen om zich te herstellen en zijn de bestuivers teruggekomen. Het wemelt in de lucht van de insecten op zoek naar nectar en vogels op zoek naar insecten. Een winterkoninkje is bezig een nest te bouwen in het namaaknest dat we hebben geïnstalleerd om huiszwaluwen aan te trekken, en mussen nestelen in het kastje bij de deur, waarin vorig jaar een gezin van negen pimpelmezen zat. Mijn aandacht wordt getrokken door iets op een muurtje. Een vogel die ik nooit eerder heb gezien en die ik alleen uit boeken ken. Een tapuit, scherp en alert, met zijn blauwgrijze rug en de zwarte flits over zijn wang. Hij hipt even over de stenen, pikkend naar de spinnen die daar zitten. Een late migrant uit Afrika, hij had hier al in maart horen te zijn en niet pas begin mei op onze kust moeten aankomen. Misschien is hij opgehouden door de late vorst, of, net als wij, door gesloten grenzen. Maar we moeten allebei gaan, de tapuit om andere tapuiten te vinden voordat het te laat wordt om te broeden, wij voordat het te warm wordt en we in het Schotse muggenseizoen terechtkomen. Hij heeft niet tegen zijn reis opgezien, hij wist gewoon dat hij die moest maken. Onze reis heeft dezelfde magnetische trekkracht en voelt precies even noodzakelijk, al kan ik niet aan de angst en twijfel ontkomen. Ik sta op als de vogel het luchtruim kiest: het is voor ons allebei tijd om te gaan.

Reizen tijdens een pandemie met iemand die waarschijnlijk kwetsbaarder voor het virus is dan de meeste andere mensen, is een zenuwslopend proces. Onze eerste vaccinatie hebben we gehad, maar de tweede nog niet, en daarom besluiten we niet met de trein te gaan, wat te veel stops in drukke stations zou hebben gevergd, en de rugzakken maar liever in het busje te laden. Een transportbedrijf zal het ophalen uit een dorp in de buurt van Cape Wrath, en mochten we tegen de tijd dat we terugkomen nog steeds tegen reizen per trein opzien, dan zal Tom ons in Fort William komen ophalen.

In de eerste week van mei doen we het hek van de boerderij dicht, in de vaste overtuiging dat we terug zullen zijn vóór midzomer, wanneer de normale cyclus van het leven in de boomgaard zal doorgaan alsof we nooit zijn weggeweest. We rijden de heuvel op en zetten koers naar het noorden.

Na een dag van vervuiling, opstoppingen en wegwerkzaamheden komen we diep in Lancashire aan, in een oase op maar enkele kilometers van de M6, waar arriveren en de oprit oprijden aanvoelt als thuiskomen en alles waar dat voor staat. Een huis vol gastvrijheid, comfort, warmte en vriendschap, een plek die ons verbindt met voorbije en toekomstige avonturen. We hebben Dave en Julie leren kennen bij een ijsstalletje aan het South West Coast Path, een trektocht met hen gemaakt door het vulkanische IJslandse landschap en daar tussenin met hen natte en winderige Britse moors verkend. Hun huis is een plek om samen te eten, verhalen, verwachtingen en dromen te delen en om, nu we ons eindelijk aan de reis hebben overgegeven, op adem te komen, al is het maar voor even. We zijn tapuiten die spinnen eten in een tuin in Cornwall voor de laatste ruk naar het noorden.

'Julie hebben wel in de wandelgids gekeken, hè?' Dave: groot, noordelijk en iemand die nooit een blad voor zijn mond neemt.

'Natuurlijk, we gaan heus niet naar zo'n afgelegen uithoek zonder een beetje huiswerk te doen. Waarom, wat wil je zeggen?' Ik ken Dave goed genoeg om te weten dat hij niet de moeite neemt een gesprek te beginnen als hij niet van plan is dat af te maken.

'Nou, het is gewoon Moth, hij is niet zo sterk als hij een paar jaar geleden was.'

Ik kijk naar Moth tegenover me, met de ogen van iemand die hem in twee jaar niet heeft gezien en de kamer wordt donker van de angsten die ik achtergelaten dacht te hebben. 'Ik weet het, je hebt gelijk. We zouden dit niet moeten doen, hè?'

'Dat zeg ik niet, maar ik kan zien dat hij zich niet zeker voelt van deze trip.'

Ik voel me opeens een beetje misselijk, omdat ik weet dat hij deze wandeltocht niet overwogen zou hebben als ik hem er niet toe had aangezet.

'Luister, ik zeg alleen dat wij een stuk noordelijker wonen dan de meeste mensen die jullie kennen. Als het misgaat, duik dan een dag of twee ergens onder en dan kom ik jullie halen. Het is te ver voor jullie zoon om vanuit Cornwall te komen.'

Een dicht geweven vangnet van vriendschap spreidt zich onder me uit, een eenvoudig, oprecht aanbod dat door de angsten heen reikt en ze zacht opzijschuift.

'Ik weet niet of ik het een maand met jou uit zou houden, maar ergens zou ik willen dat je met ons meeging.'

'Zorg dat je tot de Pennines komt en dan kom ik naar jullie toe en loop een week of twee mee.'

'Tjee, Dave, zo ver kunnen we nooit lopen. We mogen blij zijn als we Fort William halen.'

'Nou, het was maar een idee.'

Ik zie zijn grote gestalte naar de keuken lopen om een schaal groenten te halen die Julie heeft klaargemaakt. Zij komt achter hem aan met glazen en een fles; ze is half zo groot als hij en twee keer zo taai. Ik zou me echt zekerder voelen als ze meegingen. Julie schenkt me een glas in.

'Hij meent het, weet je. Houd hem eraan als het nodig is.' Ze vangt Moths blik als hij opkijkt en zet het gesprek rustig voort. 'Hoe dan ook, wij hebben twee weken vakantie en geen idee wat we gaan doen.'

'Begin jij nou niet ook nog, er is geen denken aan dat we de Pennines halen.'

'We zien wel.'

We blijven nog een dag langer, om te hergroeperen, de spullen te controleren, spinnen te eten, voordat we verder vliegen. We wandelen langs de riviermonding, kijken hoe in weilanden langs de oevers het kuilgras wordt gemaaid. Veldjes hoog gras, waar een leger aan tractoren, aanhangers, keerders en kuilvoerblazers binnenvalt en in anderhalf uur tijd veertig hectare land plundert. De velden worden volledig van hun gras ontdaan en daarmee van elk levend wezen dat erin bestond, er is geen tijd voor het wild om te ontsnappen of voor insecten om door te vliegen. Het is alsof we getuigen zijn van een armageddon voor de biodiversiteit in een enorm gebied. Zoals zoveel landbouwgrond in dit land is dit geen particulier eigendom. Het behoort toe aan een van de grote corporaties, dus het kuilgras wordt niet op de boerderijen in de buurt opgeslagen, maar kilometers ver vervoerd naar een enorme zuivelindustrie voorbij Lancaster. Biodiversiteit is voor de corporaties niet iets om rekening mee te houden en weegt zeker niet op tegen het verlangen naar hogere en hogere winsten.

Op de slikken zoekt een zeldzame witte ooievaar naar voedsel, verdreven, zoals zoveel van onze wilde natuur, naar de uiterste rand van het bestaan. Ik vraag me af waar al het leven dat zich in deze velden voedde, naartoe is gegaan. Heeft het de dag überhaupt overleefd? Maar dit is de keuze die we elke keer maken als we boodschappen doen: net als de melkkoeien die nooit een weiland met gras zien, of de kippen die nooit daglicht zien, vertegenwoordigt dit enorme stuk land, dat in enkele minuten van insectenleven is ontdaan, de ware kosten van goedkoop voedsel. Hoeveel insectenhotels we ook bij het tuincentrum kopen, dat evenwicht is niet te herstellen.

We lopen terug via velden waar het wemelt van de graspiepers.

'Er zijn plannen goedgekeurd voor duizenden huizen op deze velden, ze kunnen nu elk moment met de bouw beginnen.' Julie gebaart met haar arm naar het landschap van heggen en bossen.

De graspiepers vullen de lucht, maar niet lang meer. In een middag is hun voedselbron verdwenen en hierna staat hun habitat op de planning. Ik zie ze rondvliegen en heb het gevoel dat het weleens de laatste keer kan zijn.

Nog één avond van huiselijke gemakken en huisgemaakt eten, de rugzakken ingepakt en opnieuw ingepakt en dan valt het niet langer uit te stellen, we moeten gaan.

'Tot ziens in de Pennines.'

'Echt niet.'

'We zullen zien.'

Stortregen slaat door de harde wind tegen het raam van het café in Fort William en het wordt al vroeg donker op deze meimiddag. Hier begint de Cape Wrath Trail, of liever: dit is de plek waar hij voor ons eindigt, als we het halen. We hebben gedroogde etenswaren en extra sokken ingeslagen en zitten nu te kijken naar de regen die over de hoofdstraat geblazen wordt, boeggolven van water vormen zich achter passerende auto's. We besluiten vannacht hier te blijven en nemen dus alle tijd voor de thee in het café. Door het beslagen raam zie ik een backpacker in een deuropening staan. Het is een kleine, tengere man, met een keurig gekamde baard en een nieuwe, nog ongebruikte uitrusting.

'Ik durf te wedden dat hij op het punt staat aan de Cape Wrath Trail te beginnen, van zuid naar noord. Ik moet er niet aan denken om in dit weer op weg te gaan. Doorweekt op dag één.'

'Nee, ik ook niet.'

'Vertel me nog eens waarom we ook alweer hebben gezegd dat

we het van noord naar zuid gaan doen.' Moth heeft zijn mes in zijn hand en tikt er zachtjes mee op de tafel.

'Omdat het makkelijker zou zijn vanuit Fort William terug naar huis te gaan, ofwel dichterbij voor Tom of rechtstreeks met de trein naar het zuiden.'

'Vandaag klinkt het allemaal onzinnig.'

We kijken door het raam naar een groep wandelaars die over de straat aan komt lopen. Verfomfaaid en druipend, onder de modder, voeten in plastic boodschappentasjes in schoenen die duidelijk vol water staan.

'Zij zijn net klaar, zo te zien.' Is dit wat Cape Wrath met mensen doet?

'Een of andere jeugdgroep misschien. Ik wed dat ze net de West Highland Way hebben gelopen.' De razend populaire West Highland Way loopt vanaf hier zo'n honderdvijftig kilometer naar het zuiden. Ik kijk toe hoe de groep al lopend over de straat het succes viert – het lijkt een veel gemakkelijker optie. 'Waarom doen wij dat niet? Kijk, ze kunnen nog lachen aan het eind.' Ik weet niet waarom ik niet aan deze route heb gedacht, hij is gemakkelijker en korter, maar als Moth me met opgetrokken wenkbrauwen aankijkt en dan weer op de tafel gaat tikken, wilde ik dat ik het niet had gevraagd.

'Ik zit te denken, ik zou mijn kleine wandelschoenen hier kunnen laten, misschien bij de toeristeninformatie, zodat ik deze grote later per post kan terugsturen en dan mijn andere heb om terug naar huis te gaan.' Hij is nogal gehecht geraakt aan zijn enorme legerlaarzen, maar ik snap wel dat we, als we het klaarspelen om helemaal terug te lopen naar Fort William, misschien andere schoenen nodig zullen hebben. Ik heb mijn grote laarzen een paar keer gedragen en ze leken me wel goed, zeker beter geschikt voor dit weer dan lage wandelschoenen.

'Oké, daar zit iets in. Zullen we dat dan maar doen?'

'Ga jij dan ook je legerschoenen gebruiken?'

Moth heeft een theorie dat mensen een aangeboren intelligentie bezitten, maar ook een fundamentele tegenzin om hun kennis te gebruiken. Dat we een enorme schat aan kennis over onze geschiedenis hebben waarmee we de fouten van het verleden konden voorkomen, als we haar maar gebruikten. Ik heb altijd tegengeworpen dat hij ongelijk heeft, dat hoeveel kennis we ook hebben, elke nieuwe combinatie van omstandigheden een nieuw probleem met zich meebrengt, en elke fout dus nieuw is.

'Dat doe ik dan ook maar, als jij de jouwe gebruikt, het zal vast prima gaan.'

DEEL TWEE

Vanuit het noorden

‘Het hoogste punt willen bereiken is niet de enige manier om een berg te beklimmen.’

Nan Shepherd, *De levende berg*

6

Schotland is doortrokken van geschiedenis, mythen en legendes. De glens en heuvels echoën het geluid van het verleden: legers op de been gebracht en gevallen, veldslagen gevochten, gewonnen en verloren, harde levens gevormd tussen meedogenloze bergen, landarbeiders, uitzettingen, helden en monsters. Ik vraag me af hoe een land in het heden overeind kan blijven onder het gewicht van zoveel verleden. Als we langs Loch Ness rijden, worden mijn ogen meer naar het water getrokken dan naar de weg, voortdurend op zoek naar een glimp van het mythische monster dat daar in de diepte zou schuilen. Ik zie het niet.

Uiteindelijk ligt het loch achter ons en stoppen we om te tanken. Het benzinestation heeft evenveel Nessie-memorabilia en -snuisterijen als snoepgoed en benzinejerrycans, het lijkt wel een ontmoetingsplaats voor het oude en het nieuwe land. Dit heb ik in vrijwel elke winkel gezien waar we binnen zijn geweest in het noorden en het geeft me een wat ongemakkelijk gevoel. Alsof ik elke keer als ik een brood koop op een of andere manier word benaderd door iemand die me het oude land wil verkopen. Maar als hier miljoenen bezoekers per jaar voor de geschiedenis en de mythen komen, waarom zou je die dan niet voor hen in doosjes stoppen? Zo is iedereen tevreden met het resultaat. Maar Inverness vertelt een ander verhaal; het herbergt nu een kwart van de bevolking van de Hooglanden en is een centrum van medische hightechbedrijven en toeleveranciers voor de olie-industrie. Terwijl we om de bedrijventerreinen van de stad heen rijden, vermoed ik dat het Schotland van vandaag heel wat meer inhoudt dan trommels met zandkoekjes en Nessie-sleutelhangers.

De weg buigt af naar het westen en brengt ons steeds dichter bij de Cape, langs de oever van Loch Shin, een eenbaansweg waar geen eind aan lijkt te komen. Uiteindelijk houdt het op met regenen, onder het openbrekende wolkendek komen heuvels tevoorschijn, maar de weg en het loch gaan verder en verder, zestig kilometer lang, tot ze eindelijk bij het eind aankomen en bij de enige parkeerplaats waar niet al een kampeerbus staat. Maar er staat wel een kleine auto, waarin een man op de bestuurdersstoel onder een deken zit te slapen. We parkeren de bus en koken water voor thee.

Visgraten liggen verspreid langs het loch. Otters. Ik heb in het hele land door otters achtergelaten sporen en uitwerpselen gezien, heb op ze zitten wachten, ben naar otterreservaten geweest, zelfs naar de dierentuin, maar ik heb nog nooit een otter gezien. Nu zie ik er ook geen, en ik ga op een kei zitten en kijk naar de veranderende hemel. De overtrekkende regenbuien nemen af, er hangen alleen hier en daar nog lichte regengordijnen. Laat op de avond schildert de zon een streep goud vanaf de heuvel achter ons naar de duisternis van de verre horizon, losse wolken vangen het licht in een bundel lichte vegen die op het donkere oppervlak van het water weerspiegelen. Door het waas van licht overspant een volledige regenboog het loch: een penseelstreek van wilde kleur, fel tegen de donkere bergen erachter. Zo veel meer dan geruite *sporrans* en plastic Hooglandkoeien.

De man in de geparkeerde auto stapt uit en rekt zich in het ochtendlicht, terwijl ik hetzelfde doe. Het is een beetje ongemakkelijk, maar ik begin toch een gesprek.

'Hallo. Dat zal geen erg comfortabele nacht voor u zijn geweest.'

'Nee, wel erg krap daarbinnen.'

'Bent u op doorreis?'

'Nee, ik werk in de visverwerkingsfabriek daarginds.' Hij knikt naar het westen. 'Mijn vrouw heeft me er twee maanden geleden uitgeschopt, je kunt nergens anders heen, er zijn hier geen huizen, dus ik slaap elke nacht in mijn auto. Waar gaan jullie naartoe?'

'Cape Wrath. We gaan de route lopen.'

'Je weet toch dat die gesloten is, hè? Er zijn militairen daarboven, honderden verdomme, je kan er niet komen.'

Hoe noordelijker we komen, hoe donkerder het landschap wordt, zelfs onder een opklarende lucht. Helling vol heide, zo droog alsof er brand heeft gewoed, maar het brandt nergens. Moth haalt zijn handen door een plant en die breekt af, levenloos en bros.

'Wat vreemd is dit, wat is hier aan de hand? Ik heb mijn hele leven over moors met winterheide gelopen en dan was het nooit zoals dit, zo zwart heb ik het nooit gezien. En het is mei. Deze hei lijkt wel dood, maar dat kan toch niet, niet zo veel, niet honderden hectaren, zoals dit.' De zwarte heuvels strekken zich in alle richtingen uit, een woest, donker, buitenaards landschap. En in de verte klinkt een geluid als een dreunende storm.

'Wat is dat voor geluid?'

'Als die man gelijk had, zou dat het leger kunnen zijn. Ik heb de schiettijden gecontroleerd voor we vertrokken, ze zouden begin deze maand gestopt zijn met schieten.'

Hoe kan het dat hij daaraan heeft gedacht? Ik wist wel dat de Cape militair gebied is, maar het is niet bij me opgekomen uit te zoeken of ze aan het schieten zouden zijn.

'Ik heb geen bereik met mijn telefoon om het uit te zoeken. Zullen we het dorp in gaan en rondvragen of iemand anders er iets over weet?'

Kinlochbervie is een klein dorp, maar het is de noordelijkste haven aan de westkust van Schotland, waar het leven gedomineerd wordt door het komen en gaan van vis. Vis die gevangen is door de kleine vissersvloot van het dorp en door grotere schepen uit andere streken, wordt er verwerkt en verpakt en vervolgens over de weg door Groot-Brittannië en naar Europa vervoerd. In de buurt van de fabriek stappen we uit onze bus en gaan een klein café in. Zodra we binnenkomen, wordt duidelijk dat buitenstaanders hier niet welkom zijn.

'Jullie mogen hier niet binnenkomen, we willen geen vreemden in het café. Eruit, nou. Buiten staat een bank. Ik kom wel naar jullie toe.'

Buiten het café is de lucht kil en lijkt het of de heuvels met dode hei ons insluiten. Twee grote zwarte motorfietsen staan op de weg geparkeerd en even kan ik alleen maar aan onze eigen dochter denken, Rowan en haar grote motor waarvan de schrik me om het hart slaat, elke keer als ik eraan denk dat zij erop rijdt. Ze zal deze week naar de boerderij gaan om op haar beurt voor Monty te zorgen, en opeens wil ik alleen nog maar afzien van deze wilde, onmogelijke reis en teruggaan naar Cornwall om met mijn gezin samen te zijn. We zijn naar het café gekomen voor bonen op toast en om naar de militaire manoeuvres te vragen, maar nu, hier op de bank naast de vuilnisbak, is de echte vraag niet waarom we bij het café zijn, maar hoe verstandig deze hele reis is. Die vraag hangt onuitgesproken in de koele, van vis vergeven bries.

'Oké, wat willen jullie?' De vrouw die ons naar buiten stuurde is gekomen om onze bestelling op te nemen.

'We kwamen eigenlijk voor bonen op toast, maar nu we hier op de bank zitten misschien een baconsandwich en een kop thee? En waarom mogen we niet binnen zitten? Er zitten zoveel mensen daar, de motorrijders en die anderen?'

De vrouw kijkt Moth aan alsof hij een kind is aan wie iets heel simpels moet worden uitgelegd. 'De bikers wonen verderop, ze zijn van hier. We willen geen buitenstaanders hebben in het café. Tot nu toe hebben we corona buiten de deur weten te houden, dus we gaan het nu niet binnenlaten na al die tijd dat we opgesloten hebben gezeten. De meeste winkels en cafés en bijna alle hotels hier in de buurt zijn nog gesloten; jullie boffen nog dat wij überhaupt open zijn.'

Ik haal me de afmeting van de zakken gedroogd voedsel die we in Fort William hebben gekocht voor de geest en bestel twee extra sandwiches om mee te nemen. 'Iemand heeft ons verteld dat Cape Wrath gesloten is vanwege militaire oefeningen, klopt dat?'

'Aye, gesloten tot juni. Je kan daar niet omhoog.'

Ik voel paniek opkomen, we hebben maar een paar dagen voordat het busje wordt opgehaald; als we onze plannen willen veranderen, moet dat heel snel. 'Zijn er campings hier die open zijn?' Ik zie Moth inzakken. Het wordt moeilijker voor hem om met verandering van plannen om te gaan, alsof zijn gedachten zich niet meer kunnen aanpassen als er eenmaal een besluit genomen is. Ik weet zonder het te vragen dat zijn hersens hem vertellen dat we nu alleen nog maar rechtsomkeert kunnen maken, terug naar Cornwall.

'Nee, die zijn allemaal dicht. Maar er is wel Sheigra, daar zou je heen kunnen gaan.'

'Sheigra?'

'Aye, niet echt een camping, maar je mag er voor een briefje van vijf je camper parkeren. Er hangt een bus waar je geld in kan doen.'

We eten zwijgend, er daalt een ongemakkelijke sfeer neer die niets met vis te maken heeft. Ik weet wat hij denkt. Hij weet dat ik het weet.

We rijden door het plukje huizen, langs een gesloten hotel naar de rand van het dorp. Donkere wolken verbergen elk uitzicht, afgezien van het stenige moorland langs de eenbaansweg. Voorbij het dorp volgen we een heuvelrug langs de kust, tot er door een plotselinge doorgang een zandvlakte in zicht komt, die omlaag naar de zee leidt. Sheigra. We rijden de geldbus voorbij, omdat we niet zeker weten of we wel blijven en hobbelen over het gras naar de kust. Hier en daar staat een camper tussen de met gras begroeide zandduinen en daar voorbij spoelt de zee in een kleine baai van roze steen en wit zand. We parkeren zo dicht bij het water als we durven en lopen naar het strand. Aan de rand van de zee vliegt een scholekster laag tussen de landtongen, over opkomend water dat langzaam het droge zand nat maakt. Ik ga op de stenige waterkant zitten en drink thee die ik uit de bus heb meegenomen en terwijl de zee steeds hoger over het witte zand slaat, voel ik hoe mijn lichaam zich ontspant als chocolade op een warme dag. Ik ben terug op de uiterste rand van het land en tegelijk met de vloed komt bij mij het rustige gevoel op dat ik hier thuishoor. Moth loopt over het strand, hij schuifelt met zijn voeten door het stoffige zand, laat voetafdrukken achter waar het nat is.

'Dus we kunnen niet eens naar Cape Wrath.' Hij gaat naast me op de rots zitten.

'Maakt het iets uit? Het is wel jammer om niet naar de Cape te gaan, maar als we hier beginnen slaan we maar een kilometer of achttien over.' Met zijn handen diep in zijn zakken kijkt hij uit over de zee. Hij hoeft het niet te zeggen, te veel veranderingen van plan en zijn CBD-brein kan het niet bijhouden, het haast zich dan naar wat het als de enige mogelijkheid ziet: terug naar de veilige haven, terug naar Cornwall en het hele idee van deze trip vergeten. 'Zullen we naar de bus gaan, die koude baconsandwich opeten en dan de landtong op lopen?'

We eten het brood zittend in het duingras waartussen overal witte schelpjes liggen. Een of ander zeeschepsel dat bij een hoge vloed aan land is gesmeten. Ik stop mijn zakken vol met de lege schelpen terwijl we de landtong op klimmen, over gras dat door harde wind is kortgeschoren, maar bedekt met een tapijt van klein geel vijfvingerkruid en alpiene bloemetjes die even laag zijn als het gras. Nog een laatste klauterpartij over roze steen en deze wilde, buitenaardse hoek van Schotland ligt voor ons. Witte, voortjagende wolken werpen schaduwen over moors die zich naar het zuiden uitstrekken tot de bergen van Sutherland. Naar het noorden glanst een roze kliffenkust in de vroege avondzon en kromt weg naar de onbereikbare Cape Wrath. En in het westen de Atlantische Oceaan, donker zilverblauw, helemaal tot aan Newfoundland.

We zitten met onze rug tegen een enorme stapel stenen uit te kijken naar het eiland Lewis aan de verre horizon, wanneer naast ons opeens twee mensen opduiken. Slobberige stretchbroeken, wollen truien met gaten, touwen en aan rugzakken bungelende klimschoenen: rotsklimmers op weg naar de kliffen, nu de avondzon op de naar het westen gerichte rotsen valt – de beste tijd van de dag om te klimmen, als de hand- en voetsteunen de grootste grip hebben.

'Hallo. Gaan jullie naar de platen?' Moths stem klinkt zacht, vlak, zonder zijn gebruikelijke sprankeling.

'Ja, dit is het perfecte moment.' De vrouw, ergens in de veertig, met grijzende krullen die onder een mutsje uitkomen, kijkt Moth aan en dan naar de zee. 'Wanneer de zon op het gneis valt en alle kleur naar boven haalt, en je hangt aan een touw tussen de zeevogels, met onder je het geluid van de golven, dat is verslavend.'

Ik ken het gevoel dat ze beschrijft, als begin twintigers hingen wij het grootste deel van onze weekenden aan een touw ergens in het Peak District. Alleen waren daar geen zeevogels, maar voornamelijk kraaien. Ik doe geen moeite haar dat te vertellen, maar vraag naar de klimmogelijkheden hier.

'Je hebt hier een paar geweldige klimmen: Dulce Dancing, Flotsam, Critical Froth. Maar waarom zijn jullie hier?'

Ik geef Moth geen kans te antwoorden met de negatieve gedachten die waarschijnlijk in zijn hoofd rondgaan en spring erin voordat hij iets kan zeggen. 'We gaan de Cape Wrath Trail lopen, nou ja, niet helemaal: de Cape is afgesloten.'

'O ja, het leger. Nou, dan begin je toch gewoon hier? Waarom doen jullie dat trouwens? Het is een zware hoor, ik denk niet dat ik het zou kunnen.'

Ik kijk Moth aan en zie dat hij niet weet wat hij moet zeggen. Maar op een of andere manier, hier op deze wilde plek, is er geen reden om de schijn op te houden. Ik doe mijn mond open en kan haar alleen maar de waarheid vertellen.

'Moth is ziek. We hebben ooit een lange tocht gelopen en dat hielp, en we hopen echt dat dat misschien weer gebeurt. We hopen dat we niet te lang hebben gewacht.' Vanuit mijn ooghoek zie ik dat Moth uitkijkt over de zee en licht met zijn hoofd schudt.

De vrouw aarzelt even, terwijl de wind haar krullen opblaast en het uiteinde van het touw tegen haar rugzak laat flapperen.

'Dat doen wij ook, elke keer als we aan een touw hangen. We hopen. Hopen dat we de top halen, hopen dat de zekering het houdt, hopen dat dit de volmaakte klim wordt. Hoop. Dat is iets krachtigs; hoop kan dingen veranderen. Maar je moet er wel voor openstaan, hem echt voelen. Je laten optillen door zijn kracht. Dat doen jullie ook, jullie stellen je open voor hoop. Als je dat doet, is alles mogelijk. Begin hier. Waarom zou je de Cape nodig hebben? Het is zo prachtig hier.'

'Maar dan is het toch niet meer echt de Cape Wrath Trail?' Ik hoor de twijfel in Moths woorden doorklinken.

'Wat maakt dat uit, maak er dan je eigen pad van, maak er de Sheigra Trail van. Elke wandeltocht die hier begint kan alleen maar geweldig zijn.' Ze gaan verder over de rand van de klif, maar ik hoor haar nog roepen terwijl ze wegloopt: 'De Sheigra Trail, maak er de Sheigra Trail van...'

'De Sheigra Trail?'

'Ik weet het niet, het lijkt allemaal verkeerd nu. Ik weet niet of ik het kan.'

We kijken hoe de zee van kleur verandert terwijl de zon begint onder te gaan, kreten van het 'klimmen' klinken over de rand van de klif.

In het afnemende licht kleuren de rotsen nog dieper roze; volgens een informatiepaneel dat ik op een parkeerplaats heb gelezen, vormen ze een mengeling van Torridonisch zandsteen en Lewisiaans gneis, die tot de oudste gesteenten van Groot-Brittannië behoren, het fundament van ons bestaan. De noordwestelijke Hooglanden zijn gevormd door een wirwar van steen en tijd die al generaties lang de aandacht van geologen vasthoudt. Zozeer zelfs dat het nu een Unesco Geopark is, van even groot wereldwijd geologisch belang als de vulkanische velden van zuidelijk Peru of het Stenen Woud van Shilin in China. Hoe belangrijk het is, werd aan het begin van de twintigste eeuw voor het eerst ingezien toen geologen dolenthousiast werden over de ontdekking van de Moine Thrust Belt, aan de noordkust van Loch Eriboll. Ze beseften dat ze hier een mengelmoes van geotijd zagen, waar ouder Moine-gesteente over veel jongere steenlagen heen naar het oosten stuwde. Een omgekeerde overdekking die eindelijk hard bewijs vormde voor hun theorie over tektonische platen. De Moine Thrust Belt loopt door de Hooglanden zuidwaarts naar de zee en het eiland Skye, een bewegende lap geotijd onder onze voeten. We hoeven alleen maar op deze oeroude lopende band van zandsteen en gneis te stappen en erop mee te liften naar het zuiden.

Vanuit het uitgestrekte open landschap in het zuiden komt de enormiteit van wat ons te wachten staat op ons af als een tsunami van eindeloze kilometers en voetstappen. Hoe kunnen we ooit 370 kilometer door een van de ruigste en meest verlaten gebieden van het Verenigd Koninkrijk te voet afleggen? Dit overweldigende landschap lijkt bijna te groot om te bevatten.

'Misschien kunnen we een plek vinden om de bus te parkeren en dan alleen maar naar Ullapool lopen, dan kunnen we daarna op een of andere manier hierheen teruggaan, de bus ophalen en het voor gezien houden.' Ik heb me er nu bijna bij neergelegd dat deze trip mislukt is en weet zeker dat Moth alleen nog maar terug naar de boomgaard wil. Hij zegt niets, kijkt alleen maar naar de zee.

Vanaf een roze rots iets uit de kust vliegen vogels af en aan. Sterns, grote mantelmeeuwen en zilvermeeuwen. Dan opeens stijgt er vanaf de kliffen onder ons iets op, wat over de zee zweeft en een zwarte schaduw over de met zeevogels overdekte rots werpt, iets donkers, met een flits wit, iets veel groters dan alle andere vogels. Het keert om, vliegt terug naar de rotswand. We grabbelen haastig naar de verrekijker. Het is een zeearend, een grote, donkere vogel met een enorme spanwijdte en duidelijk afgetekende witte staart. Zeearenden waren uit Groot-Brittannië verdwenen, uitgestorven door de jacht, tot ze in de jaren zeventig van de vorige eeuw met succes vanuit Noorwegen geherintroduceerd zijn, maar nog steeds zijn er in het hele land maar een stuk of honderdvijftig paartjes. De vogel blijft hoog op de klif zitten, een prachtige levensvorm die hier een hachelijk bestaan leidt, maar toch geen angst kent, geen twijfel, hij richt zich alleen op overleven, op zijn bestaan in de beste vorm die dat kan aannemen. Moth houdt de verrekijker voor zijn oog, blijft een hele tijd kijken en laat hem uiteindelijk zakken nadat de arend is opgestegen, zijn brede donkere vleugels heeft gespreid en over de zee naar het zuiden is gevlogen.

'De afspraak is nog steeds dat de bus wordt opgehaald in Durness, dus dat moeten we veranderen, maar als we dit gaan doen, moeten we nu echt wel gaan.'

'Oké, als je het zeker weet.'

'Nee, maar we moeten het toch doen, dus laten we gewoon vertrekken en zien hoe het gaat.'

We lopen terug naar de bus die op het korte, zanderige gras staat, omringd door sierlijke vogeltjes met een wit lijfje en zwarte wangen. Tapuiten. Zij hebben hun noordelijke zomerverblijf bereikt. Een reis vol gevaren en uitputting, maar een reis die ze moesten maken.

Ik beëindig het gesprek en stop de telefoon weer in mijn zak.

'Ze zeggen dat ze de bus hier niet kunnen ophalen, tot in juni is de dichtstbijzijnde plek waar ze hem willen ophalen in Lochinver. Ik weet niet eens waar Lochinver ligt. In ieder geval niet aan de Cape Wrath Trail, dat is zeker.'

'Het ligt aan de westkust, in de buurt van die berg die Suilven heet.'

We hebben Suilven een keer van een afstand gezien, toen we als twintigers in de Hooglanden aan het liften waren. We hadden altijd nog eens terug willen gaan om hem van dichtbij te bekijken, maar het is er nooit van gekomen.

'O, nu weet ik het weer, maar wat doen we in de tussentijd met de bus? En het ligt een heel eind van de route.' Ik kijk de kampeerplaats over, naar het handjevol verspreid staande campers en een kudde schapen die vanaf de heuvel haar weg naar de beschutting van de baai zoekt. 'We zouden hem hier kunnen laten staan, neem ik aan, als we hem zo ver mogelijk van de zee zetten en voor een week geld in de geldbus stoppen, naar Lochinver lopen en dan terugkomen om hem op te halen. Zo begint het pad in ieder geval in Sheigra en niet nog verder naar het zuiden in Lochinver.'

'Dan moeten we wel een alternatieve route uitzetten. Goed dat we die OS-kaarten hebben.'

De tapuiten verzamelen zich op de duinen, pikkend tussen de witte schelpen.

'De Sheigra Trail?'

'Het schijnt zo.'

De rugzakken staan rechtop tegen elkaar aan, rug aan rug ondersteunen ze elkaar, terwijl ik de zwarte legerlaarzen dichtveter. Ik sluit de deur van de bus. Sluit de deur naar veiligheid en een uitweg, naar gemakkelijke toegang tot voedsel en water en zekerheid, naar warme beschutting en nieuws uit de buitenwereld, naar droge sokken, knusse dekens, een comfortabel bed en kussens. Ik ben eerder bang dan opgewonden. Nog één keer worden mijn ogen naar de horizon getrokken, naar de golven die de lijn daarvan lijken op te tillen en uit te rekken. Ik wil geen stap verder meer lopen, ik wil hier blijven, met het vertrouwde gevoel van de kustlijn de me vasthoudt, verbonden aan een onzichtbare draad, drijvend op de zoute lucht. Moth doet de bus op slot, stopt de sleutel in een zak met een rits en we keren onze rug naar de golven, ons gezicht naar het donkere binnenland. Ik weet wat hij denkt: dit pad is veel moeilijker en verlatener dan hij denkt aan te kunnen. Hij zou hier niet zijn als ik hem niet op het idee had gebracht. En hij weet dat ik dat weet.

De Sheigra Trail

Van Sheigra naar Fort William

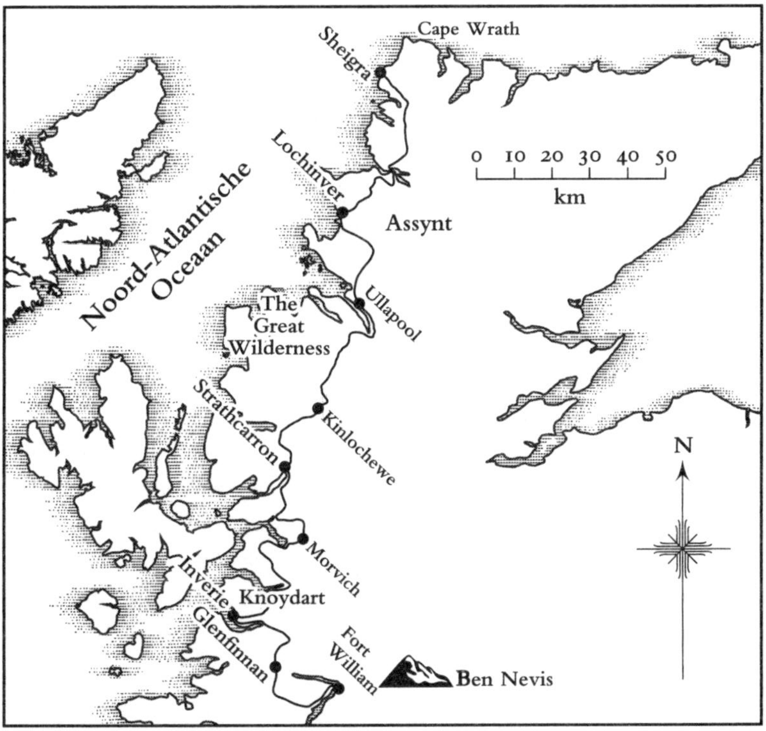

7

'U mag niet binnenkomen, blijf bij de deur staan. Wat wilt u? Dan kom ik het wel brengen.'

De winkelier reikt ons over de drempel een zak etenswaren aan en dan laten we dit kleine, geïsoleerde stukje beschaving achter ons. Vanaf de parkeerplaats bij Rhiconich volgen we de beek. Een tijdje is het landschap iets wat we begrijpen, gewoon moors met de overbekende begroeiing, maar als we van de beek afslaan, verbreedt het uitzicht zich tot een uitgestrekt, onbekend land. Het is vreemd troostend om het overmatige gewicht van de rugzak, volgepropt met etenswaren, op mijn rug te voelen. In dit lege landschap zou het weleens dagen kunnen duren voordat we weer iets kunnen kopen.

Zwarte heide, zo bros dat ze afbreekt als we erlangs strijken, loopt kilometers ver door, en daar, in de verte: Arkle. Ik herinner me dat ik deze berg heb gezien op een postzegel met een schilderij van de hand van prins Charles, maar volgens mij heeft hij naar een andere berg gekeken. Wat nu voor ons ligt, lijkt helemaal niet op die postzegel. Uit de grond rijst een zwarte vin van rots op, een reusachtige wig van duisternis die misschien nog steeds bezig is zich te vormen en door de korst onder ons heen te breken om dan dreigend boven het drassige, stenige landschap uit te torenen. Volgens geologiewebsites bestaat hij uit glinsterende kwarts over Lewisiaans gneis, maar er glinstert hier niets. Misschien komt dat door het steeds dichtere en donkerdere wolkendek boven de zwarte berg of door de honderden hectaren dode of stervende heide, maar dit landschap heeft iets intimiderends, iets dreigends zelfs, en ik ben een beetje bang. Moth kijkt om naar mij en ik weet dat hij zich net zo voelt als ik. We willen terug naar de bus.

Verderop is een rivier met langs de oevers wat lage struiken en kromgegroeide, knoestige lijsterbessen. We zullen erdoorheen moeten waden, en daarom lopen we langs de oever op zoek naar een ondiepe plek. Opeens, als een duveltje in een doosje terwijl je het doosje nog niet hebt gezien, duikt er van achter de struiken een man op, en mijn hart bonst van de verrassing door zijn verschijning in dit troosteloze, lege landschap. Hij is van top tot teen in tweed gekleed, met een lang jasje en plusfour tot op zijn knieën met daaronder wollen kniekousen en hoge leren schoenen. Op en top het stereotiepe plaatje van de Engelse landheer, het ideaalbeeld dat wordt verkocht door catalogi voor 'country'-kleding gericht op de buitenlandse markt. Maar als hij begint te praten, is hij even Schots als de bergen.

'Een goedendag. Bent u hier om te vissen?'

'Nee, we wandelen alleen.'

'Hier wandelen, hoezo? Bent u soms gek?'

'Waarom bent u dan hier?'

'Om te vissen natuurlijk. Geweldig vissen hier. Ik was al bij het ochtendgloren bij het *lochan* aan de kant van Foinne Bhein, een paar kilometer verderop op de heuvel.' Hij knikt naar het noorden. Het ziet eruit als kilometers dodelijk zwaar terrein van rotsen, veen en waterplassen, maar hij is kennelijk totaal niet onder de indruk van de afstand of het landschap. Ik begin me af te vragen of we alleen maar een enigszins verwarde toerist met een al te sterk Schots accent zijn tegengekomen, als ik zijn visspullen bij de rivier in het oog krijg.

'Wat hebt u vandaag gevangen?'

'Niks. Maar het is hier geweldig vissen. Aye, geweldig. Nou, wandel maar verder jullie. Ik snap niet waarom iemand hier zou willen wandelen.'

Ik kijk over de kilometers dode hei heen naar het lochan in de heuvels. Dat is blijkbaar geen wandelen, dat is gewoon vissen.

We steken de rivier over met onze schoenen over onze schouders, door water dat even koud is als het ijzige gletsjerwater van IJsland. Het is niet al te diep en stroomt ook niet hard, maar Moth is gespannen en zoekt heel voorzichtig zijn weg naar de overkant. Ik geef hem mijn stok, zodat hij zich met twee stokken kan ondersteunen. In dit donkere, drukkende landschap, tot mijn knieën in ijskoud water, kost het me moeite een opkomend gevoel van onheil te bedwingen. Terwijl ik toekijk hoe Moth op handen en knieën de rivieroever op kruipt, ben ik banger dan ik ooit eerder in de wildernis ben geweest. Als ik het idee niet op tafel had gelegd, zouden we nu nog veilig in Cornwall zitten. Dan was er geen hoop op verbetering van Moths gezondheid, maar hij was in ieder geval niet in gevaar. Ik trek mijn laarzen weer aan en hoop dat we niet in het diepe veen terechtkomen zoals de collie-man beschreef, want ik ben bang dat Moth het niet zal redden als dat gebeurt. Maar intussen krijg ik mijn voeten in het oog: nu al roze door het schuren bij mijn grote tenen en hielen. Ik had het kunnen weten. Wanneer zal ik het ooit leren?

Nat veen en zwarte hei, het gaat maar door. Dit type landschap wordt kennelijk 'knock and lochans' genoemd, een laag liggend, door ijs gevormd landschap dat zich langs de lijnen van de zwakste rotsen heeft gevormd en waarin de 'knocks' lage heuveltjes van steen zijn, gladgeslepen door het schuivende ijs, en de lochans de verspreid liggende meertjes daartussen. Een landschap dat een groot deel van de noordwestelijke uithoek van Schotland beslaat evenals de Hebriden en dat het duidelijkst zichtbaar is in zones met Lewisiaans gneis. Terwijl we de tent opzetten op een vlak stukje zompig veen even boven een lochan, maar in de luwte van een knock, is het min of meer geruststellend om te weten dat de rots onder onze voeten al millennialang niet zichtbaar bewogen heeft. Toch zijn we er niet helemaal gerust op, want het veenwater vormt plassen bij de ingang van de tent en in de tent zelf is het alsof je op een waterbed ligt. Ik ga in de tent zitten en maak de veters van de legerlaarzen los met een gevoel van afschuw, wetend zonder te hoeven kijken dat niet alleen de knocks in dit hopeloze landschap geërodeerd zijn.

Ik durf mijn sokken niet uit te doen, en rol daarom maar een van de nieuwe luchtbedden uit waarin we hebben geïnvesteerd. Niet te zwaar, maar veel dikker en steviger ondersteunend dan onze oude matrasjes, gekocht in de hoop dat Moth er een hele nacht op zou kunnen slapen. Anders dan de zelfopblazende matjes die we eerder hebben gebruikt, blaas je deze op door met je handen druk uit te oefenen op een ventiel dat in één kant van de mat is ingebouwd, en dan te pompen alsof je eerste hulp verleent aan iemand met een hartstilstand. Dat werkte prima toen ik ze opblies op de houten vloer in Cornwall, maar als ik nu op het ventiel druk, gebeurt er niets. Moth pakt de gasbrander en gaat op een knock zitten om thee te zetten. Meestal gebruikt hij de gasbrander niet, omdat die te pietepeuterig is voor zijn gevoelloze vingers en te riskant ook: wie weet sluit hij de titanium brander verkeerd op het gas aan en ontsteekt hij dan iets wat in een vlammenwerper kan veranderen.

'Laat die thee maar, ik doe het zo wel.'

Ik leg het ventiel op mijn voet en begin dan te duwen, terwijl ik mijn voet stijf houd tegen de druk van mijn handen. Zo zit ik daar, zwetend, met alleen een T-shirt aan in de koude wind, terwijl mijn hoofd aanvoelt alsof het zal barsten, mijn linkervoet verkrampt en pijnscheuten langs mijn scheen omhoog stuurt... honderd keer drukken en het matrasje is opgeblazen. Het is indrukwekkend dik en stevig, maar ik moet nu bijna zelf aan de beademing en ben absoluut niet in staat ook het tweede op te blazen. Ik dwing mijn voeten terug in de laarzen en kruip de tent uit om naar adem te happen. Maar als ik naar de knock probeer te lopen waar Moth zit, kan ik nauwelijks mijn voeten op de grond neerzetten. Het zijn brandende ballen pijn. Ik weet wat ik heb gedaan, maar ik schaam me te erg voor mijn eigen stommiteit om iets tegen Moth te zeggen, dus ga ik op de steen zitten en zet thee. Hoeveel honderden kilometers moet ik lopen voordat ik eindelijk leer dat goed passende schoenen het belangrijkst van alles zijn?

'Hoe gaat het met je voeten? Zijn de laarzen oké?' Ik probeer rustig te klinken, terloops zelfs.

'Geweldig, volgens mij zijn dit de comfortabelste schoenen die ik ooit heb gedragen.'

Even benijd ik hem om het gebrek aan gevoel in zijn voeten. 'Misschien moet je ze even uitdoen om ze te controleren.'

'Dat doe ik straks, als ik de tent in ga. Hoe gaat het met de jouwe?'

Ik zoek naar een beschrijving voor de pijn die ik voel, maar er zijn geen woorden voor. 'Beetje pijnlijk, maar je weet het, ik en schoenen, altijd een dag of twee wat last. Het komt vast goed.' We drinken de thee op, huiverend in de wind terwijl het water opstaat om wat gedroogde rijst met erwten op te warmen.

'Wil je dat ik de andere matras opblaas?'

Ik stel me voor hoe Moth in de tent zijn een meter negentig lange lijf in bochten moet wringen om lucht in de matras te krijgen. Het is fijn dat hij het aanbiedt, maar hij zou er ook moeite mee hebben gehad toen hij nog een soepele dertiger was, en nu is het vrijwel onmogelijk. 'Het is prima, het zal niet al te lang duren, nu ik de slag te pakken heb.'

Ik val terug in de tent, houd mijn adem in, trek de laarzen weer uit en wring mezelf weer in de juiste positie voor de volgende honderd keer pompen. Eindelijk is ook de tweede matras opgeblazen en naast elkaar bedekken ze het hele grondzeil, erg knus, en dik genoeg om alle hobbels en scherpe punten uit te vlakken. Moth komt er ook in, doet zijn schoenen uit en trekt zijn sokken van zijn volmaakt normale, onbeschadigde voeten. We eten de rijst op.

'Ga jij je voeten nog nakijken? Ik zie hoe je loopt.'

Ik trek mijn sokken eraf en het is erger dan ik vreesde, een blaar van tweeënhalve centimeter als een gladde bel op mijn linker grote teen, de bal van dezelfde voet is rood en gezwollen en elke aanraking op mijn rechterhiel is ondraaglijk. 'Shit.'

'O, fuck, hoe heb je dat voor elkaar gekregen op de eerste dag?'

'Wat ben ik ook een stomkop, ik had beter moeten weten dan laarzen meenemen die ik nauwelijks heb gedragen.'

'Nou ja, het goede nieuws is: je voeten zijn tenminste droog gebleven. In je andere schoenen zouden ze drijfnat zijn geweest. Wil je teruggaan?'

'Nee, ik wil niet terug over het verschrikkelijke terrein dat we vandaag hebben gelopen. Ik plak er wat blarenpleisters op, dan gaat het wel over.'

Natuurlijk wil ik teruggaan, maar ik ben bang dat als we eenmaal weer bij de bus terug zijn, Moth niet meer de enige is die terug wil naar Cornwall. In plaats daarvan pakt Moth een naald uit het naaigarnituur, steriliseert die in een mok thee en prikt de blaar door terwijl we zien hoe de regen komt aanwaaien en het donkere landschap zwart maakt.

De zon komt op in een waterige gloed, terwijl ik slofjes van blarenpleister maak in een poging wat er van mijn voeten over is te redden. Het kost twee hele doosjes pleisters. Ik dacht dat het overdreven was om vier doosjes mee te nemen, maar het zal bij lange na niet genoeg zijn. Ik ben niet de enige die lijdt. Moths voeten doen pijn, zijn schouders en rug zijn stijf van het dragen van zijn zware rugzak over dit moeilijke terrein en als we de beschutting van onze knock verlaten, kost het hem moeite in een rechte lijn te lopen. Achter hem aan lopen is alsof je in een auto met niet-uitgelijnde wielen zit: hij moet naar rechts sturen om uit de heg links van hem te blijven. We houden even stil en Moth spreidt op een rotsblok de kaart uit. Al heel gauw zullen we bij een weg komen die Loch Stack volgt tot aan Loch More, en het idee om wat kilometers over asfalt te lopen in plaats van over veengrond is onweerstaanbaar. Op de weg slaan we linksaf, laten de zorgvuldig uitgezette lijn op de kaart voor wat hij is en zetten koers naar voorheen niet in aanmerking genomen gebied, dat ons naar Lochinver zal brengen. Het biedt meteen verlichting voor voeten en benen. De schurende pijn in mijn voeten neemt af tot een brandende hitte en Moth kan een rechte lijn aanhouden door de rand van de weg te volgen. Het blijft niet zo; al heel snel steken we een helling over, waarbij we gelukkig worden afgeleid door het prachtige uitzicht over lochs en heuvels naar de monsterlijke zwarte reus van Quinag die de horizon beheerst. We hebben nog maar weinig kilometers afgelegd, maar het loopt al tegen het eind van de middag als we bij de oever van het loch komen en op de kaart kijken.

'Daar, in Kylesku, is een hotel, misschien kunnen we er even binnen gaan zitten, een kop thee drinken en bedenken hoe we naar Lochinver kunnen komen.'

Moth geeft geen antwoord; hij zit met zijn hand onder zijn hoofd te slapen. Ik zie al dat er geen teken van leven is bij het hotel en net als alles in deze uithoek van Schotland zal het wel gesloten zijn. Vanuit het westen komt de wind opzetten, hij stuwt het water van de kleine zeearm op en fluit door een gedrongen metalen brug – een enorme meccanoachtige constructie, totaal misplaatst in dit verlaten wildernislandschap. Huiverend in de koude wind tast ik in de rugzak naar het donsjack. Als ik dat om Moths schouders heb gelegd en even een koekje eet, klinkt er opeens een knorrend geluid achter me en ik spring op van schrik. Een groot zwart varken steekt zijn neus door een gaashek, het wil blijkbaar ook graag een koekje. Ik houd mijn hand liever niet al te dicht bij die bek vol tanden en gooi haar door het hek een koekje toe, waar ik onmiddellijk spijt van heb. Stel dat Lochinver ook dicht is, wie weet wanneer we dan weer iets te eten zullen vinden? Een golf van paniek waait over het meer op me af. Stel dat we in Lochinver aankomen en we kunnen geen proviand inslaan, stel dat we geen lift of taxi terug kunnen krijgen om de bus op te gaan halen? We hebben zeker niet meer genoeg levensmiddelen om naar Sheigra terug te kunnen lopen, en dat zou dan ook een loodzware, zeer hongerige terugtocht zijn. Als dat zou gebeuren, zouden we het ongetwijfeld opgeven en teruggaan naar Cornwall en de hele trip afschrijven als een ramp. Het varken knort heel hard, zodat Moth wakker wordt. Ik stop het donsjack weg en we lopen verder, over de lawaaiige brug naar het hotel, dat natuurlijk dicht is.

Een koude windvlaag schudt aan de tent en we worden wakker met een grijs uitzicht naar het noorden en lage wolken die de top van de Quinag verbergen. Vanaf ons kamp achter een zwerfkei aan de noordkant van de berg zijn er maar twee geschikte routes naar Lochinver: ofwel over de vele kilometerslange smalle kustweg die op en neer en landin- en zeewaarts kronkelt, of via een pad naar het zuiden over de lagere hellingen van de berg tot we bij de hoofdweg komen die naar het westen loopt. Het zal onmogelijk zijn in een rechte lijn door te steken, het is een landschap van meer lochans dan knocks. We volgen de steile, smalle weg omhoog naar de helling van de Quinag tot we het pad naar het zuiden vinden. Hoog op de heuvel is het uitzicht naar het westen wild en onafzienbaar. Tenminste, dat zou het zijn, als het wolkendek nu niet zo laag was gezakt dat we door de mist lopen, zonder de geur van de zee of het uitzicht op de Summer Isles. We praten nauwelijks, zijn er te veel op gericht om het vage, moeilijk te onderscheiden pad niet kwijt te raken, met aan de ene kant het dreigende zwarte monster dat zich onzichtbaar verheft, en aan de andere kant het onbegaanbare veen. Het is al vroeg in de avond wanneer we de weg bereiken, we hebben niet veel kilometers afgelegd, maar Moth is doodop van de concentratie en wil niets liever dan zijn ogen dichtdoen en slapen. Toch lopen we over de weg naar het westen, in de hoop dat er misschien een auto voor ons stopt, maar er komen geen auto's voorbij.

'Aan deze kant van de heuvel moeten we toch wel wat bereik hebben, zullen we op internet kijken of we een taxi kunnen vinden?' Ik hoop dat we een taxi het stadje in kunnen krijgen en een plek vinden waar we kunnen slapen; zo niet, dan hebben we heel snel een vlak lapje grond nodig, anders valt hij staande in slaap.

'Ja, ik heb het gehad.'

Ik kijk, maar er is nog steeds geen bereik.

We horen een auto aankomen door de mist, die de andere kant op rijdt. Geen van beiden steken we onze duim op, maar hij stopt toch.

'Wat doen jullie hier in de mist? Ik had jullie wel kunnen aanrijden!' Een man met een grijze baard en een muts die bijna over zijn ogen zakt, steekt zijn hoofd uit het raam.

'Op weg naar Lochinver. Bedankt dat u gestopt bent, maar we gaan de andere kant op.'

'Wat hebben jullie daar te zoeken? Alles is dicht, behalve één B&B en de winkel, een uur in de ochtend.'

'Dat is een lang verhaal.' Moth is blijkbaar te moe om het allemaal uit te leggen.

'Nou, kom de regen uit en vertel het me.'

'En corona dan?'

'Fuck dat, stap nou maar gewoon in.'

We stappen in de gedeukte rode stationwagen, en leggen onze doorweekte rugzakken in de bagageruimte te midden van kartonnen dozen, waterdichte jassen en plastic speelgoed. Moth begint zijn uitleg over de bus die in Sheigra staat, dat we dus een taxi nodig hebben, als de man de auto start en naar het oosten begint te rijden, weg van Lochinver.

'Nee, nee, sorry, maar we kunnen niet deze kant op, we moeten naar Lochinver om een taxi terug naar het noorden te krijgen om de bus op te halen.' Maar hij stopt niet en we zijn al voorbij waar we op de weg kwamen, helemaal de verkeerde kant op. Wat hebben we gedaan? We zitten in een auto bij een volslagen vreemde die ons wegvoert van waar we naartoe moeten. Stel dat het een gek is, of een seriemoordenaar? Zijn we zojuist ontvoerd? Ik probeer te bedenken wat er nog meer in de bagageruimte lag, heb ik iets gezien wat als wapen kan dienen of zouden we gewoon uit de rijdende auto kunnen springen? Ik besluit dat we dat maar niet moeten doen: Moth heeft wel een vest aan, maar dat maakt hem nog geen Bruce Willis. Hij doet iets wat veel praktischer is: hij begint gewoon te schreeuwen.

'NEE, STOP.' De auto komt met piepende banden tot stilstand.

'Wat? Wat gebeurt er?' De man draait zich geschrokken om.

'Ik weet niet waar u heen gaat, maar wij moeten naar Lochinver om een taxi te nemen.'

'Ik dacht dat je zei dat jullie naar Sheigra wilden.'

'Dat willen we ook, maar we moeten een taxi nemen in Lochinver om daar te komen.'

'Een taxi zul je daar niet vinden, die rijden niet, of nou ja wel, maar alleen voor de bewoners.'

Wat hebben we gedaan? We zijn in een afgelegen uithoek van het land, kilometers van een bus die we over twee dagen moeten hebben opgehaald en er is geen mogelijkheid om terug te komen om hem op te halen. Ik ben achtenvijftig, maar begin te denken dat ik op mijn achttiende meer verstand had. Nu zitten we in een auto die ons kilometers de verkeerde kant op heeft gebracht.

'Nee, een taxi ga je echt niet krijgen.'

'Maar waar brengt u ons dan naartoe?'

'Naar Kylesku, ik heb een afspraak met een man om naar een varken te kijken.'

'Maar daar zijn we net vandaan komen lopen.'

'Aye, dat dacht ik al.'

'Maar waarom hebt u ons dan opgepikt? Dat slaat nergens op.'

'Het regende. Ik breng jullie naar Sheigra, maar ik moet eerst langs die man voor dat varken. Dus kunnen we dan nu gaan?'

'Maar dat is kilometers om voor u.'

'Aye, dat is zo, maar het is de enige manier.' Hij start de auto en we rijden terug naar Kylesku, terwijl de motor zo hard ratelt dat elk gesprek onmogelijk is. Moth haalt zijn schouders op, leunt achterover in zijn stoel en doet zijn ogen dicht.

De bus staat nog precies waar we hem hebben achtergelaten, bij het hek in de hoek van de kampeerplaats. We stoppen geld voor benzine en een waterval van bedankjes in Davids hand en even snel als hij verscheen is hij ook weer verdwenen. Een bijzondere en vriendelijke man, die bereid was voor volslagen onbekenden een rit van heen en terug negentig kilometer te maken. We doen de bus van het slot, trekken het bed uit en Moth slaapt binnen een paar tellen. De wolken beginnen open te breken en al is het bijna middernacht, het is nog steeds licht genoeg om schapen op de kustlijn te zien en verder weg op zee golven die het maanlicht vangen. Het halfdonker van de Hooglanden vervaagt uiteindelijk tot duisternis, maar het tafereel blijft; een schilderij in blauwe schaduwen.

8

Lochinver ligt aan de westkust, aan het uiteinde van een klein zeeloch, in de schaduw van de Assynt Mountains. Het is gebouwd op een geschiedenis en traditie van visserij en handel in vis, maar nu strekt het zich stilletjes uit langs de oever van het loch, op straat is nauwelijks beweging, net zomin als op zee, afgezien van de grote edelherten die voor deuren slapen en langs de zee wandelen. We rijden er rond tot we de enige B&B vinden waarover David het had en hopen dat die open is, want Moth heeft echt behoefte aan een nacht goed slapen, een plek om even bij te komen en te besluiten hoe het nu verder moet. Als we de bus morgen laten weggaan, zijn we op weg, of gestrand, dat hangt ervan af hoe je het bekijkt. En we hebben etenswaren nodig, genoeg om Ullapool te kunnen halen, de grootste stad in de Hooglanden, maar wel een paar dagen lopen van hier.

Het echtpaar dat eigenaar van de B&B is, heet ons welkom. Natuurlijk hebben ze een kamer: 'Er is nu niemand.' Ze brengen ons naar een enorme kamer met uitzicht over de haven.

'Er liggen geen schepen, komen die alleen bij vloed binnen?' Deze haven staat bekend om zijn vis en toch zie ik geen enkele vissersboot.

'Nee, de trawlers komen niet meer naar de haven zoals vroeger. Nog niet zo lang geleden liepen de boten van Klondyke hier altijd binnen en dan ging de vis van hieraf naar heel Europa. Ze hebben zelfs een extra uitbreiding van de haven aangelegd om die schepen te kunnen afhandelen, maar ze kwamen niet meer. De Britse visserij is verdwenen, het wordt allemaal op zee gedaan, op die fabrieksschepen, en de haven is leeg. Zoveel geld als eraan is uitgegeven, en er is niets van terechtgekomen. We zijn heel blij met de Spaanse en Franse schepen die nu komen, die houden de haven tenminste open.'

We zitten op een bank te kijken naar de grazende herten op het voetbalveld, en geen van beiden willen we over het onderwerp beginnen dat onuitgesproken tussen ons in hangt. Niet echt een olifant in de kamer, meer iets ter grootte van een fabrieksschip in de haven. Uiteindelijk moet ik de stilte wel doorbreken.

'Hoe denk je nu over alles? Het is nog niet te laat om de vervoerder af te zeggen, we zouden wel iets moeten betalen, maar dat heb ik liever dan dat jij probeert door te zetten alleen maar omdat het allemaal al geregeld is, terwijl je eigenlijk zeker weet dat je het niet aankunt.'

'We zouden ook gewoon in de bus kunnen blijven, naar het zuiden afzakken en onderweg dagwandelingen maken.' Moth staat bij het hek en denkt zo te zien diep na over wat hij zegt, terwijl hij met zijn vingers langs het gaas gaat en de herten al grazend steeds dichterbij komen.

'Dat zouden we kunnen doen.' Ik ben al die tijd bang geweest dat het hierop zou uitdraaien, zelfs al voordat we uit Cornwall vertrokken. Al vanaf het moment dat hij ermee instemde om te gaan wandelen, bestond de kans dat hij ermee zou ophouden omdat het zo'n zware route is. Als dat de enige reden is. 'Denk je dat deze route te zwaar is, dat het te zwaar is om door te gaan?' Ik houd even mijn mond, niet zeker of ik het moet zeggen, maar dan komt het er toch uit. 'Of misschien denk je dat het te moeilijk is om het zelfs maar te proberen, misschien wil je het eigenlijk gewoon opgeven, gewoon zwichten en weer thuis op de bank gaan zitten wachten tot dit je inhaalt.'

Hij werpt me een scherpe blik toe door tot spleetjes geknepen ogen, schudt zijn hoofd terwijl hij weer op de bank gaat zitten en kijkt uit over de lege haven en de regenbui verder weg op zee. 'Je hebt altijd geweten dat het te zwaar was.'

'Maar jíj weet waarom we hebben besloten het te proberen.'

'Ik heb niks besloten, je weet hoeveel moeite het me tegenwoordig kost om beslissingen te nemen.' Zijn handen draaien langzaam om elkaar heen, terwijl hij zijn gevoelloze linkerhand masseert met de beverige rechter. 'Daarom vind ik dat we door moeten gaan, dat we de bus morgen moeten laten gaan, want als die eenmaal weg is, zijn er geen beslissingen meer te nemen, dan lopen we gewoon.' Hij houdt op met wrijven over zijn linkerhand en pakt de mijne. 'Hoe hard je me ook dwingt door te gaan, je weet evengoed als ik dat deze ziekte nu te ver gevorderd is. Maar nu we hier toch zijn, laten we er dan het beste van maken. Volgens mij weten we allebei dat ik hier nooit meer zal komen.'

De bui komt dichter naar de kust toe terwijl we daar zwijgend zitten en tranen druppen van mijn kin. Hij heeft het mis, hij moet het mis hebben. Ik mag mezelf niet toestaan te denken dat dit de laatste keer is dat we samen in dit woeste, lege landschap zijn. Maar er is nog iets wat hij mis heeft. Als we doorgaan, zullen we talloze besluiten moeten nemen, van alledaagse tot levensbedreigende, en die kan ik niet alleen nemen.

Het echtpaar van de B&B maakt een bord sandwiches voor ons klaar terwijl wij alles wat we misschien nodig zullen hebben uit de bus halen en alle andere dingen netjes wegbergen voor de reis terug naar Cornwall. Morgen is het alleen wij en onze rugzakken.

Roberto zet de bus vast op zijn aanhanger, maakt foto's waarop te zien is dat die veilig vastgesnoerd staat en springt dan in zijn 4WD om hem weg te slepen. Hij brengt zijn leven op de weg door, doorkruist elke dag het land, van noord naar zuid, van oost naar west, en slaapt in hotels, bij benzinestations en op parkeerplaatsen. Geen gemakkelijk leven, geen leven waarvoor veel mensen zouden kiezen, maar het heeft zijn gezin een comfortabel bestaan bezorgd, ook al zien ze hem niet vaak.

'Oké, ik ga, maar ik vind nog steeds dat jullie gek zijn. Waarom zou je je bus terug naar huis sturen en zeggen dat je gaat lopen? Dat slaat nergens op.'

Als de bus om de hoek verdwijnt, wil ik erachteraan rennen. Ik voel me alsof ik net van een reddingsvlot in een stormachtige zee ben gesprongen omdat ik zin had om te gaan zwemmen. Hij heeft gelijk, het slaat nergens op.

We zetten koers naar de uitlopers van de Assynt Mountains en de wereld wordt van goud. Elke heuvel is overdekt met een gouden gloed. In het eerste echte zonlicht dat we gezien hebben sinds we uit Sheigra weggingen, zijn de groene gaspeldoornstruiken, die in het groene landschap meestal nauwelijks te onderscheiden zijn, in bloei uitgebarsten en nu vullen ze de lucht met de geur van kokos en baadt het pad in het gouden licht dat ervan weerkaatst. Maar achter de stralende gaspeldoornheuvels wordt de hemel gedomineerd door een koepel van donkere rots. Suilven. Een brok Torridonisch zandsteen en Lewisiaans gneis in een door gletsjers afgesleten landschap, dat onlangs beroemd is gemaakt door een film over een oude dame die de roep van het verzorgingshuis weerstaat en naar Schotland ontsnapt om deze berg te beklimmen. Ik probeer niet aan het gedeelte van de film te denken waarin ze bijna omkomt in een storm, als ze precies door het stukje land trekt waarnaar wij op weg zijn.

'Hoorde je dat?' Moth is blijven staan en luistert aandachtig. Ik luister ook, maar hoor alleen de wind.

'Ik hoor niks.'

'Stil, luister nou, vertel me niet dat je dat niet hoort.'

'Wat?'

'Ik weet zeker dat het een koekoek is.'

Ik heb in Engeland al in geen jaren meer een koekoek gehoord en ik hoor er nu ook geen. Het waren geregelde zomergasten toen ik een kind was, maar ze staan nu op de Rode Lijst van bedreigde soorten en de kans dat je er echt een hoort, is dan ook maar heel klein. Maar hier in Schotland niet onmogelijk. Gezenderde vogels hebben laten zien dat de meeste Engelse koekoeken in zuidwestelijke richting naar Afrika migreren, via Spanje, waar hun voedselvoorraden drastisch beperkt zijn als gevolg van droogte, en veel vogels halen het dan ook niet. Maar vogels uit Schotland en Wales volgen meestal een zuidoostelijke route, via Italië, waar de omstandigheden om voedsel te vinden veel beter zijn, en dat betekent dat meer vogels veilig voor de winter thuiskomen. Niemand weet echt waarom ze verschillende routes hebben, of welke wind hun lot bepaalt. Ik spits mijn oren, in de hoop te horen wat hij hoort, maar het lukt me niet, ik hoor alleen gelach.

Groepjes jonge mensen beginnen ons te passeren, eerst met zijn tweeën of drieën, dan in grotere groepen. Elke keer als we ze vragen waar ze naartoe gaan, krijgen we hetzelfde antwoord: 'Suilven.' Nadat misschien wel dertig mensen ons gepasseerd zijn, kunnen we het uiteindelijk niet laten te vragen waarom ze met zovelen zo laat in de middag de ongelooflijk steile wand van Suilven op willen, terwijl er op de smalle top nauwelijks genoeg ruimte is voor hen allemaal.

'We gaan gewoon een avondje naar boven.'

'Is het een of ander feest?'

'Nee, er valt gewoon niet veel anders te doen op een woensdagavond in Lochinver.'

Ik haal me enkele van de jonge mensen voor de geest die ik in veel plattelandsgebieden ben tegengekomen en de problemen waarin ze uit verveling terechtkomen. En zo vraag ik me af: als zij een notoir moeilijk te beklimmen, 730 meter hoge berg op tien kilometer van hun voordeur hadden, zouden zij dan ook voor hun vertier op woensdagavond de top op gaan of toch gewoon het bushokje vernielen?

De tent lijkt nietig op de stenige oever van Loch na Gainimh, overschaduwd door de loodrechte immensiteit van Suilven die aan de overkant van het loch oprijst. De temperatuur daalt snel bij het ondergaan van de zon, die felgeel licht over de noordkant van de berg straalt, zodat de geul waardoor je langs de wand van deze schijnbaar onbeklimbare rotspilaar omhoog kunt, in zicht komt. Ik kijk naar Moth, die over een beekje gebogen staat dat in het loch uitmondt en de flessen vult met water zo helder dat het alleen zichtbaar is als het beweegt, en heel even, terwijl de lampen van het feest op de top aangloeien, heb ik het gevoel dat de afgelegen, eenzame schoonheid van deze plek misschien net genoeg is om Moth vooruit te trekken, misschien lukt het ons wel onze weg te vinden in dit onherbergzame landschap en waar die reis ons ook brengt. Dan doe ik mijn laarzen uit, trek de sokken los van de lijm van de pleisters, voel de huid van mijn tenen omhoogkomen en weet het niet zo zeker meer.

Het recht van deze groep jonge mensen om de berg op te gaan en een nacht op de top te kamperen, hetzelfde recht dat ons toestaat om aan de voet van die berg te overnachten, is verankerd in de Schotse Land Reform Act van 2003. Deze geeft iedereen het wettelijke recht over het land te gaan en er te blijven en dan weer te vertrekken, voor recreatieve of educatieve doeleinden die leiden tot het 'bevorderen' van iemands 'begrip' voor zijn 'natuurlijke of culturele erfgoed'. In Engeland bestaat die stimulans ter bevordering van ons begrip voor ons natuurlijk 'erfgoed' niet, integendeel. Als deze jonge mensen dit in Engeland deden, zouden ze zich volgens het Burgerlijk Wetboek schuldig maken aan het betreden van verboden terrein, wat in de praktijk betekent dat wildkamperen in Engeland tegen de wet is. Maar er bestaat in de wandelgemeenschap veel angst dat zo'n overtreding van het burgerlijk recht binnenkort weleens een misdaad kan worden die onder het strafrecht valt. Toen wij uit Cornwall vertrokken, werd een nieuw wetsvoorstel, de 'Police, Crime, Sentencing and Courts Bill', in het parlement behandeld: een voorstel om het betreden van andermans gebied in Engeland en Wales strafbaar te stellen. Als die wet wordt aangenomen en het een misdaad wordt om bepaalde gebieden te betreden, dan zal de formulering 'unauthorized encampments' (kamperen zonder toestemming van de eigenaar verboden) ervoor zorgen dat wildkamperen ook onder die wet valt en illegaal wordt. Dan gaat een oude manier om het land te gebruiken in één klap verloren. De tijd zal leren wat de gevolgen hiervan zijn, maar op een moment dat de noodzaak om mensen weer een band met de natuur te laten aangaan een van de grootste uitdagingen is waar we voor staan, beweegt Engeland zich nota bene de andere kant op. Hoe moeten we onze kinderen onderwijzen, niet alleen over de schoonheid van het land waarin ze wonen of over de noodzaak om het dieren- en plantenleven en de habitats die ze daarmee delen te beschermen, maar ook over het onmiskenbare belang daarvan voor ons toekomstig bestaan, als ze er niet mogen komen? Hoe kan iemand begrijpen dat wij maar een klein onderdeeltje zijn van een enorm levend, ademend ecosysteem, als we daar niet dichterbij kunnen komen dan in het plaatselijke park? Terwijl de avond langzaam overgaat in het donker en de lampen op de berg feller worden, denk ik aan de jonge mensen op de top, veilig in een landschap waarin ze thuishoren, en aan het verschil met de jongeren in het bushokje die doen wat ze willen in een land waarvan ze denken dat het hun toebehoort.

De rits van de tent wil niet omhoog, hij is vastgevroren. Ik wrijf mijn handen tegen elkaar om ze zo warm te maken als ik kan en strijk dan met mijn vingers op en neer over de rits tot hij eindelijk loslaat en de flap openvalt alsof hij van hout is. Buiten is de tent bedekt met ijs en de warme lucht van gisteren is weggeblazen door een koude wind rechtstreeks uit het noordpoolgebied. Opbollende, roze verlichte wolken laten in het westen buien sneeuw vallen en wij wachten bibberend tot het ijs gesmolten is, zodat we de tent kunnen inpakken. Maar mijn voeten voelen niet koud aan in mijn laarzen, het zijn brandend hete pijnballen en ik durf niet te bewegen, bang dat elke stap meer huid zal afrukken. Als de tent ingepakt is, is stilstaan geen optie meer in deze ijzige kou en we beginnen naar het oosten te lopen, over een slingerend pad tussen de drumlins – ovale heuveltjes – door het brede gletsjerdal tussen Suilven en Canisp, nog zo'n rotsreus, ten noorden van het pad. Mijn aandacht wordt getrokken door iets op een richel tussen de uitlopers. Scherp omlijnd langs de top van de heuvel, zoals oorspronkelijke bewoners van Amerika in een jarenvijftigwestern, staat een roedel herten. Bewegingloos, stuk voor stuk afgetekend tegen de lucht, kijken ze toe hoe wij langzaam door hun territorium trekken. We lopen verder terwijl het begint te sneeuwen, altijd bekeken, nooit alleen. Vergezeld door een telkens herhaalde, langgerekte roep van een vogel die ik niet ken.

De bergen veranderen van anderhalve kilometer lange rotspilaren in scherpe vinnen die steeds verder achter ons liggen, hun massieve vorm verdwijnt met het veranderende perspectief. De sneeuw blijft nu liggen, nog zacht maar al snel vijf centimeter diep en het pad verdwijnt eronder. Moth hurkt achter een kei, uit de wind, er vormt zich een laag sneeuw op zijn muts en rugzak terwijl we een pakje crackers delen.

'Kun je vandaag nog verder lopen? Dat we misschien iets dichter bij de weg komen? Dit is een wel erg wilde plek om te kamperen als deze sneeuw echt doorzet.' Moth ziet er moe uit, hij is hard aan slapen toe en ik wil hem eigenlijk niet vragen door te gaan, maar naarmate het harder gaat sneeuwen, worden de kenmerken van het landschap lastiger te onderscheiden. We zijn al van het pad afgedwaald en ik zie niet hoe we erop terug kunnen komen.

'Hebben we niet ooit over die weg gelift? Hij was tamelijk stil, als ik me goed herinner, dus als dit echte sneeuw is en niet alleen maar meimiddagsneeuw, dan kunnen we daarover misschien naar Ullapool lopen, in plaats van door de heuvels te gaan.'

Hoe kan hij zich wel een wandeling van bijna veertig jaar geleden herinneren, maar niet meer weten waar hij de kaas voor bij de crackers heeft gelaten?

Het landschap is wit en lijkt niet overeen te komen met de aanduidingen op de kaart, we willen net blijven staan om het kompas tevoorschijn te halen, als we bijna tegen een hoog hertenhek aan botsen. Het moet een tamelijk nieuw hek zijn, er lopen in beide richtingen hoefafdrukken langs, van herten die geprobeerd hebben een doorgang te vinden, toen ze hun normale route tegen de heuvel op geblokkeerd zagen. We volgen hun hoefafdrukken omlaag, naar een loch bij de weg.

Het zal wel in de menselijke aard liggen om een gelukkige herinnering aan een plek te bewaren en te denken dat die altijd hetzelfde zal blijven, hetzelfde idyllische uitzicht, dezelfde stille landweg. Maar in werkelijkheid is die stille weg, waar ooit het enige verkeer bestond uit af en toe een toerist, een enkele tractor en de postbus, veranderd in de NC500 en afgeladen met bussen, campers en bestuurders die doen alsof het een snelweg is. Sneeuw of geen sneeuw, het is te gevaarlijk om langs de weg te lopen. Een paar honderd meter verderop zien we een bord staan en met behulp van de verrekijker spieden we wat daarop staat. Het is een tearoom en hij is open. Een plek om op te drogen, de kaart te bekijken en een plan te maken. Dicht langs het hek aan de kant van de weg lopen we zo snel we kunnen naar het bord. Maar als we het tot op twintig meter zijn genaderd komt er een meisje uit de tearoom en loopt er over het pad naartoe.

'Ze gaat het bord binnenhalen.' We proberen extra snel te lopen om haar voor te zijn, maar mijn voeten kunnen niet rennen, elke stap voelt alsof ze verscheurd worden. We komen tegelijk met haar bij het bord aan.

'Alsjeblieft, ga niet dicht, we hebben alleen maar een plek nodig om een half uurtje de sneeuw uit te zijn en te bedenken waar we heen moeten. En misschien een kop thee.'

'Nou, even dan, maar niets te eten, alleen thee.'

We lopen achter haar aan over een grindpad naar de kleine vestiging van Elphin Tearooms. We laten de rugzakken, waar de damp vanaf slaat, bij de deur staan en een oudere dame brengt ons twee koppen thee.

'Wat doen jullie oude knarren buiten in de sneeuw?' Ze is duidelijk Australische en waarschijnlijk een oudere knar dan wij.

'We zijn op weg naar Ullapool. Jaren geleden hebben we over deze weg gewandeld, dus dachten we dat nu ook te doen, maar hij is nogal veranderd.'

'Die ouwe kerels van Highlands Initiative vonden het een goed idee om de wegen een andere naam te geven, je weet wel, er een route van te maken, een bestemming. Ze dachten dat dat wat geld in het laadje zou brengen, dat het goed zou zijn voor het toerisme. Nou, dat was het, maar jezus, daardoor is de weg een snelweg geworden en zijn de Hooglanden totaal veranderd.'

'Veel mensen hebben nu vast een hogere levensstandaard, maar het is wel treurig, juist die verlatenheid maakte de Hooglanden zo'n bijzondere bestemming.'

'Ja, een veel betere levensstandaard, vooral voor degenen die wisten dat het zou gebeuren en de hotels langs de route hebben opgekocht.'

'O.'

'Ja, "o". En de dorpjes langs de route, nou, die worden ondertussen verpest door de busladingen bezoekers en erger nog, de campers. Die zijn allemaal gehuurd en dat betekent dat de bestuurders niet weten hoe ze ermee moeten rijden. Zoveel ongelukken tegenwoordig. Nou ja, willen jullie iets te eten?'

'De serveerster zei dat het te laat was.'

'Ik ben een Aussie in de Hooglanden, het is nooit te laat om te eten.'

We spreiden de kaart op de tafel uit om een nieuwe route uit te stippelen, maar duwen hem opzij om ruimte te maken voor een stapel ham-kaastosti's.

'Maar hoe willen jullie naar Ullapool komen? Je kunt niet langs die weg lopen, dat wordt je dood.'

'We zaten net naar de kaart te kijken, we zouden naar het oosten kunnen gaan en dan in Glen Oykel de Cape Wrath Trail weer oppikken, maar we moeten wel naar Ullapool om voorraden in te slaan, dus dat is dan de verkeerde kant op. Ik denk dat het misschien het beste is als we ten westen van de weg blijven, om Coigach heen lopen, en dan over een paar paden naar het zuiden richting de rivier de Runie en de kust gaan.' Moth gaat met zijn vinger over de potloodlijn die we net op de kaart hebben getekend.

'Dat kan niet, het is daar een en al moeras en in de sneeuw kun je dat niet zien. Nee, jullie gaan die tosti's opeten en dan zorg ik ervoor dat jullie in Ullapool komen.'

'Hoe dan?'

'Mijn vriend is taxichauffeur, hij komt jullie wel halen.'

'Maar dat voelt alsof we valsspelen.'

Hoe kan hij dat nou valsspelen vinden? We zitten nu al niet eens op de route.

'De pot op met je valsspelen, zij loopt nergens meer heen, moet je haar voeten zien.' Ik heb mijn laarzen uit en probeer de pleisters van het bloed en de modderige sokken los te trekken.

'Shit, Ray, waarom heb je niet gezegd dat ze er zo slecht aan toe waren.' Moth heeft meteen zijn bril op om naar mijn voeten te kijken.

'Het stelt niks voor vergeleken met wat jij elke dag moet doorstaan. En het is mijn eigen schuld omdat ik die stomme laarzen heb meegenomen, mijn schuld dat we hier überhaupt zijn.'

'Hou op met die onzin.' Hij roept de vrouw na terwijl ze naar de telefoon loopt. 'Heel erg bedankt, we gaan zeker die taxi nemen.' Hij trekt me mijn sokken weer aan. 'Doe dat niet, hou geen dingen achter omdat ze minder belangrijk lijken dan dat ik fucking doodga. Hoe heb je daarmee in godsnaam kunnen lopen? Dat moet toch helse pijn doen?'

'Dat is ook zo.'

We stappen in de taxi van Gordon en laten de reddende engelen van Elphin Tearooms achter. Hij heeft alle ramen openstaan 'om de covid eruit te blazen'. Ik weet niet precies hoe het werkt met virussen, maar de wind blaast in ieder geval het douchegordijn weg dat hij bij wijze van bescherming tussen de voor- en achterbank heeft hangen. Gordon is in Ullapool geboren, hij heeft zijn hele leven in dit stadje aan de oever van een zeeloch doorgebracht. Hij vertelt dat hij vroeger een pension had voor de vissers van Klondyke, 'maar die komen niet meer', dus daarom rijdt hij nu met zijn taxi. Als we de kust naderen, duiken we onder de sneeuwlijn en komen terug in het weer van gewoon een heel koude meidag in het noorden van Schotland. Zonder het te vragen brengt Gordon ons naar het pension van zijn vriend.

'Laat maar hoor, we gaan wel naar de camping.'

'Nee, dan gaat niet, ze nemen alleen de grote campers die hun eigen toilet en douche en water hebben – het komt door corona: ze willen geen tenten of mensen die de faciliteiten moeten delen.'

'Heeft je vriend wel kamers vrij?'

'Aye, ik heb al voor jullie geboekt, hij verwacht jullie.'

Opeens, onverwacht, lijkt het leven weer normaal. Ik weet hoe de mensen in het hoge noorden over vreemden dachten; de pandemie heeft zelfs de meest gastvrije mensen angstig tegenover buitenstaanders gemaakt. Zo was het bij ons in Cornwall ook gegaan: we bleven achter de muur, praatten liever niet met iemand die we niet kenden. Maar nu we opeens begroet worden met de openheid die we zo vaak als vanzelfsprekend aannemen, is dat een warme herinnering aan het gewone leven, alsof je onaangekondigd bij het huis van een vriendin aankomt en ontdekt dat er een plak cake voor je klaarligt en het theewater al kookt.

Ik ga op de veranda zitten en maak de laarzen los, houd mijn adem in, leid mezelf af door naar een man te kijken die doedelzakspelend heen en weer loopt over de parkeerplaats tegenover ons, en trek ze dan snel uit terwijl de hete pijn naar mijn enkels trekt.

'Aye, hij is wereldkampioen doedelzakspelen, maar daarvan zijn er veel in de Hooglanden. Hoelang blijven jullie?'

Moth geeft antwoord voordat ik de kans krijg.

'Drie nachten als dat kan.'

De eigenaar brengt ons naar een kleine kamer aan de achterkant van het huis. Ik zou al dankbaar zijn voor een kast, maar dit is een kast-de-luxe, met twee grote eenpersoonsbedden en een douche.

'Waarom zei je drie nachten? We komen nooit in Fort William als we telkens stilhouden.' Ik weet niet waarom ik dat eigenlijk zeg, het maakt niet echt iets uit. Dit voelt nu al als het eind van een erg onsuccesvolle route. Moth kan niet meer, zoals ik eigenlijk altijd heb geweten en mijn voeten zijn aan flarden. Ik probeer mezelf te troosten met de gedachte dat George Mallory twee pogingen heeft gedaan om de Mount Everest te beklimmen en bij de tweede poging omkwam, dus zo slecht is het nog niet eens dat onze zwakke poging om de Cape Wrath Trail te lopen voor ons eindigt in Ullapool, maar nog wel in leven.

'Nou, het zal wel een paar dagen duren voor jouw voeten zo ver genezen zijn dat we verder kunnen. Ik ga even de eigenaar aanschieten voor hij verdwijnt en hem om een kom en wat zout vragen.' Ik kijk hem na als hij de deur uit loopt, doodmoe, nog steeds met dat scheve loopje, maar positiever dan hij al een tijdje is geweest. In het vertrouwen dat ik in het stadje wel nieuwe blarenpleisters zal kunnen kopen, trek ik de gescheurde, met bloed besmeurde oude eraf en er komen hele lagen huid mee. Mijn voeten zijn rauw en ik heb geen enkel gevoel meer in mijn grote teen.

Moth gooit een handvol zout in een teiltje water en kijkt toe als ik mijn voeten erin doe. Heel even werkt de warmte verzachtend, maar dan vindt het fijne zout de open wonden en ik moet in mijn hand bijten om het niet uit te schreeuwen.

'Goed zo, hou ze daar maar een tijdje in, dan zet ik water op.'

Toen de Schotse ingenieur Thomas Telford de haringhaven in Ullapool ontwierp, gingen zijn gedachten waarschijnlijk vooral uit naar de technische details van het stalen gevaarte en naar de diepte van het water in Loch Broom. Hij heeft er vast niet aan gedacht dat er meer dan driehonderd jaar later een groot dorp om zijn constructie heen zou zijn gegroeid, of dat het belangrijkste waarvoor de haven zou worden gebruikt niet het aan land brengen van haring zou zijn, maar het aan land brengen van toeristen en vracht naar en van Stornaway op de Hebriden. Misschien komt het door het donkere decor van heuvels en bergen, of door de weerkaatsing van kilometers gele gaspeldoorn, of gewoon door de hoek waarin de zon staat, maar Loch Broom heeft iets lichtgevends. Iets in de manier waarop het licht in kleine vonkjes uiteen lijkt te spatten als het de zee vangt, doet me denken aan St Ives in Cornwall. En net als St Ives wordt ook Ullapool nu een centrum voor kunstenaars: schilders, ijzerwerkers en wevers, allemaal komen ze naar deze afgelegen noordelijke buitenpost, aangelokt door het licht in de zomer en de verlatenheid in de winter. Ik begrijp de aantrekkingskracht van deze plek, al na een paar dagen heb ik het gevoel dat iets in mij hier misschien nooit weg zal gaan. We gaan op de stenige oever van het loch zitten om friet te eten en naar otters uit te kijken. Er schijnen hier veel otters te zitten, maar niet vandaag. Anders dan de zeemeeuwen hebben zij waarschijnlijk naar de rijen grote campers op de camping vlak achter de kust gekeken, de waarde van het eten van afval afgewogen tegen de verstoring door camera's en lawaai, en besloten naar een rustiger plek verderop aan het loch te verhuizen om zich op de vis te richten.

'Daar is dat geluid weer, ik zou zweren dat het een koekoek is.'

Ik luister zo goed als ik kan, maar hoor alleen de roep van de scholeksters die laag over het water scheren en de toeter van de veerboot die de haven uit vaart. 'Ik hoor niks. Volgens mij verbeeld je het je.'

'Nee, ik hoorde echt iets. Nou ja, laten we naar de outdoorwinkel gaan om andere schoenen voor je te zoeken, op deze kun je niet verder.'

Mijn voeten zijn ijskoud in de plastic sandalen die ik heb meegenomen voor als we rivieren moeten oversteken, maar heel wat minder pijnlijk nu ze niet meer in de laarzen zitten. 'Ik weet niet of het ze goed zal doen om wéér in een nieuw paar schoenen te moeten.'

'Nou, laten we toch maar gaan kijken.'

In het volgestouwde outdoorzaakje is elk stuk outdooruitrusting te vinden dat je maar kunt bedenken, voor wandelaars, klimmers en iedereen daartussenin. Maar geen wandelschoenen in mijn maat.

'Dat is een veelvoorkomende maat, daarom hebben we die niet.'

'Dan zou u die toch juist moeten hebben?'

'Nee, ze zijn helemaal uitverkocht en we kunnen er niet meer aan komen.' Ik heb het gevoel dat de man die tegen me praat een vreemde taal spreekt. Waarom kan de winkel geen nieuwe voorraad in de meest voorkomende maat krijgen? 'Het komt doordat ze via Europa komen. Door de Brexit blijven onze bestellingen in de havens liggen en komen ze niet aan. Het is toch al moeilijk genoeg om spullen zo ver naar het noorden te krijgen, ook zonder al dit extra gedoe. Wij hebben niet eens voor de Brexit gestemd, maar wij zijn wel degenen die de klappen krijgen.'

Ik koop alle blarenpleisters die ze hebben en twee paar nieuwe, lijmvrije sokken, en hoop dat mijn voeten snel genezen.

Terug bij de oever van het loch gaan we op een picknickbank zitten en delen een koek die we bij de supermarkt hebben gekocht. Moth brengt de koek naar zijn mond, de tremor in zijn hand is even zichtbaar als altijd. Misschien was deze wandeltocht altijd al onmogelijk; hij is doodmoe, zijn schouders doen meer pijn dan anders door het gewicht van zijn rugzak, de gevoelloosheid in zijn voeten verandert nu elke dag al binnen een paar kilometer lopen in pijn, wat inhoudt dat we ofwel al snel nadat we gestart zijn weer stoppen, of dat hij probeert de pijn te verbijten, en ik voel me alleen maar schuldig terwijl ik hem zie worstelen. Nog maar een paar dagen onderweg en we hebben nu al alle pijnstillers opgebruikt die ik had meegebracht met het idee dat we er wel tot aan Fort William mee toe zouden kunnen. Het is onzinnig om door te gaan. We zouden eigenlijk onze nederlaag moeten erkennen en op de bus moeten stappen.

'Het spijt me zo dat ik je bijna heb gedwongen hierheen te komen. Je had gelijk: de tijd voor wandelingen als deze is waarschijnlijk voorbij. Jij hebt geaccepteerd wat er met jou gebeurt, misschien moet ik een manier vinden om het ook te accepteren en mezelf niet langer wijsmaken dat er een weg terug is, dat ik je bij me kan houden terwijl jij al hebt losgelaten.'

Moth stopt mijn helft van de koek terug in het zakje en schuift dat over de tafel naar me toe. 'Ja, jij hebt me gedwongen. Niet fysiek, maar zeker psychisch, zoals je dat altijd doet, door mij dingen te laten denken waaraan ik zelf niet gedacht had. Maar dan kijk ik hiernaar, naar het loch, het ongelooflijke landschap waar we al doorheen gelopen zijn, en dan weet ik dat je gelijk had.'

'Maar het is te zwaar en jij hebt het zwaar en ik voel me zo schuldig.'

'Ja, en terecht. Eet die koek nou maar op, dan gaan we onze gedroogde rantsoenen kopen en zetten morgen koers naar het zuiden. Volgende halte: Kinlochewe.'

We kopen voor een paar dagen gedroogd voedsel, halen alles uit de rugzak wat we kunnen missen, extra kleren, een zwaar zakmes, extra batterijen, zonnebrillen, extra notitieboekjes, alles om de rugzakken lichter te maken en letterlijk het gewicht van onze voeten te halen, en sturen die per post terug naar Cornwall. We zijn klaar. Klaar om de rand van de Great Wilderness over te gaan.

9

We vertrekken op zondagmorgen uit het pension, op zoek naar Gordon, die ons naar de plek zal brengen waar de Cape Wrath Trail de verraderlijke NC500 ontmoet, maar hij is er nog niet. Midden op de weg zien we een man stofzuigen. Hij is achter in de twintig, heeft een grote wollen muts op en loopt met het elektriciteitssnoer van de stofzuiger over zijn schouder te stofzuigen alsof hij bezig is het tapijt bij zijn moeder in de woonkamer te reinigen.

'Hallo. Eh... je stofzuigt de weg.'

'Aye, dat klopt.' Hij gaat gewoon door.

'Waarom? Die wordt toch gewoon weer vies?'

'Dat heb je nou eenmaal met zaterdagavond in Ullapool.' Ik zie nu dat hij voor een pub staat. 'Ik zuig de glasscherven op. Er lopen hier veel dieren rond, nu zijn er veel herten, die snijden hun poten eraan, dus ik kan het niet laten liggen.' Hij trekt zijn muts omlaag en stofzuigt verder.

Gordon komt aanrijden en we stappen in zijn taxi, op de achterbank achter het douchegordijn.

'Zijn er altijd zoveel herten in het dorp?'

'Aye, wel wat. Maar dit jaar veel meer dan normaal. Ze hebben honger.'

'Groeit er geen gras op de bergen?' Ik kan me niet goed voorstellen dat in dit uitgestrekte open landschap niet genoeg gras te eten is voor een stel herten, we hebben niet bepaald schapen in de heuvels gezien, geen vee waarmee de herten het gras moeten delen.

'Nee, het is laat dit jaar. We hadden van de winter een lange droge periode, een echte droogte zelfs, daarna late strenge vorst en nu de sneeuw. Ze komen om van de honger, ze wachten tot het gras eindelijk komt, net als wij allemaal, dan eten die verdomde beesten tenminste niet meer onze tuinen op.'

'We zagen verderop naar het noorden honderden hectaren heide die wel dood leek. Denk je dat het dat inderdaad is?'

'Daar heb ik over gehoord, we zullen moeten zien of het later in de zomer terugkomt, maar het ziet er niet goed uit. Het weer is elk jaar vreemder geworden en het drijft de herten omlaag. Maar die kunnen er niets aan doen, wij zouden het ook doen als we verhongerden.'

Gordon zet ons af op een parkeerplaats langs de weg, maakt een U-bocht en rijdt op hoge snelheid terug naar het noorden. Dit is het, nu gaan we echt landinwaarts. Het angstaanjagende, bijna claustrofobische besef dringt door dat we misschien wel wekenlang de zee niet meer zullen zien. Nadat we maanden op de landtongen van het South West Coast Path hebben geleefd en in de jaren daarna op een paar minuten van de zee, is die zee een integraal onderdeel van ons leven geworden, altijd aanwezig en altijd nodig. Maar we wenden ons af, klimmen onder zich samenpakkende wolken omhoog langs een kudde tussen de bomen grazende Hooglandkoeien aan de voet van An Teallac, een boos uitziende berg die zijn zwarte, kartelige toppen de lucht in steekt. Twee jonge mannen marcheren voorbij en blijven alleen even staan om te vragen waarheen wij op weg zijn.

'Kinlochewe.'

Ze lijken vreemd in hun nopjes met ons antwoord.

'Dus jullie gaan niet naar Sheneval?'

'Nee, dat waren we niet van plan.'

'Mooi, mooi.' En weg zijn ze, marcherend in de verte. Ik weet zeker dat zij in een dag in Kinlochewe zouden kunnen zijn, in plaats van in de drie dagen die wij ervoor uitgetrokken hebben. Sheneval is een van de vele *bothies* langs deze route, verlaten huizen en hutten die in gebruik zijn genomen als schuilhut voor wandelaars; waarschijnlijk is het de beroemdste, want er is in de loop der tijd meer over geschreven dan over de meeste andere: zelfs prins Charles heeft er als jonge man een keer overnacht. Maar wij hebben ervoor gekozen de bothies te mijden. Het idee om tijdens een pandemie een warme, vochtige afgesloten ruimte te moeten delen met een stel zweterige onbekenden is niet echt aanlokkelijk.

In plaats daarvan eten we nog wat crackers bij de rand van het Strathnasheallag Forest, met uitzicht op het Fisherfield Forest in het westen. Dit is de meest afgelegen, onherbergzame uithoek van Groot-Brittannië, met duizenden hectaren bergland en veen, zonder toegangswegen, afgezien van enkele jagerspaden, en vrijwel zonder bomen. Veel berg- en heidegebieden in Schotland hebben het predicaat 'forest', ook al valt er nauwelijks een boom te bekennen. Zesduizend jaar geleden was een groot deel van Schotland overdekt met bossen berken, lijsterbessen, eiken en naaldbomen, tot mensen er begonnen te boeren en stukken bosland kapten en afbranden. Toch bleef een groot deel van het bos wel staan, tot er drieduizend jaar geleden een klimaatverandering plaatsvond en het weer koeler en natter werd; een slechte tijd voor bomen, maar heel goed voor de uitbreiding van de turfwinning. Tegen de tijd dat de Romeinen vertrokken, was minstens de helft van de bossen in de Hooglanden verdwenen. De Normandiërs brachten het woord 'forest', maar dat bekende niet bos, zoals nu; in die tijd betekende het 'jachtgebieden'. En dat zijn de Hooglanden gebleven. Al snel volgde de uitbreiding van de hertenkuddes, honderden herten die jonge boompjes afknabbelden, daarna het verbranden van de heide voor de korhoenderjacht, het hakken van hout voor de oorlog, industrie en bouw, tot het punt waarop we nu staan, dat er nog maar één procent van het oude bos over is. Als ik om me heen kijk, zie ik dat de ontbossing compleet is: de enige bomen hier zijn bosjes jonge berken en lijsterbessen.

Donkere wolken pakken zich samen in het oosten en brengen

gordijnen van regen westwaarts, maar wij houden het droog. Alle regen verdwijnt kennelijk in de vallei beneden ons. Hoe langer we kijken, hoe meer het lijkt alsof er in het dal een of andere reusachtige watermagneet ligt, die elke druppel uit de lucht opzuigt.

'Blij dat we daar niet heen gaan.' Ik haal de kaart tevoorschijn en probeer hem te lezen terwijl hij flappert in de opkomende wind. Moth kan blijkbaar niet vinden waar we zijn, maar ik zie vaag de potloodlijnen die ik er aarzelend op heb getekend toen we nog veilig in Cornwall zaten, lijnen die ik niet met inkt heb overgetrokken. 'O, dat is precies waar we heen gaan.'

We proberen de map in de wind weer op te vouwen, als er een ander stel verschijnt.

'Waar zijn jullie naar op weg?'

'Kinlochewe. En jullie?'

'Sheneval, voor een nacht, dan terug naar Ullapool.' Ze lopen weg over het pad naar Sheneval en wij volgen de regen het dal in naar Loch an Nid. Tegen de tijd dat we de bodem van het dal bereiken, valt de regen met bakken uit de hemel en we komen meteen voor een rivier te staan waar we overheen moeten. We overwegen onze tent op te zetten bij een groepje dunne boompjes, tot de regen voorbij is, maar als we dichterbij komen, zien we dat het vlakke stuk grond al is ingenomen door een groep mountainbikers met hun tenten, en daarom lopen we heen en weer langs de rivier op zoek naar een ondiepe plek waar we kunnen oversteken. Nog meer fietsers rijden door de rivier, het water komt tot de bovenkant van hun wielen, ze roepen door de regen heen als ze ons passeren.

'Waar gaan jullie heen?'

'Kinlochewe. Jullie?'

'Sheneval. Zorg dat je voorbij Nid ben vanmiddag als je kunt, de rivieren stijgen.'

We moeten deze rivier oversteken en daarna nog een, aan de andere kant van Loch Nid, zo'n vijf kilometer verderop, voordat we op hoger gelegen terrein komen. Het loopt tegen het eind van de middag, maar we zouden tijd genoeg moeten hebben.

'Wat denk je?' Moth loopt heen en weer langs de rivieroever op zoek naar een plek om over te steken, terwijl de rivier wel dertig centimeter stijgt in de tijd dat wij staan te aarzelen.

'Er is hier nergens een veilige plek om te kamperen en Sheneval zal wel stampvol zitten, zullen we het maar gewoon proberen? We moeten toch wel vijf kilometer kunnen halen voordat de rivieren te hoog worden?'

De regen valt in stromen, stort langs de bergwanden omlaag, de heuvels worden watervallen. We waden naar de overkant, tot onze dijen door het krachtige water, soppen op onze plastic sandalen over veenland en schuilen achter een brokkelige muur om onze laarzen weer aan te trekken. Ik probeer natte blarenpleisters op hun plek te houden met natte sokken en we lopen verder, door regen die met krachtige stralen in ons gezicht spuit.

Staand onder een overhangende rots op een smal, stenig pad, zie ik Moth naar me toe komen. Zelfs door de regen heen kan ik zien hoe moe hij is, maar hier kunnen we niet kamperen, omringd door watervallen, we kunnen niets anders doen dan doorlopen. Ik blijf even staan om hem te laten passeren en loop dan achter hem aan, met de woorden van de arts luid in mijn oren: 'Vermoei je niet en wees voorzichtig met traplopen.'

Het dal vernauwt zich tot een door het ijs uitgesleten U, met een rivier die steeds woester over de bodem raast, terwijl het pad tussen de keien van de moreenhelling omhoog slingert. De lucht wordt donkerder en de middag gaat over in de avond. Moth heeft steeds meer moeite zijn weg door het stenige landschap te zoeken en ons tempo is afgenomen tot kruipsnelheid.

'Ik weet niet of ik nog veel verder kan. Volgens mij moeten we een plek zoeken om de tent op te zetten.' Moth staat rechtop met zijn ogen dicht, alsof hij zo ter plekke in slaap kan vallen. Maar er is hier niets om de tent op te zetten, alleen maar water, veen en steen.

'Maar waar dan? Ik zie nergens een plek. Misschien is er iets aan de andere kant van het loch. Ik hoop alleen dat de rivier niet al te hoog gestegen is.'

'Ik denk niet dat ik zo ver kom.'

We ploeteren verder, door regen die nu van achteren horizontaal door het dal wordt geblazen. Voor ons uit komen twee figuurtjes in zicht; als we dichterbij zijn, zien we dat het mountainbikers zijn.

'Hallo. Dit is blijkbaar een populair dal bij mensen met fietsen. Waarom eigenlijk? Ik moet er niet aan denken dat ik een zware fiets door dit moeilijke terrein zou moeten sleuren.' Moth probeert een gesprek aan te knopen, maar ik zie dat hij nauwelijks de kracht heeft om te praten.

'Het gaat om de kilometers die je kunt rijden zonder ooit een weg te zien, je kunt hier gewoon verdwalen.' De langste van de twee is van top tot teen overdekt met modder, het water druipt uit zijn kleren. 'We zijn vandaag vanuit Strathcarron gekomen, op weg naar Ullapool. Het was tot nu toe een ongelooflijke rit.'

'Wauw, dat is een heel eind.'

'We zouden er al geweest zijn, als jij de vuilniszak niet had laten liggen.' De kleinste van de twee veegt de modder van zijn gezicht; hij klinkt geërgerd, maar ik zie dat hij alleen maar een grapje maakt. 'Hij had de tas met alle afval van vandaag laten liggen waar we hadden geluncht, we moesten drie kilometer terug om hem op te halen.'

Even denk ik terug aan de krantenkoppen tijdens de lockdown over mensen die de natuur in gaan en bergen afval achterlaten, en probeer de twee manieren van denken tegen elkaar af te zetten.

'Maakt niet uit, het is een mooie dag geweest.' De lange neemt een slok water en zet de fles dan terug in de houder op het frame van zijn fiets. 'We moeten gaan als we vanavond nog in Ullapool willen zijn.'

'Kijk uit voor de rivier aan het eind van het dal, het water stijgt.'

'Aan de andere kant ook.' We gaan ieder onze eigen kant op,

omhuld door de regen en binnen een paar seconden uit het gezicht verdwenen.

We zijn bijna bij het loch als ik me omdraai en zie hoe Moth misstapt en met zijn schoenen achter een steen blijft hangen. Hij valt in één klap om. Eerst staat hij nog rechtop en het volgende moment schiet zijn gezicht over het water op het stenige pad, er zit geen tijd tussen. Het gewicht van zijn lange lichaam en de rugzak op zijn rug dwingen hem vooruit, zodat er een pluim water rond zijn hoofd omhoogkomt, als bij een waterscooter op een zonnige zee. Hij blijft in het water liggen, in de war door het plotselinge van de val, maar als ik hem op zijn knieën help, stroomt er bloed uit zijn voorhoofd, verdund tot roze regen tegen de tijd dat het van zijn kin omlaag druipt. Hij kan niet opstaan, minutenlang is hij daar te verward voor en het bloed blijft omlaag sijpelen. Uiteindelijk help ik hem overeind.

Een paar honderd meter verder vinden we een plek voor de tent. Te dicht bij de waterval die uit het loch omlaagkomt en te dicht bij de rivier, maar we hebben geen keus. We gaan erin liggen, en laten de natte spullen in de voortent uitdruipen. Moth kruipt in zijn slaapzak en ik maak de snee op zijn voorhoofd schoon en plak de huid bij elkaar met een zelfklevende hechting. Ik ben niet goed in eerste hulp, bepaald niet de persoon die je bij je zou willen hebben als je een hartaanval kreeg, maar ik houd een vinger voor zijn gezicht op zoals ik dat rugbyartsen heb zien doen om te zien of iemand een hersenschudding heeft. Hij denkt dat het er drie zijn. Misschien is dat een goed teken, hij ziet er tenminste geen vijf. Ik probeer te googelen hoe je op een hersenschudding moet testen, maar ik heb geen bereik. Ik denk te weten dat de symptomen duizeligheid, gebrek aan evenwicht en misselijkheid zijn, maar dat is voor Moth een vrij normale toestand, dus niet een test die veel zegt. Hij slikt wat ibuprofen, misschien niet de meest effectieve behandeling voor een hersenschudding, terwijl ik water kook om een pakje gedroogde noedels op te warmen, troostende vertrouwdheid om onze overspannen zenuwen tot rust te brengen.

Hij neemt nog wat pijnstillers voor een toenemende hoofdpijn en we proberen te slapen. Het geluid van water is overweldigend: regen die tegen het tentdoek slaat, water dat donderend van de waterval omlaagkomt, het oorverdovende lawaai van de rivier die voorbijraast. De kans dat we worden weggespoeld is meer dan een angst, het is een reële mogelijkheid.

In het vroege morgenlicht wordt het geluid van water overstemd door het geloei van de wind, dat nog harder wordt als hij in het smalste deel van het dal komt. Hij buigt en verwringt de flexibele stokken van de tent, zodat wij de storm uitzitten in een vreemd elliptische nylon bol. Uiteindelijk dwingt de behoefte om te plassen ons de tent uit, maar als Moth de deurflap openritst, wijkt hij opeens achteruit, en beduidt me met een vinger op zijn mond om stil te zijn.

'Wat? Wat is er?'

'Herten.'

We knielen samen bij de tentopening, terwijl we maar een klein stukje van de flap openhouden. Buiten bij de tent staan negen hinden en in de luwte van een enorme kei, iets afgezonderd van de kudde, een grote bok. Oudere bokken zijn buiten het paarseizoen zelden bij de hinden, dus het is niet normaal om hem hier eind mei bij de hinden te zien. We kruipen zo geruisloos mogelijk de tent uit, maar bij deze woeste storm is het de vraag of zelfs de herten ons kunnen horen. Ze zien ons wel, maar bewegen niet, blijven gewoon bij elkaar staan, met hun rug naar de wind en hun kop omlaag. Even kijk ik om me heen, knijp mijn ogen tot speetjes als de regen in mijn gezicht slaat. Ik zie waarom de herten hier zijn. Ze hebben zich zo dicht bij mensen gewaagd omdat ze nergens anders naartoe kunnen. Uit de veengrond van de bergwand aan de oostkant stroomt water, één reusachtige waterval die de regen via stroompjes naar de rivier sluist. Ons kleine vlakke plateau is het enige droge stukje grond in een woeste draaikolk van water. Ze zijn waarschijnlijk hierheen gegaan om aan de storm te ontkomen en kwamen toen in het dal vast te zitten door de stijgende rivier, een kolkende waterval van schuim, gevoed door de woedende, explosieve waterval van Loch an Nid boven ons. Aan de overkant van de rivier verheft de berg in het westen zich met grote, zwarte rotsplateaus, water stroomt in golven over hun kale, gladde oppervlak. In een donkere holte in de rots is een gestalte, iets groots en zwarts, een of ander schepsel dat zich daar verbergt.

'Kom de tent weer in, straks ben je doorweekt.'

Ik kruip naar binnen en laat alles wat druipt weer in de voortent achter. Moths voorhoofd is gezwollen en bij zijn haarlijn vormt zich een grote blauwe plek.

'Hoe voel je je?'

'Duizelig, bonkende hoofdpijn en, moet ik zeggen, een beetje bang.'

O, fuck, stel dat hij een zware hersenschudding heeft, of zelfs een schedelbasisfractuur? We hebben geen telefoonbereik en in deze storm is het onmogelijk om hulp te gaan halen.

'Denk je dat je echt ernstig gewond bent?'

'Ik weet het niet. Maar dat bedoelde ik niet. Als dat water blijft stijgen, zitten we echt in de shit.' De regen blijft op het doek roffelen, zodat mijn hoofd ratelt alsof het in een trom zit, terwijl Moth korte slaapjes doet. Volgens mij zitten we nu al in de shit.

Het is vroeg in de avond als het geroffel van de regen afneemt tot een enkel spatje, de wind iets minder hard wordt en wij ons de tent uit wagen. Het wolkendek breekt, zodat heldere stralen avondzon over de bergwand kunnen schijnen. Dan opeens, alsof de wolken er nooit geweest zijn, wordt de helderheid intenser en het dal verandert in een gewelf van lichtkristallen. Elke waterdruppel vangt de lage zon en weerkaatst die in een oneindige schittering met ontelbare kleuren. We zijn sprakeloos tegenover de schoonheid van dit moment, ik wil haar vangen en vasthouden en voor altijd bewaren, maar mijn telefoon ligt in de tent en nu de herten uit elkaar beginnen te gaan, wil ik ze niet laten schrikken. Bij de kei schudt de oude bok zich, als een hond die net uit de rivier komt, en de druppeltjes water rond zijn lijf vormen een regenboog van licht. Ik houd mijn adem in als de lichtheid toeneemt, tot het hele dal een flonkerende lichtwereld is. Dan, even plotseling als ze waren vertrokken, keren de wolken terug, de schaduwen worden dieper. De donkere gestalte in de rotsspleet schudt zijn doorweekte, verfomfaaide veren en komt tevoorschijn in de avondschemer: een steenarend die zijn grote vleugels spreidt, naar de lucht opstijgt en op de wind over het loch naar het zuiden zweeft.

Terwijl het donkerder wordt, neemt het geluid van regen op het tentdoek af, maar het regent nog steeds. Als het niet snel ophoudt, zijn wij straks even nat als de veengrond waarop onze tent staat en de bergwatervallen waaronder we liggen; we zullen de regen worden. Ik probeer aan andere dingen te denken en het beeld van het kristalverlichte dal komt weer in mijn hoofd op en daarmee een beeld van die andere lichten, die zwakjes opflakkerden op het scherm van Moths DAT-scan. Elke avond in de tent lig ik uren wakker, luisterend naar Moths regelmatige ademhaling in het donker, verteerd door dat knagende schuldgevoel. Ik heb hem aangemoedigd zich aan gevaar en ontberingen bloot te stellen, en nu liggen we op de rand van de Great Wilderness, gevangen door de regen, de rivier en waarschijnlijk een hersenschudding, in plaats van veilig in ons bed in Cornwall, en waarvoor? Voor de hoop dat de volgende keer dat hij een DAT-scan krijgt, daarop te zien zal zijn dat hij met deze moeilijke fysieke prestatie op een of andere manier de receptoren in zijn brein weer heeft ontstoken en dat de lichten op het scherm dat zullen bewijzen. Dit alles, voor de valse hoop waarvan ik weet dat hij onmogelijk is. In het donker van de tent besef ik dat het dat is wat deze wandeltocht inhoudt: hoop, een behoefte, een gebed dat de dans van licht weer begint.

10

Als ik mijn ogen opendoe, weet ik dat er iets ontbreekt. Heel even ben ik totaal gedesoriënteerd, maar dan besef ik dat het het geluid is; ik hoor niets, het is volkomen stil. In het zwakke ochtendlicht snuffelen de hinden in het natte moerasgras rond en trekken dan langzaam weg naar de heuvel. De bok is nergens te bekennen. De waterstromen langs de berghelling zijn afgenomen, maar de rivier dondert nog steeds voorbij. Zelfs als Moth zich goed genoeg voelt om verder te gaan, is het onmogelijk hier over te steken.

De hechting houdt het en zijn hoofdpijn is verminderd, dus pakken we de tent in en lopen verder in de hoop dat de rivier ondieper is aan de kant waar hij in het loch uitkomt. We komen bij de rivier. Op een bepaald punt lijkt het water maar iets meer dan kniediep, maar als we het met een wandelstok uitproberen, blijkt het tot boven het middel te komen en zo snel te stromen dat we er niet in overeind zouden blijven. We vinden een vlak stukje grond, zetten de tent weer op en wachten.

De uren daglicht kruipen langzaam voorbij, uren van kijken naar een enkele kleine vogel die over de rivieroever hipt, naar de adelaar die op de wind voorbij zweeft, naar de herten hoog op de berg, de wolken die zich verzamelen en weer uit elkaar drijven, het water dat nog steeds machtig en diep is. Terwijl de dag zich voortsleept, begint dit een heel vertrouwde manier van leven te lijken. Er zijn veel overeenkomsten tussen het denken van een langeafstandswandelaar en het denken dat je nodig hebt om een lockdown te overleven. Een wandelaar moet zich kunnen aanpassen aan de veranderingen van weer en landschap, zich tevredenstellen met niemand anders dan de persoon met wie hij of zij wandelt, en doorzettingsvermogen hebben; het vermogen om gewoon door te gaan, hoelang het ook duurt, de volgende stap te blijven zetten, wetend dat het eind uiteindelijk zal komen. Die manier van denken komt ook heel goed van pas als je voorraden opraken, of dat nu voedsel of toiletpapier is, en de supermarktschappen leeg zijn. De gedachten van de langeafstandswandelaar zullen altijd over de horde heen springen door dat vergeten pakje gedroogde noedels onder in de rugzak te vinden, of een voorraadje zuringbladeren in een heg – gebruik die als ze nog vers zijn, eenmaal uitgedroogd werken ze niet meer zo goed als alternatieve toiletrol. Nadat we een uurlang bezig zijn geweest de route over de *bealach* (smalle pas) en uit het dal te bepalen door keien langs de helling omhoog te tellen, geef ik Moth één koekje. Nog een vaardigheid van een langeafstandswandelaar: je voorraden rantsoeneren. Maar de grootste vaardigheid, die waarschijnlijk zelfs buiten de lockdown opgaat, is vasthouden aan de wetenschap dat hoe zwaar het ook wordt, of het nu blaren zijn, een lichte hersenschudding, of de verveling van nóg twee kilometer over een pad waaraan geen einde komt, dat je dit zult doorstaan en er dan op een of andere nog onbekende manier beter uitkomt.

Koekoeken. Misschien begin ik een beetje doof te worden, maar zelfs ik hoor ze nu. Overal koekoeken, in elk stukje door de wind gekromde en verwrongen boom dat ze maar kunnen vinden. De veerkrachtige soort, de navigatie-experts die naar het noordoosten zijn gegaan in plaats van naar het noordwesten. Lawaaiige, onbeschaamde Keltische koekoeken.

Het wordt weer ochtend. De wind brult nog steeds over de bealach, loeiend rond de donkere bergen die van alle kanten dreigend opdoemen, maar het waterpeil is gezakt. We waden naar de overkant zonder laarzen of broek, met onze rugzak strak tegen ons lichaam gebonden, maar het is moeilijk om in de sterke trek van het koude water overeind te blijven en ik aarzel even bij een diep stuk in het midden, terwijl mijn haar door de harde wind voor mijn gezicht waait waardoor ik niet goed meer kan zien.

'Niet nadenken, gewoon doorgaan.' Moth is verder dan ik, de twee stokken geven hem steun op weg naar de overkant. Ik doe wat hij zegt, spring naar de volgende kei, waad de rivier uit en val als een aan de haak geslagen vis op de oever neer.

We zitten ons net af te drogen en onze laarzen weer aan te trekken als er twee mannen verschijnen, even op de oever tegenover ons blijven aarzelen en dan met grote stappen, met schoenen en broek en al naar de overkant lopen. Druipend stappen ze de rivier uit, zetten hun rugzak neer, halen er sandwiches uit en eten die op alsof ze in geen maanden gegeten hebben. De jongste vertelt dat ze deze morgen al acht kilometer hebben gelopen, vanaf hun auto naar hier.

'Waar gaan jullie naartoe?'

'We gaan de drie Munro's hier doen. Een lange dag, maar de moeite waard.' Ik kijk om me heen naar de bergen die boven ons uittorenen, allemaal Munro's, zo genoemd naar sir Hugh Munro die de eerste lijst met Schotse bergen van meer dan duizend meter heeft opgesteld.

'Jammer dat jullie nu zo nat zijn.'

'Ach, als je een beetje afstand wilt afleggen, heeft het geen zin om telkens weer je schoenen uit te trekken.' Ze doen hun rugzakken weer om en benen weg over hun epische route, met hun ego's soppend in hun natte bergschoenen.

Wij zoeken langzaam door veen, rotsen en hei onze weg omhoog over de Bealach na Croise, terwijl ik de keien tel die we de vorige dag hebben zien staan; bij elke stap die we zetten, springen er geel-met-groene kikkertjes alle kanten op. Hoe hoger we komen, hoe meer kikkers er opduiken, tot we over de rand van de bealach zijn en door een bijna Bijbelse kikkerplaag aan de andere kant afdalen. Het heeft ons een hele dag gekost om zes kilometer te overbruggen, maar het klaart op wanneer we het iconische Lochan Fada bereiken, dat onder de enorme hoogte van Slioch glinstert in het afnemende licht. Vanaf onze kampeerplek aan het eind van het loch reflecteren de kleuren van een zonsondergang eind mei op het water en de natte hellingen, tot ze vervagen in een blauwgrijze lucht die nooit helemaal donker wordt. Het uitzicht werkt krachtiger dan pijnstillers om spierpijnen en hoofdpijn te verdrijven, verzacht de pijn van kapotte voeten effectiever dan blarenpleisters. We zitten op de rotsen van de oever tot we het gevoel hebben dat we deel uitmaken van het ritme van het water dat in de wind beweegt en het geroep van de vogels die over het loch vliegen.

Weg van het loch warmt de ochtendlucht op en blijft de hemel helder, alsof Loch an Nid nog steeds zijn magnetische aantrekkingskracht op de regen uitoefent, zodat de omringende glens droog blijven. Een dag heuvelaf tot aan een rivier, dan door kilometers heraanplant van berken en lijsterbessen, maar ik kan alleen maar aan mijn voeten denken. Ze staan in brand; ik wil deze laarzen kwijtraken en ze nooit meer terugvinden. In een bocht komen we de eerste Cape Wrath Trail-lopers tegen die we tot nu toe hebben gezien. Twee ex-soldaten op weg naar het noorden, dat zeggen ze tenminste.

'Zijn dat Corcoran-laarzen, hoe vinden jullie die?' Dat moet wel een ex-militair zijn, als hij mijn laarzen herkent. Moth is meteen onder de indruk.

'Inderdaad, ze zijn geweldig, de comfortabelste laarzen die ik heb en volkomen waterdicht.'

Daar heeft hij gelijk in, ik heb geen natte voeten gekregen, maar de meeste dagen zou ik alles hebben gegeven om geen blaren te hebben, hoe nat mijn voeten ook zouden zijn. 'Het zijn de beroerdste wandelschoenen die ik ooit heb gehad, mijn voeten zijn aan flarden.'

'Aye, het zijn geweldige laarzen, dus dan heb je waarschijnlijk de verkeerde maat, te groot waarschijnlijk.'

Ze lopen door, maar binnen een paar minuten neemt een groep van nog drie Cape Wrath Trail-lopers hun plaats in. Alle drie geoloog.

'Als jullie vanuit het noorden komen, hebben jullie vast die ongelooflijke rotsformaties van Torridonisch zandsteen gezien.'

'Ja, is dat wat de rotsen roze kleurt, of is dat het gneis?' Ik weet niet genoeg van gesteenten om het antwoord daarop te weten, dus zij lijken me precies de goede personen om het aan te vragen. Ze kijken elkaar aan en beginnen te lachen.

'Hoorde je dat? Ze zei *gnijs*.'

'Is daar iets mis mee?' Ze gieren van de lach, een stel schooljongens van middelbare leeftijd dat iemand uitlacht die niet bij hun club hoort.

'Je moet *knais* zeggen, niet *gnijs*.' Nog steeds lachend lopen ze weg. Ik ga verder heuvelafwaarts en herhaal fluisterend, *gneis, gneis, gneis,* terwijl ik nog steeds niet weet welk gesteente nou roze is.

De winkel in Kinlochewe komt als een oase. Ik laat mijn rugzak vallen, stort neer op de bank buiten en trek onmiddellijk de laarzen uit. Ik pel vastgeplakte sokken en uitgedroogde blarenpleisters weg, en laat mijn rode rauwe voeten opdrogen in de zon, als een jonge man met een rugzak die duidelijk al een tijd meegaat tegenover me komt zitten. Hij heeft iets bestudeerd nonchalants, krullen onder een zwarte beanie, een legging en een korte broek, maar ook nog iets anders, iets bekends. Het is de man die we in Fort William voor de regen zagen schuilen en van wie we dachten dat hij de Cape Wrath Trail naar het noorden zou gaan lopen. Blijkbaar klopte dat.

'Ja, dat zal ik geweest zijn. Ik kom uit Ierland, maar woon al een aardig tijdje in Glasgow. Het leek me tijd om dit land eens te gaan verkennen. Zo ver naar het noorden ben ik nooit eerder geweest. Dit landschap geeft me een bepaald gevoel, het heeft iets heel krachtigs, jullie weten vast wel wat ik bedoel.'

Het is meer dan alleen de oppervlakkige vertrouwdheid van een gezicht dat je herkent, het zit hem in de manier waarop Ian over het land praat, met iets zoekends over zich. Maar waar zoekt hij naar? Iets spiritueels of iets wat dieper gaat, een verbinding? Hij doet me aan iemand denken, maar ik weet niet precies waarom of aan wie.

Moth stopt wat dingen terug in zijn rugzak en gaat overeind zitten en daar is het. Ik zie een jonge man die ik altijd heb gekend, iemand met hartstocht voor het leven en een nieuwsgierigheid die ervoor zorgt dat hij blijft zoeken, zelfs wanneer iedereen om hem heen het heeft opgegeven. 'Dat snap ik, ik heb dat hier ook altijd gevoeld. Alsof er voorbij de uitzichten nog iets is. Hier heb ik altijd de antwoorden kunnen vinden die op andere plekken altijd buiten mijn bereik bleven.'

'Dat is het, dat is het.' De jonge man leunt achterover alsof hij tevredengesteld is door de gedachte aan een definitief antwoord. Moth neemt een slok water, doet met een besliste draai van zijn pols de dop weer op de fles en ze zitten samen in voldaan stilzwijgen naar de bergen op te kijken.

Onder de warme douche op de camping is de losse blarenhuid van mijn voeten losgekomen, dus zitten we op een picknickbank, terwijl Moth een kleine operatie overdenkt. Met het pincet houdt hij de losse flap huid omhoog, terwijl hij er met een piepklein schaartje in knipt. En ik laat hem begaan, verrukt over de vastheid van zijn hand ondanks de pijn waarvoor ik mijn voet wil wegtrekken. Kan ik hopen, durf ik te hopen?

'Je hebt hierna zeker wel behoefte aan een kop thee?'

'Ja, zeker. Ik zet wel water op.'

Er zijn momenten in het leven dat je pas weet hoe afhankelijk je van iets bent, als het je wordt afgenomen. Je beseft pas hoe afhankelijk je bent van het dak boven je hoofd als je het kwijtraakt, van het geld in je zak als je het niet hebt, van een kop thee als de brander stuk gaat en je geen water kunt koken.

'Hoe bedoel je? Hij kan niet stuk zijn.'

'Nou, kijk zelf dan maar.' Ik geef de brander aan Moth, in de hoop dat ik het mis heb en het ding nog wel werkt.

'O, je hebt toch gelijk.' Het schakelmechanisme in het titanium brandertje is kapot; te klein en te priegelig om te repareren. Ik doe mijn best mijn paniek te bedwingen, maar ik voel haar opkomen. We zijn kilometers verwijderd van een plek waar we een nieuwe zouden kunnen kopen, ik kijk de gids door naar de route die voor ons ligt, maar zie nergens een plaatsje dat groot genoeg is om een outdoorwinkel te hebben. Moth probeert het hoopvol bij het winkeltje in het benzinestation, maar het is ijdele hoop: natuurlijk hebben ze er geen.

'We kunnen proberen het de rest van de wandeling met alleen koud eten en water te doen.'

'Maar dat lukt nooit, je weet hoeveel behoefte wij altijd aan een kop thee hebben, daar kunnen we op voort, zelfs als ons eten op is.'

Uit een camper die naast ons geparkeerd staat, stapt een man die ons gesprek blijkbaar heeft gevolgd.

'Ik maak wel een kop thee voor jullie. Jean, zet eens water op.'

Geoff heeft veel tijd om stuk te slaan, vroeger was hij vrachtwagenchauffeur, maar hij heeft pas geleden zijn baan opgegeven en is nu op vakantie om te besluiten wat hij hierna gaat doen.

'Ik denk dat ik maar helemaal met pensioen ga, ik kan niet nog meer dagen van mijn leven verspillen aan die bureaucratische rompslomp in de haven. Ik heb niet voor de Schotse onafhankelijkheid gestemd. Net als bij de Brexit, daar heb ik ook niet voor gestemd, maar nou zit ik er toch mooi mee. Nu heb ik vanwege die Brexit mijn baan opgegeven. Ik ben ze spuugzat, die regeringen die de mensen van alles wijsmaken en ze laten denken dat die dingen hun eigen idee waren, terwijl de meeste mensen er geen ruk om geven en gewoon verder willen met hun leven. Aye, ik heb nu alle tijd.'

Het is twee uur in de nacht, maar nog steeds licht, alles baadt in een oranje gloed van de campingverlichting en we kunnen niet slapen. Opeens licht mijn telefoon op: voor het eerst in dagen is er ontvangst. Tussen de e-mails en appjes door realiseer ik me dat we nu een internetverbinding hebben.

'We zouden online een brander kunnen bestellen en die ergens onderweg laten bezorgen.'

'Maar waar? Ik geloof niet dat er de komende dagen een winkel komt.' Moth zit overeind tegen zijn rugzak aan, maar zijn ogen zijn dicht.

'Misschien bij een hotel.'

Na even zoeken vinden we een hotel op maar een paar dagen lopen van hier.

'Kunnen we genoeg porties koud eten dragen? Dat is zo zwaar.' Hij heeft nog steeds zijn ogen dicht, maar luistert blijkbaar wel.

'Het is of dat of de brander hier laten bezorgen en hier op de camping blijven, terwijl het dit weekend Bank Holiday is.'

We bestellen twee branders – eentje extra voor het geval dat – en geven het onbekende hotel op als afleveradres.

'Ik hoop dat het open is, ik zal ze morgen wel even bellen, zodat ze het pakje verwachten. Al weet ik niet precies wanneer het aankomt, met dat extra lange weekend.'

Onze rugzakken zijn afgeladen met pasteitjes, Jaffa Cakes en bananen en we willen net vertrekken, met het angstige vooruitzicht van drie dagen zonder brander, als Ian vanaf zijn tent naar ons toe komt.

'Ik heb een lijst voor jullie gemaakt met plekken die je niet mag missen. Blijf laag als jullie het dorp uit lopen, ga niet omhoog door de omgevallen bomen, dat heb ik verkeerd gedaan, het pad beneden zag er prachtig uit. En ga naar Inverie, ik zeg er niets over, maar als je er bent weet je wat ik bedoel.'

Als ik naar hem omkijk terwijl we van de camping weglopen, met zijn magere, sproetige benen onder zijn te grote korte broek en een baard die wel in één nacht lijkt te zijn gegroeid, is het alsof er een licht om hem heen hangt, een vreemde, lichte gloed. Maar het kan ook door de zon komen, nu mijn ogen zo aan regen gewend zijn.

11

In een Bank Holiday-weekend uit Kinlochewe weglopen langs de verbindingsweg met de NC500, is je leven in de waagschaal stellen. Auto's, campers, trucks, motoren en fietsers. Auto's die campers inhalen. Motorrijders die tegen elkaar racen. Camperbestuurders die met fietsers ruziën. We hadden Ians advies moeten negeren en het hoge pad moeten nemen. Maar als het dal zich verbreedt, rijst voor ons uit een berg op, groot, met besneeuwde top en op de flanken opnieuw een herbebossingsproject. Het grote Beinn Eighe-natuurreservaat met zijn nieuw aangeplante bomen begint volwassen te worden en is doorregen met strepen gele gaspeldoorn. Volgens een bord is het project door de EU gefinancierd: 'Scotland and the EU making it work together'. Ik vraag me af of Schotland het in zijn eentje zal laten werken nu de EU-fondsen niet meer komen, maar ik begin te geloven dat de Schotten daar wel iets op zullen vinden.

We nemen een pad dat van de weg af naar Glen Coulin leidt en meteen is elke levensgevaarlijke minuut in het verkeer de moeite waard geweest. Hoge bergen rijzen op naar een helderblauwe hemel. Als we de rivier dieper de glen in volgen, aan alle kanten omringd door weelderig groen, is het alsof we een ander land binnengaan. Arenden trekken een lijn langs de helling en duiken dan omlaag over een zilveren loch voor ons uit. Dit is te adembenemend om zomaar voorbij te lopen, dus we gaan op het gras in de zon liggen en kijken naar eenden op het loch, met een rij pulletjes achter zich aan. Opeens beginnen ze haastig weg te peddelen, terwijl ze lawaaiig alarm slaan. Je kunt blijkbaar je hele leven naar iets uitkijken wat je nooit te zien krijgt, maar op het moment dat je het opgeeft en de andere kant op kijkt, komt waar je zo naar verlangt tevoorschijn, alsof het er altijd al was, net buiten je gezichtsveld. Een grote zwarte vorm springt uit het water op de oever van een eilandje in het loch en begint zich dan op het lage gras af te drogen, zoals Monty na een bad over het tapijt rolt. Een grote, donkere otter. Ogenblikken worden minuten terwijl hij zich langs de schors van de bomen schuurt, dan het eiland oversteekt en geluidloos onder het wateroppervlak verdwijnt.

Aan het eind van de glen waden we naar de overkant van een ondiepe rivier en slaan ons kamp op tussen een groepje grove dennen. Laat op de avond is het warm en stil terwijl we door de volmaakt rechte boomstammen heen de zon achter de bergen zien zakken. Dat is het moment dat de eerste bijt. De Schotse *midge*, het beest van de Hooglanden, is een piepklein vliegend insect met een spanwijdte van niet meer dan drie millimeter. Onschuldige schepseltjes, zou je denken, maar wanneer de vrouwtjes zich bij duizenden in wolken verzamelen, zijn ze een bijtende, bloedzuigende plaag van schier ondraaglijke omvang. Het is een insect van de noordkant van het noordelijk halfrond, waar de natte veenlanden zijn favoriete habitat zijn. Ze vliegen rond van eind voorjaar tot begin najaar, en vooral bij het krieken van de dag en in de avondschemering, en dan kunnen ze een rustig genoten ontbijt of zonsondergang veranderen in een woeste rondedans van zwaaiende armen en ontwijkingspogingen. Vroeger kwamen ze in Groot-Brittannië alleen in het noordwesten van Schotland voor, maar het schijnt dat ze bezig zijn zich verder te verspreiden. De afgelopen jaren zijn ze in Schotland zo'n probleem geworden dat er na het weerbericht op tv ook een muggenbericht volgt. Vroeger namen hun aantallen in koude winters af, maar nu zijn de winters warmer en wachten deze kennelijk onverwoestbare minivampiers gewoon af tot de koelere maanden voorbij zijn, om dan in het voorjaar weer op te duiken. De enige twee dingen die je voor een muggenzwerm kunnen behoeden, zijn de wind – ze zijn te klein om in iets harders dan een licht briesje te vliegen – en schijnbaar een naar citroen geurende huidcrème die wordt verkocht door een bedrijf dat vroeger aan de deur bezorgde, geliefd onder doorgewinterde soldaten, zo is ons verteld. Wij zijn gewapend met een fles van dat spul hierheen gekomen, maar in de vorst en sneeuw aan het begin van onze tocht is het stijf bevroren en al is het inmiddels wel ontdooid, het is nu blijkbaar gestold en wil niet uit de fles komen. We snijden de bovenkant van de fles af en smeren het spul toch op, maar het helpt niet, dus we gaan de tent in en doen ons best daarbij geen muggen binnen te laten. Maar het is niet te voorkomen dat we toch door honderden beestjes worden gevolgd, en zo zijn we een uurlang bezig ze tegen de stof van de binnentent te pletten.

Na nog twee dagen zonder thee maar met veel coniferenaanplanten en koekoeken komen we eindelijk aan in een plaatsje met verspreid liggende gebouwen en het hotel waarheen we op weg zijn. Het heeft de sfeer van een buitenpost, een verloren, halfvergeten verzameling mensen en huizen in een afgelegen glen, en het hotel is zo te zien gesloten. We overwegen net de tent naast een schuurtje er vlakbij op te zetten, als we achter het gebouw stemmen horen. Een groep mensen heeft zich verzameld rond picknickbanken buiten het hotel; het is pas halverwege de ochtend, maar ze zijn allemaal aan het drinken. Ze zien ons aan komen lopen en de rugzakken neerzetten, maar zeggen niets, ze kijken alleen maar, tot Moth vraagt of het hotel open is.

'Aye, het is open, maar nee, het is niet open.'

'Oké, dan ga ik wel even kijken of er iemand is.'

'Er is niemand.'

'Aha, dus het is open, maar niet open?'

'Aye, precies.' Drie mannen op een bank zitten te knikken. Eén in korte broek en sweatshirt, een andere in groene jagerskledij, de derde, een grote, kale man, in een kilt met zakken en grote zwarte laarzen. Ze zien er allemaal uit alsof ze al dagen zitten te drinken.

'Ach, waar ben je mee bezig, man? Zit je weer vervelend tegen mijn klanten te doen?' Een kleine vrouw met paars haar, felrode lipstick en een geruite jurk komt het hotel uit. 'Je zou niet denken dat hij de eigenaar is, zoals hij de gasten afschrikt.' In het voorbijgaan geeft ze de man in de kilt een tikje tegen zijn hoofd, terwijl ze naar onze tafel toe komt. 'Let maar niet op hem. Zijn vriend hier is gisteren vanuit het zuiden hierheen gekomen en dat hebben ze nogal heftig gevierd gisteravond, dus nu hebben ze diep medelijden met zichzelf. Ze drinken alleen maar een glas tegen de kater nu. Wat kan ik voor jullie doen?'

'We hebben een paar dagen geleden gebeld over een pakje dat hier zou worden bezorgd, is dat aangekomen? En een pot thee zou heerlijk zijn.'

'Ooo, een pot thee, echt iets voor iemand uit het zuiden.' De man met de kilt is nogal een grapjas. Ik wens bijna dat we geen thee hadden besteld, maar ik haal diep adem en lach maar gewoon mee om het grapje.

'Ja, ik heb het. Ik zal het even halen.' De vrouw gaat de pub weer binnen en ik merk hoe mijn schouders omlaagzakken van opluchting: ik voel er weinig voor om dagenlang hier te moeten blijven wachten tot het pakje komt. Ze zet het op de tafel en iedereen kijkt naar ons. 'Nou, maak open dan, we waren allemaal benieuwd wat er zo belangrijk kon zijn dat jullie het hiernaartoe lieten sturen.'

Ik maak de doos open en haal de twee brandertjes eruit, opgewonden bij de gedachte aan het warme eten dat die vertegenwoordigen.

'Branders?' De man in de kilt is naar onze tafel gekomen om ernaar te kijken.

'Ja, de onze is een paar dagen geleden stukgegaan. Ik geloof dat we al drie dagen niets warms meer hebben gehad. Daarom bestelden we thee en geen bier.'

'Maar wat moeten jullie hier nou met een brander?'

'We lopen de Cape Wrath Trail, naar Fort William. Nou ja, min of meer, ik geloof dat we er nu een beetje overheen slingeren.'

'Het is lunchtijd, ik maak iets te eten voor jullie klaar. Ik heb kipschnitzel vandaag. Is dat goed?'

Ik heb geen idee wat een kipschnitzel is, maar ik eet alles wat geen Jaffa Cake is.

Er komt een enorm bord eten. Een dunne plak gepaneerde kip, een stapel friet en een lepel bietjes in het zuur, maar het is dampend heet en in mijn ogen het lekkerste eten dat er bestaat.

'Waarom probeer je op jullie leeftijd nog de Trail te lopen, over deze bergen, met al dat gewicht op je rug?' Hij tilt Moths rugzak op om te voelen hoe zwaar die is en laat hem snel vallen. 'Zijn jullie gek of zo?'

Moth wacht even met een hap schnitzel halverwege zijn mond. Ik zeg niets, maar zie de kortstondige verandering in zijn gezicht terwijl hij even over zijn antwoord nadenkt.

'We wilden gewoon een wandeling maken, wat meer zien van dit fantastische gebied waarin jullie wonen.'

'Aye, nou, het is hier niet slecht, afgezien van die verdomde herten.' Voor het eerst doet de jager zijn mond open en kennelijk heeft hij een grote hekel aan de herten. 'Ze lopen altijd maar op de wegen, veroorzaken ongelukken. Daarom stop ik ze maar in de vriezer, voor de verkeersveiligheid. Aye, we hebben allemaal een volle vriezer hier.'

'Ach man, stil toch. Let maar niet op hem. Trouwens, daar hadden we het niet over. Aan de manier waarop zij net naar jou keek, zie ik dat er meer achter zit; jullie gaan niet alleen maar wandelen.' De kale man blijft bij de deur staan, met zijn handen in de zakken van zijn kilt. Opeens zie ik dat hij meer is dan een dronkenlap die van zijn hobby zijn beroep heeft gemaakt, veel meer. Iets aan de manier waarop hij daar staat, de manier waarop hij niet loslaat tot hij het antwoord heeft dat hij zoekt. 'Jullie zijn niet gewoon op vakantie, hè?' Hij laat echt niet los.

Moth neem een laatste hap en schuift zijn bord opzij. Ik eet de bietjes op die hij op de rand van zijn bord heeft laten liggen. Ze zitten nu alle drie op de banken tegenover ons. Ze drinken niet meer en wachten op een antwoord. Moth gaat het ze ongetwijfeld vertellen. Als hem een rechtstreekse vraag wordt gesteld, zal hij altijd de waarheid vertellen. Hij zou zeker nooit bij de afdeling geheime operaties van het leger kunnen komen; als *SAS: Who Dares Wins*-presentator Ant Middleton hem vroeg waar hij vandaan kwam, zou hij het adres opschrijven.

'Een paar jaar geleden kreeg ik te horen dat ik een ongeneeslijke ziekte heb, dus ging ik een lange wandeltocht maken en daarna voelde ik me een stuk beter en ging ik niet dood. Toen kwamen de symptomen afgelopen winter dubbel en dwars terug. Ik weet dat ik nu dichter bij het einde kom, maar Ray heeft me meegesleept voor nog één laatste wandeltocht, in de hoop dat dat hetzelfde effect heeft als de eerste keer. Maar dat zal wel niet, de ziekte is nu te ver gevorderd.'

'Ik wist het, ik heb die blik eerder gezien, toen ik in het leger zat, bij mannen die strijd hadden geleverd, die moeite hadden de weg terug te vinden.' Zóveel meer dan alleen bier en een eigenaardige kilt, deze man. 'Irene breng deze kerel eens een biertje, hij heeft verdomme al te veel thee gedronken. En je vrouw heeft gelijk, jij zult nooit en te nimmer stoppen, tot je geen stap meer kunt verzetten.'

Het wordt ongemerkt middag tijdens een verhit gesprek over wildrecepten en de politiek in de Hooglanden. Het is duidelijk dat het Schotland waar wij doorheen lopen een periode van verandering doormaakt. Verandering in de kijk die de mensen hebben op het land waarin ze wonen en op hun grenzen, letterlijk en figuurlijk. Telkens weer beginnen de meest onverwachte mensen op de meest onverwachte plaatsen een gesprek over politiek. Onze Schots-geruite vriend is zoals veel mensen die we onderweg gesproken hebben: allemaal uiten ze het gevoel dat de doelen van regeringen en media niet met de hunne overeenkomen. Ze vertellen ons ook dat de dorpswinkel al lang geleden gesloten is, wat inhoudt dat we niet genoeg voedsel hebben om naar Morvich te komen, het volgende plaatsje met een winkel op de route. Maar na drie biertjes in de warmer wordende zon, lijkt dat niet echt iets uit te maken.

'Mijn vriend is onderweg met zijn viool: livemuziek vanavond en doorfeesten. Jullie moeten hier blijven, zet je tent maar daar bij de schuur neer.' Het is echt een verleidelijk idee om bij deze vreemde, hartelijke mensen te blijven, op een plek waar we, als we te lang blijven hangen, misschien nooit meer weggaan.

'Bedankt, dat zouden we heel leuk vinden, maar we moeten door. Het is zoals je zei: niet stoppen tot het echt moet.'

Moth gaat de pub binnen om nog te kunnen profiteren van een doorspoeltoilet. Terwijl hij weg is, legt het in Schotse ruiten geklede echtpaar een berg etenswaren op de tafel: sandwiches en verpakkingen met chocoladerepen en noten. De kale man drukt mij twee flessen bier in de hand.

'Stop die in je rugzak, die zijn voor de grote man, later, vertel het hem pas vanavond. Wat hij doet, hierbuiten zijn, dat is iets groots. Ik ben misschien luidruchtig en dronken, maar ik weet wel wanneer ik echt moed zie.'

Zoveel gulheid van een toevluchtsoord in een verre uithoek. Ik veeg de tranen uit mijn ogen, als we onze rugzakken omdoen en weglopen.

12

Er hangt een stilte boven Loch Carron, ondanks de grote weg die erlangs loopt; het water is glad, als een plasje stroop in een warme kom. We volgen het loch naar het westen tot we bij de tuinen van Attadale House komen. Volgens een bord op het hek gaan ze over een halfuur dicht, maar een vrouw in het kassahokje zegt dat we zolang mogen blijven als we willen. Ze is een wereldnomade, nu gekortwiekt door corona en ze vertelt dat ze maar in de Hooglanden blijft tot ze weer vrij is.

'Ik vind het heerlijk hier, het is er zo gastvrij. Mensen hier kijken naar buiten, niet naar binnen.'

We eten een ijsje met de vrouw, slenteren door de tuinen tot de schemering valt en gaan dan op zoek naar een wildkampeerplek.

Om een uur 's nachts kruip ik de tent uit, waarbij ik de lege bierflessen opzijschuif om door de opening te komen. In het halflicht van de Hooglandnacht zie ik een groep jonge hertenbokken bij de rivier grazen; ze kijken even op, voordat ze zich omdraaien en langzaam weglopen. Ik begin ze te benijden om hun vrijheid, het gemak waarmee ze gebruikmaken van het land waarop ze geboren zijn. Ze zwerven naar hartenlust door de bergen, alleen hier en daar belemmerd door een hertenhek, en hoeven de heuvels alleen naar met een handjevol wandelaars te delen, zelfs niet met schapen. De Hooglanden beginnen hun wildheid te verliezen aan grindwegen die toegang bieden tot de waterkrachtcentrales die op grote landgoederen worden gebouwd, wegen waarover ook jagers gemakkelijk toegang tot het gebied krijgen. Maar buiten deze wegen, hoog op de berghellingen, kunnen de herten vrij rondzwerven, vrij om hun natuurlijke leven te leiden. En toch is het alleen hier in de wilde Hooglanden dat wij Britten onszelf diezelfde vrijheid gunnen. Verder naar het zuiden toe zijn we ingesloten, wordt ons gebruik van het land ingeperkt door paden, wetten en eigenaarschap. Ik vraag me af of er geen andere manier is om te kijken naar het land waarop we leven. Een manier waarop mensen iets van de vrijheid krijgen die de herten genieten.

Na een steile klim over een heuvel die verwoest is door commerciële houtkap, zodat het pad voortdurend onder de door elkaar liggende takken van omgehakte bomen verdwijnt, gaan we op een stapel stenen zitten, verward en bijna verdwaald. Ik heb me altijd op Moths vaardigheid met kaart en kompas verlaten, maar nu kan hij de route over de bealach naar het volgende dal niet onderscheiden in het web van paadjes op de kaart dat niet overeenkomt met de wirwar aan boomstronken op de grond, en hij weigert het kompas uit zijn rugzak te halen. Hij hoeft het niet te zeggen, ik weet dat hij het verband tussen het ronddraaiende wijzerplaatje, de kaart en het landschap niet meer zo goed kan zien als vroeger. Het is alsof hij een hele taal is kwijtgeraakt, een methode om het land als één heel beeld te begrijpen en te beschrijven.

Verhit, zweterig en stoffig komen we op de top aan en blijven in de verkoelende wind uit het zuiden staan. Het uitzicht vanaf de heuvel beneemt ons de adem. In alle richtingen vouwen bergen zich naar de horizon, een blauwe rivier vangt de zon en vormt een lint van licht dat zich door het dal beneden ons slingert. Glen Ling, een verloren, verborgen paradijs, waar zwaluwen naar vliegen duiken over een brede ondiepe rivier met stenige oevers; het contrast met de hitte en verwoesting van vanmorgen kon niet groter zijn. We trekken onze stinkende, stoffige kleren uit en eten zittend in de rivier de laatste chocoladekoeken op die de in Schotse ruiten geklede hoteleigenaars ons hebben meegegeven. We hebben geen zin om weg te gaan, en de rest van de dag brengen we liggend in de rivier door, met onze kleren aan tot die schoongewassen zijn, en dan zittend op de oever tot ze droog zijn, voordat we de tent opzetten om ons te beschutten tegen de muggen die in de koele avondlucht opkomen.

Een vlakke asfaltweg slingert kilometers ver door weer een onberispelijk bijgehouden Hooglandenlandgoed. Door bossen vol bosazalea's – *Rhododendrum luteum* – die de lucht vullen met hun rijke geur, door berkenbosjes met een tapijt van wilde knoflook, naar wat op de kaart een gemakkelijke wandeling heuvelopwaarts lijkt via een smal dal naar de Falls of Glomach. De waterval brengt de rivier vanaf de hoogte door een steile kloof omlaag en dan verder, op een kalme, stille koers richting zee. We gaan tussen de dichte struiken nieuw opgekomen heide zitten om water te drinken, maar als ik Moth de fles aangeef, zie ik hoe de vermoeidheid in lijnen rond zijn ogen geëtst staat.

'We zouden hier kunnen kamperen vanavond, wat vind je? Er is vlakke grond, meer dan genoeg water en het uitzicht over het dal is fantastisch.'

'Goed idee, maar het is nog maar een kilometer of twee door de kloof omhoog. Laten we dat nu doen, beter dan morgen de dag beginnen met een zware klim, je weet hoe erg jij het vindt om meteen 's morgens al steil omhoog te moeten lopen. Dan kunnen we na de Falls ons kamp opzetten.'

'Ben je dan niet moe?'

'Jawel, maar we zijn binnen een uur of zo boven, met de tent op en het theewater aan de kook.'

We steken de glooiende hellingen naar de kloof over en blijven op een brug even staan. Hier valt de rivier steiler omlaag, het water spat op en schuimt over door water afgesleten rotsen, zodat druppeltjes nat licht de lucht vullen. Het pad volgt een scherpere hoek omhoog, door nog meer verwoest bos, maar daar komen we gemakkelijk overheen terwijl het pad van het dal wegdraait en in het smaller wordende ravijn omhooggaat. We blijven omhooglopen in het vertrouwen dat het niet al te moeilijk zal worden: per slot van rekening heeft een van de fietsers bij Loch Nid ons verteld dat hij met de fiets over het pad van de Falls omlaag was gereden en dat dat 'een fluitje van een cent' was geweest, dus te voet omhooggaan zal niet zo moeilijk zijn. Maar dan, als Moth begint te aarzelen, herinner ik me in een flits iets wat de collieman in zijn blog zei. Hij liep naar het noorden, maar zei hij niet dat dit een behoorlijk verraderlijk pad was en eigenlijk nogal gevaarlijk? Hoe konden we dat vergeten?

Er zijn momenten in het leven waarop het misschien maar beter is niet te weten wat er gebeuren gaat. Bijvoorbeeld dat, als je voor het eerst met een vriendje op vakantie gaat, jullie tent in een storm wordt weggeblazen en je droomtripje verandert in een nacht samen in een plastic zak op een berghelling; of dat het, als je een bruiloft in juni plant, de hele dag zal sneeuwen; of dat je uit het huis wordt gezet waaraan je twintig jaar hebt gebouwd, een paar weken nadat het klaar is. Moth haalt ergens de wil en de kracht vandaan om verder te stijgen in de kloof die steeds steiler wordt, steeds nauwer, over een smal paadje dat zich vastklampt aan een vrijwel loodrechte wand. Het is maar goed dat je niet weet, terwijl je over keien kruipt, houvast zoekt in de begroeiing, dat de hoogtevrees van je partner plotseling zal terugkeren, zodat hij vrijwel verlamd is van angst. Maar soms zijn dat ook de momenten die de loop van je leven veranderen en naar een uitkomst leiden die je je nooit had kunnen voorstellen terwijl je in die plastic zak lag te huiveren of de paar exemplaren uit de trouwfoto's koos waarop je niet onder een paraplu stond, of toen je dakloos werd en opeens buiten op winderige landtongen sliep. Dat zijn de momenten waarover we, als we erop terugkijken, zeggen: Dát is het, dat is het moment waarop alles veranderde. Het zijn de momenten die wanhopige, ergerlijke of troosteloze ervaringen veranderen in het besef dat de persoon met wie je die plastic zak deelt, de ware is, dat je het vermogen hebt om alles te lachen en dat je, zelfs als je het grootste deel van je materiële bezittingen bent kwijtgeraakt, kunt overleven op liefde, hoop en een pakje gedroogde noedels.

Maar het helpt niets om dat te weten, als ik op een piepklein rotsplateau sta, met mijn lichaam in de greep van een angst die binnenkomt als een elektrische schok, gevangen in een ravijn waaruit geen ontsnapping mogelijk lijkt, en waar we zeker zullen sterven. Maar dan komt het moment, dat moment waarop je emoties veranderen, van angst in hoop, van paniek in zekerheid, van denken dat alles verloren is in ontdekken dat je gevonden bent. Als Moths hand omlaagreikt en mij langs een rots omhoogtrekt, is het alsof er een hand van hoop vanuit de wolken komt. De hand grijpt de mijne met een zekerheid die ik niet meer heb gevoeld sinds de keer dat hij me uit het ijzige smeltwater van een IJslandse rivier hielp. Een greep die stevig genoeg is om op zijn minst een kans in zich te hebben, een zwak vlammetje van hoop, een mogelijkheid dat deze wandeltocht misschien meer zal zijn dan je vastklampen aan een strohalm tegenover een onontkoombaar voortwoekerende ziekte. Maar er is geen tijd om daarbij stil te staan. Op dit moment kunnen we alleen maar denken aan overleven, aan de weg hieruit zoeken, weg van het gevaar naar de veiligheid van de bergtop.

Ik kijk door de tentopening naar Moth en probeer in mijn hoofd op een rij te krijgen wat er daarnet is gebeurd, te snappen hoe een man die verlamd was van hoogtevrees, de man werd die mij uit de Falls hielp. Het lukt niet, ik begrijp er niets van. Maar als hij zijn bril opzet en de kaart pakt, zie ik het antwoord: dit moment zat er al dagen aan te komen, ik heb het gewoon niet gezien. Als ik niet zo bezig was geweest met de pijn in mijn voeten en het schuldgevoel in mijn hoofd, zou ik niet alleen maar een blik op hem hebben geworpen terwijl hij de dop op een waterfles deed, het zou me opgevallen zijn dat hij dat deed. In plaats van jaloers op hem te zijn omdat hij dezelfde laarzen aanhad als ik en zijn voeten er niet in kapot gingen, zou ik verrukt zijn geweest dat hij zijn veters wat sneller vaststrikte. En als ik met moeite de kaart stond te lezen, zou ik hebben geluisterd naar de stem van de man die over mijn schouder meekeek en aarzelende voorstellen deed over veranderingen in de route. Hij houdt de kaart nu met de goede kant naar boven, kijkt naar de juiste gedeeltes van het gevouwen papier, hij kan zien dat we het hoogste punt op het pad boven de Falls hebben gehaald en dat het morgen de hele weg heuvelafwaarts zal gaan naar Morvich. Hij vouwt de kaart op en stopt hem weg, zonder zich bewust te zijn van wat er gebeurt. Ik zeg er niets over, uit angst dat deze ijle verandering zal verdwijnen als je haar alleen al hardop uitspreekt.

De avondhemel wordt roze, terwijl de wind opsteekt en de muggen wegblaast. Maar dan komt er een ander insect uit het sponzige, natte moerasgras, een insect dat ik niet ken, een klein, doorschijnend beestje met lange poten als een kleine langpootmug, al is dit de verkeerde tijd van het jaar voor langpootmuggen. Duizenden van die geheimzinnige schepsels stijgen op, hun doorschijnende vleugeltjes nemen de kleur van de zonsondergang over en zo veranderen ze de hemel in een bewegende nevel van licht.

13

We lopen heuvelafwaarts in de richting van Morvich, dat een camping, warme douches en warm eten belooft, en onderweg passeren we veel mannen die in hun eentje omhoog zwoegen. Een enkeling zegt iets, de meesten geven alleen een knikje in het voorbijgaan met een ernstig gezicht en geconcentreerde, stampende tred. Blijkbaar gaat elke Cape Wrath Trail-loper in noordelijke richting en zijn het altijd mannen, die het voornamelijk hebben over hoeveel uren of dagen, hoeveel afgelegde kilometers en welke antimuggenmiddelen. Afgezien van Ian die we in Kinlochewe even hebben gezien, zegt geen van hen ooit iets over de talloze koekoeken, de roep van herten in de nacht of de absoluut duizelingwekkende schoonheid van deze plek. En waar zijn de vrouwen?

De camping van Morvich ligt in een bebost dal vol lijsters en opnieuw koekoeken. Voorzichtig doe ik mijn schoenen uit en trek oude, opgekrulde blarenpleisters van mijn voeten. Ik zoek in de rugzak naar meer pleisters, maar er zijn er nog maar twee. Terwijl ik een opkomende paniek wegslik, ga ik naar de campingwinkel in de hoop dat die ze in voorraad heeft. De camping wordt gerund door bejaarde hippies die zelf achter het hek van de camping wonen, in een truck waarop 'peace and love' geschilderd staat; ze zijn ongelooflijk gastvrij, maar hebben niets anders dan ijs en noedels, geen enkele pleister. Maar er is een winkel verderop aan de weg, zeggen ze, en die heeft vast alles wat we ons maar kunnen wensen.

Ze hadden gelijk, de winkel heeft alles wat je maar kunt wensen wanneer je al pasteitjes etend je hippietruck wilt beschilderen, maar pleisters, ho maar.

'Kijk uit voor de zeemeeuwen daarbuiten, die pikken je pasteitjes.' De oude dame in de winkel doet de kassa dicht en gaat verder met het tellen van wierookstaafjes, terwijl wij onze pasteitjes opeten op plastic stoeltjes buiten, waar we meer kans lopen overreden te worden door een vrachtwagen die rond de kop van Loch Duich aangescheurd komt dan onze pasteitjes kwijt te raken aan een zeemeeuw.

Er stopt een taxi en een man in een kilt holt naar binnen, en weer naar buiten met een pak melk. Voordat hij kan wegrijden staat Moth op.

'Weet u misschien een drogist waar ze pleisters zouden hebben?'

De taxichauffeur, die als je hem beter bekijkt het evenbeeld is van de iconische Schot uit een jarenzeventigfilm, compleet met een lange rode baard, kilt, tweedjasje, wollen kniekousen en *sporran*, aarzelt geen seconde. 'Aye, dat zal de drogist in Kyle of Lochalsh zijn. Stap in, ik moet daar toch naartoe.' Zonder na te denken hoe we moeten terugkomen van het stadje dat vijfentwintig kilometer hier vandaan ligt, stappen we in. De taxi scheurt weg langs het loch, brullend in de bochten, terwijl wij achterin heen en weer gesmeten worden.

'Heeft u haast?' Ik klamp me vast aan de deurknop.

'Aye, ik ben chauffeur voor een bruiloft en ik ben al te laat. Waarom denkt u anders dat ik zo gekleed ben?'

'Ik dacht dat u zich misschien graag zo kleedde. U ziet er geweldig uit.'

'Aye, dat is ook zo, maar ik ben geen karikatuur, snap je, ik ben Viking.'

Moth en ik wisselen een blik terwijl we naar rechts zwenken.

'Dat zag ik wel hoor, ik heb een spiegel, weet je; ik ben niet gek, mochten jullie dat denken. Ik ben Viking. Ik organiseer re-enactments en geef cursussen over het leven van de Vikingen, en ik werk ook als locatiescout voor Hollywood.'

'En als taxichauffeur.'

'Aye, tussendoor.' We komen met gillende banden tot stilstand voor de drogisterij en hij is al weg voordat het portier dicht is of wij de kans hebben gehad hem te betalen. Dit is blijkbaar een methode waartoe mensen gedwongen worden in deze vreemde pandemiewereld. Waarin banen zo onzeker zijn geworden dat veel mensen meerdere kleine baantjes aannemen, in de hoop alles bij elkaar evenveel te verdienen als één vast salaris. Opeens lijkt deze nieuwe wereld van tekorten en onzekere inkomens heel kwetsbaar, zelfs al ben je een taxichaufferende locatiescout die in het weekend Viking is.

We kopen alle blarenpleisters die de apotheek in voorraad heeft en bij de supermarkt een berg gedroogd voedsel en nemen dan de bus terug naar Morvich. Als we op de camping terugkomen, zijn daar drie vrouwen bezig een tent op te zetten. Ze zien er stevig en stoer uit, als vrouwen van halverwege de veertig die al sinds hun schooltijd elke zaterdag hockeyen. Ik ben stomverbaasd andere vrouwen te zien, eindelijk, en ik moet met hen gaan praten.

'Hallo, doen jullie de Cape Wrath Trail?'

Ze zitten rond de tent gehurkt, maar de jongste komt overeind om antwoord te geven. 'Klopt. Wij lopen naar het noorden. Jullie ook?'

'Ja, naar het zuiden. Ik kon het niet laten even gedag te gaan zeggen, jullie zijn de eerste vrouwen die ik tot nu toe op de route heb gezien.'

'Jij bent de eerste die wij zien. Het zijn allemaal mannen, we hebben het er al de hele dag over: waar zijn de vrouwen?'

Ze gaan hun eten klaarmaken en ik laat hen alleen, terwijl ik me afvraag hoe het komt dat deze tocht wel mannen aantrekt en maar zo weinig vrouwen.

Als het licht begint af te nemen, zitten we aan de rand van Loch Duich en zien drie herten de weg oversteken en de stenige oever af lopen tot ze kniediep in het water staan. Ze zijn rustig, ongehaast, trekken zich niets van onze nabijheid aan, staan alleen maar tot hun knieën in het koele water te eten van het zeewier dat door het afgaande tij is achtergelaten, terwijl de avond over de bergen valt.

Nog beverig van onze ervaring in de Falls of Glomach zien we angstig op tegen de volgende etappe van de tocht: een lange, steile, onbeschutte klim over de Forcan Ridge, waarover de gids zegt: 'Soms kan een kei dienen als houvast.' Alsof dat alles goed maakt. Maar zo te zien is er geen andere manier, dus willen we net van de weg af gaan om het pad naar de kam te nemen, als een bekende auto met piepende banden naast ons stopt in een gevaarlijke bocht in de weg. Het is de taxichaufferende Viking, die door het autoraam roept.

'Waar gaan jullie naartoe?'

'Naar het zuiden, over de Forcan Ridge.'

'Wat moeten jullie daar in godsnaam? Het is allemaal prima als je vanaf de andere kant komt, maar je wilt er echt niet tegenop moeten klimmen. Stap in, er is een veel betere weg over de bergen naar Kinloch Hourn. Aye, veel beter dan de kam.'

Dat laat Moth zich geen twee keer zeggen, hij stapt meteen de auto in. We draaien weg van Loch Duich, van wat een ongelooflijk uitzicht zou zijn geweest als we de route naar het noorden hadden gelopen, en rijden westwaarts de bergen in naar Glenelg.

'Aye, het is even ver als over de kam, misschien iets verder, we rijden alleen maar iets opzij vanaf Morvich, dus jullie hoeven niks te missen. Dit is in ieder geval niet zoals de kam, het is echt verlaten daar, je zult dagenlang niemand anders zien, dat beloof ik.'

Hij zet ons af bij een parkeerplaatsje langs de weg op een afgelegen helling.

'Aye, verlaten, dat is het zeker. Nou, lopen maar, volg gewoon die masten daar, dan komt het wel goed. En kijk uit voor de goudzoekers, ze zitten aan het eind van de glen en ze zijn een beetje vreemd.'

En weg is hij, de heuvel af en met halsbrekende snelheid de bocht om.

'Goudzoekers? Denk je niet dat je hem had moeten vragen waar hij ons naartoe bracht, voordat je instapte?'

'Ik wilde echt niet over die kam.'

We klimmen over hekken in van muggen vergeven boerenland, waar de beesten ondanks de wind blijkbaar wel kunnen vliegen, en komen uiteindelijk bij de Suardalan Bothy. We zetten thee in de hut en luisteren naar koekoeken in een bloeiende lijsterbes, witte bloemen tegen een donker dreigende lucht. We zijn in de verleiding om te blijven, maar het is nu begin juni, we hebben het gevoel dat de dagen ons ontglippen en er zijn nog zoveel kilometers te gaan tot Fort William.

Voorbij afgesloten containers, achtergelaten tractors en een man met een zeef die in de rivier naar goud staat te zoeken, lopen we naar het zuiden waarbij we een rij hoogspanningsmasten volgen langs de westelijke rand van het Glensheil Forest. Weer zo'n spookbos, met een koude wind die van de hoge bergen blaast, door een glen waaraan geen einde lijkt te komen. Dit is de meest afgelegen plek waar we tot nu toe doorheen gekomen zijn. Er beweegt weinig in het wilde, lege landschap, alleen de wind loeit door de reusachtige zilveren masten die scherp staan afgetekend tegen een paarse, stormachtige hemel.

We lopen in één ruk door heuvelafwaarts. Ondanks het tapijt van kleine roze orchideeën en de gele vijfvingerkruidbloemetjes die de Hooglanden blijkbaar bedekken, heeft deze plek iets griezeligs. Misschien is het de leegte, misschien het geluid van de wind in de masten, maar ik voel me hier niet op mijn gemak en blijf maar over mijn schouder kijken met het gevoel dat we niet alleen zijn. Een bocht in de rivier biedt uitzicht op een groepje ruïnes en een groot, vierkant stuk grasland dat opvalt tussen de stenige hellingen eromheen. Er zijn eeuwen voorbijgegaan, maar dit was ooit een hoeve. Een plek waar gewassen werden verbouwd, gezinnen grootgebracht en levens geleefd. De bewoners zijn weg nu, verdreven door armoede, honger en gedwongen emigratie, maar de echo van hun levens is er nog.

Het wordt donker en de muggen zijn bij miljoenen tevoorschijn gekomen. Met mijn schoenen uit en een muggennet over mijn hoofd sta ik tot over mijn enkels in de rivier te wachten tot het water kookt op de brander die op een platte steen op de rivieroever balanceert, terwijl het ijskoude rivierwater de pijn in mijn voeten stilt. Moth staat verder stroomopwaarts wijdbeens op twee stenen en bukt voorover om water op te vangen in een fles. Ik kan hem nauwelijks zien in het zwakke licht en door de muggenmist heen, maar ik hoor hem schreeuwen.

'Wel verdomme...?' De waterfles vliegt uit zijn hand en hij struikelt het water in. Tegen de tijd dat ik op mijn blote voeten over de stenen bij hem ben gekomen, staat hij alweer.

'Wat is er, wat... heb je je pijn gedaan?'

'Zag je haar niet? Shit, ze liet me schrikken. Ik keek op en daar stond ze in de rivier. Waar is ze naartoe gegaan? Je hebt haar toch wel langs zien komen?'

'Er is niemand voorbijgekomen, dat zou ik gezien hebben, het pad loopt pal langs de plek waar ik stond.'

'Het was een vrouw, met zwart haar, ze stond in de rivier...'

Ik kijk in de schemering om me heen, maar er is niemand.

'Heb je je hoofd gestoten toen je viel?'

'Nee, maar ik heb haar echt gezien, ik snap niet hoe het kan dat jij haar niet zag.'

We gaan de tent in en Moth ritst hem snel dicht, om ons tegen de muggen te beschermen. Misschien is de hersenschudding van Loch an Nid nog niet echt over, misschien heeft hij wel opnieuw zijn hoofd gestoten toen hij struikelde, of misschien heeft hij echt een vrouw gezien. Hoe dan ook, ik trek mijn slaapzak over mijn hoofd en zweer dat ik pas weer de tent uitkom als ik zonder zaklantaarn kan zien.

In het morgenlicht kijk ik vanaf de bergkam omlaag naar de ruïne van de hoeve, voordat die uit het gezicht verdwijnt. Een verlaten plek die ooit een thuis en een bestaan bood aan een familie die er leefde en streed, tot ze er verdreven werden door het lot dat hun overkwam, wat dat ook geweest mag zijn. Ruïnes als deze liggen overal verspreid in de eenzame dalen van de Hooglanden, als confetti na een bruiloft; één kort, schitterend moment hebben ze plaats geboden aan hoop, liefde en mogelijkheden, maar nu zijn ze alleen nog maar een verbleekte herinnering, achtergebleven op de bodem van de glens. Ik ken het maar al te goed, het schrijnende gevoel van pijn en angst dat die familie moet hebben gehad toen ze voor de laatste keer hun huis verlieten, waarschijnlijk op weg naar een onbekende toekomst. Ik wil me net afwenden om de kille hand van verbondenheid die de haren op mijn armen overeind doet staan, af te schudden, als mijn ogen een beweging opvangen en heel even denk ik dat ik iemand bij de rivier zie.

Kilometers open heideland en berghelling spreiden zich voor ons uit als we onder de Forcan Ridge door lopen die zich in het oosten verheft, dan over een lang, steil, stenig pad door oud naaldbos naar Kinloch Hourn, aan het uiteinde van Loch Hourn. Dit is Knoydart, een van de meest verlaten schiereilanden van Groot-Brittannië, en wij gaan daar straks de uitgestrekte wildernis in, die bekendstaat als de Rough Bouns. Het is een ontoegankelijk stuk land met een geschiedenis van Vikingen, Kelten, koningen en legers, een gebied van moerassen, bergen en met de geschiedenis mee bewegende grenzen, waar je alleen te voet of per boot kunt komen.

Een oude boot legt aan bij de rotsachtige rand van het loch en een bejaard echtpaar stapt eruit. Ze stallen een picknick uit op een steen als wij voorbijkomen.

'Jullie zien eruit alsof je nog een eind moet lopen, willen jullie een plakje cake?' De oude dame presenteert ons twee stukken vruchtencake op een porseleinen bord, een vreemd moment van beschaving in dit wilde, ruige landschap, en we kunnen niet weigeren.

'Dat zou heerlijk zijn.' Moth heeft zijn rugzak al af en is al gaan zitten voordat ik zelfs maar een antwoord heb geformuleerd en als ik ook eenmaal zit, is hij al diep in gesprek. Ze vertellen dat ze hun halve leven in deze heuvels hebben gewoond, waar de man als drijver werkte die de hertenkuddes over berghellingen opspoorde en dan de perfecte plek zocht waar de jagers (die voor dat voorrecht betaalden) een bok konden schieten. Hij weet veel over de herten en koestert oprechte liefde voor de dieren en de berghellingen waarover zij zwerven. Al luisterend zit ik naar de gebaren van deze kleine, pezige man te kijken, en even is het alsof ik op de boerderij ben waar ik ben opgegroeid en mijn vader vol passie en kennis over het vee dat we daar fokten hoor praten. Even verandert de zachte Schotse stem van de drijver in de stem van mijn vader en kan ik iemand die er al tientallen jaren niet meer is, bijna aanraken. Heel even maar, tot zijn vrouw ons nog een plakje cake aanbiedt en de drijver meer over hun leven in de bergen vertelt, over het boerenbedrijf en de schapen.

'Maar we hebben nauwelijks schapen gezien in de Hooglanden, misschien een paar in het laagland en aan de kust, maar niet in de heuvels. Ik weet nog dat ze er wel waren toen we hier als jongeren kwamen. Waar zijn ze gebleven?'

'Aye, dat is zo, ze waren er wel, maar nu zijn ze weg. Er zijn nu niet genoeg mensen om ze bijeen te drijven, en zeker niet genoeg mensen die dat zouden willen doen. Je kunt geen schapen houden als je ze niet uit de heuvels omlaag kunt krijgen. Aye, de meeste mensen die vroeger het land bewerkten, zijn verdwenen, nu zijn er voornamelijk nog de herten en de toeristen.'

'Denkt u dat u hier altijd zult blijven, ook zonder de schapen?'

'O nee, we wonen niet meer in Knoydart. Ik ben met pensioen en het huis waarin we woonden, tja, het hoorde bij de baan, snap je, dus we moesten eruit toen ik ermee ophield.' Ik zie een schaduw van treurigheid over de drijver heen trekken. 'Nee, we zitten nu kilometers hiervandaan, komen alleen een enkel keertje terug, als het goed weer is.' Ik zie de blik die de twee met elkaar wisselen; ze hoeven niet te zeggen wat ze denken. Ze zijn gescheiden van het land waarvan ze houden en waaraan ze een heel leven hebben gewijd, en er hangt een zwaar verdriet tussen hen in. Een band met het land krijg je niet door eigenaarschap, het is niet iets wat je koopt. Je krijgt het door de tijd die je in de geur van de aarde ondergedompeld was, door het gevoel van de rotsen onder je voeten. Het is een fysieke ervaring, een verstandhouding die ontstaat zonder dat je erover nadenkt of filosofeert. Maar als je die band kwijtraakt, is het alsof er een geliefde sterft.

Het kost me moeite het gevoel van hun bedroefdheid af te schudden als we het pad bij Loch Hourn naar het westen volgen, langs een kustlijn waar de muggen te snijden zijn en wij tussen de keien, miezerige bomen en struiken door zigzaggen, tot het begint te regenen, plotseling en zo fel dat de druppels pijn doen op onze huid. We gooien de tent neer en duiken erin. De avond sleept zich voort terwijl de regen omlaag roffelt; we zetten thee, verschillende keren, ik pluk met het pincet zeven teken uit Moths hoofdhuid en we pletten muggen tegen het tentdoek tot het donker is.

14

Barrisdale Bay is alleen te voet of over zee te bereiken. Misschien is het daarom een van de allermooiste stranden. Een zanderige baai van verkruimelde oesterschelpen met daarachter hoge bergen omarmt het blauw van Loch Hourn verderop. Kennelijk hebben we de Torridonische zandsteen achter ons gelaten en zijn we nu in een gebied van met kwarts dooraderde hellingen waarop het blauwe licht van de lucht en het water reflecteert. Het is eb als we op een platte kei gaan zitten. We zijn nu al drie weken onderweg, maar het lijken drie dagen. Geleidelijk aan geven we ons over aan het leven op het pad, die andere plek, waar de grenzen van de tijd beginnen te vervagen. Het is alsof we alleen aan de heide kunnen zien dat de dagen voorbijgaan. Die was maar een paar centimeter hoog toen we aan de rivier de Ling kampeerden, nu is ze twintig centimeter, maar moet nog weken groeien voor ze volwassen is. Ik strijk met mijn hand langs onbekende bloemen met blauwe, grasklokjeachtige bloemblaadjes aan een lange steel, die omhoogkomt uit de stervorm van een vetplant, en onze plannen worden als licht op water: vloeibaar, voort geblazen op de wind. Eigenlijk zouden we de vele kilometers landinwaarts naar Sourlies Bothy lopen, om onszelf ten minste de kans te geven in Fort William aan te komen voordat de rantsoenen helemaal opraken, maar dat idee laten we nu varen: we geven ons over aan het lot en waar dat ons ook maar brengen zal. We zitten nog liever zonder eten dan dat we deze rots verlaten; de wilde kracht van deze plek houdt ons vast.

Twee wandelaars komen in zicht als zwarte stippen, maar

groeien al gauw uit tot snel lopende backpackers. Ze blijven even staan om Moths onvermijdelijke vraag te beantwoorden.

'Hallo, doen jullie de Cape Wrath Trail?'

'Ja, naar het noorden. We kunnen niet blijven staan, we hebben maar twee weken om de route van begin tot einde te volbrengen.'

'Wauw, fantastisch. Dat zijn een hoop kilometers per dag.'

'Ja, tussen de veertig en vijftig. Misschien raken we iets voor op ons schema als we niet stilhouden.' Ze verdwijnen, opgenomen door het landschap.

Een paar uur later is de vloed helemaal opgekomen. Moth springt van de rots en zwemt weg, drijvend in de stroopgladde zee, ondersteund door extra zout water, zo gemakkelijk en gewichtloos als een blad dat over het oppervlak glijdt. Tijd heeft geen betekenis hier, alleen de zee, de rots en het licht dat over de berghelling strijkt, zijn er. We zouden hier wel willen blijven, de tent willen opzetten en pas weggaan als er geen sliertje noedel meer in de etenszak zit, maar dat kan niet. Het recht op wildkamperen mag dan vastgelegd zijn in de Land Reform Act, de eigenaar van dit land heeft iemand in dienst om alle kampeerders naar de camping te dirigeren. Blijkbaar bederft de aanblik van tenten op de kustlijn het uitzicht vanuit het grote huis.

In de baai verdreef de zeebries de muggen, maar nu hebben die zich met zijn allen op de camping verzameld, waar ze in wolken muggenmist dansen. Moth is bezig de tent vast te zetten en ik ben druk met het reanimeren van de matrasjes, als er drie wandelaars om ons heen komen zitten.

'En, waar zijn jullie vandaan gekomen? Hebben jullie je auto in Kinloch Hourn geparkeerd?'

'Nee. Jullie?' Moth gaat bij hen zitten.

'Nee, wij doen LEJOG. We zijn apart begonnen, maar kwamen elkaar onderweg tegen en nu maken we het samen af.' Het is een onwaarschijnlijk gezelschap om samen van Land's End naar John O'Groats te lopen, een epische wandeltocht van bijna vijftienhonderd kilometer. Een man, die tegen de zestig loopt, masseert zijn voeten, hij ziet er moe uit maar nog steeds fitter dan de meeste dertigers. Een jonge vrouw van rond de dertig ziet eruit alsof ze wel door had kunnen lopen, als ze maar niet haar schoenen uit had getrokken; en een veel jongere man met een baard die verrast lijkt dat hij naar buiten heeft weten te groeien, draagt een hawaïshirt en zijn gezicht is even verbrand door de zon als de onze.

'Wij doen de Cape Wrath Trail, zuidwaarts naar Fort William – nou ja, dat hopen we, als het eten onderweg niet opraakt. Jullie moeten wel in april uit Cornwall vertrokken zijn, om nu al zo ver noordelijk te zitten. Het zal wel koud geweest zijn met al die vorst?'

'Jullie kunnen het beste over Inverie gaan, daar zou een winkel moeten zijn. Het was echt ijskoud toen ik vertrok en nu is het zo warm, wat een contrast. Hoe weet je dat het daar zo koud was, kennen jullie Cornwall?' De vrouw ziet er niet uit alsof ze het ooit koud of warm heeft of verbrand raakt. Ze oogt volkomen onverschrokken, als iemand die alles aankan.

'Wij wonen daar. Dus jullie hebben dat hele eind in een paar weken gelopen? Hoe doe je dat? Loop je elke dag een marathon?'

'Ja, zo'n beetje, tussen de vijfendertig en vijftig kilometer per dag. Best vermoeiend, maar te doen als je gewoon doorloopt. Maar we vertrekken wel elke morgen al om vier uur en we eten altijd dit, daar hebben we een grote zak van en het raakt nooit op.' Ze laat me een zak zien met een mengsel van voornamelijk gedroogde granen en rijst. 'Ja, we hebben niet eens een brander bij ons, dus superlichtgewicht, we weken dit gewoon elke avond in koud water, alle voedingsstoffen die we nodig hebben zitten erin, heel efficiënt.'

Ik herinner me onze dagen zonder thee toen de brander stuk was en bedenk dat ik maar al te graag het extra gewicht van de brander en een pan wil dragen.

We vluchten voor de muggen naar de kleine bothy, waar we wandelverhalen uitwisselen; allemaal willen we graag onze ervaringen delen. De man, die nog steeds zijn voeten zit te masseren, heeft een theorie.

'Er gebeurt iets bijzonders als je een langeafstandspad loopt. Volgens mij vind je dan een eerlijkheid die je in het gewone leven niet ziet. Het lopen verenigt de wandelaars in een soort door het pad opgewekte euforie, die je een bepaalde openheid geeft, terwijl wij normaal zo gesloten zijn. Volgens mij komt daar padmagie vandaan.'

Padmagie is de prachtige theorie die zegt dat als je op het pad hulp nodig hebt, die als bij toverslag ergens vandaan zal komen; of dat je op zijn minst iets zult ervaren wat je ontzag en dankbaarheid inboezemt. Ik beloof mezelf dat ik straks zal gaan slapen met de hoop op de komst van meer voedsel en de schoenen die ik in het toeristeninformatiebureau in Fort William heb achtergelaten en oefen vast de dankbaarheid die ik dan zal voelen.

De vrouw knikt enthousiast en instemmend. 'Ik heb net een boek gelezen, als jullie uit Cornwall komen, moet je dat echt lezen. Het heet *Het zoutpad*. Dat boek verandert je kijk op wandelen, als je het gelezen hebt, geloof je in padmagie.'

Ik koester me in de warme gloed van gemeenschappelijke ervaringen, enigszins onder de indruk van deze geweldige atleten en hun vermogen elke dag zoveel kilometers te lopen en dan 's avonds nog steeds te kunnen lachen, maar Moth heeft blijkbaar last van door het pad opgewekte eerlijkheid.

'Nou, nu je het zegt, ik ken de vrouw die dat geschreven heeft...'

Om vier uur 's nachts schrik ik wakker van een hand die onder de flap van de tent door komt. Ik ben nog half in slaap, in de war en een beetje bang, maar terwijl de hand chocoladerepen en een pakje Haribo in de pan legt, kan ik in het licht van de dageraad net het silhouet van de oudere man onderscheiden. Hij legt zijn vinger tegen zijn lippen en fluistert:

'Sst, padmagie.'

'Ik heb zo'n honger, zal ik theewater opzetten?' Ik ben weer in slaap gevallen na de hand onder de flap, het is zeven uur, onze sportieve vrienden zijn waarschijnlijk al voorbij Kinloch Hourn, en Moth is uit zichzelf wakker geworden. Hij komt zijn slaapzak uit, hurkt in de tentopening, steekt de brander aan en doet water in de pan zonder te morsen. Ik kijk naar zijn handen terwijl hij een zakje suiker openscheurt en een theezakje in een kop hangt. Hij houdt de lepel in zijn hand, die schudt nog steeds heen en weer door de tremor, maar komt wel in de mok terecht en roert in de thee. Voordat we uit Cornwall vertrokken, zou bij diezelfde bewegingen het water op de grond en de suiker overal behalve in de mok terechtgekomen zijn.

'Hoe gaat het met je handen vanmorgen?'

'Goed, hoezo?'

'Ik vroeg het me gewoon af, je hebt al een paar dagen niet gezegd dat ze pijn deden.'

Moth kijkt naar zijn handen, draait ze om. Alleen een lichte trilling. 'Ze zijn niet zo pijnlijk als ze waren, in ieder geval niet pijnlijk genoeg om erover te klagen.'

'En de rest? Je hebt ook al een tijdje niet meer over duizeligheid geklaagd.'

'Nee, die is ook minder erg nu. Ze is er nog wel, op de achtergrond, maar niet zo erg dat ik moet gaan liggen.'

Ik kijk toe hoe hij bij zijn thee de laatst overgebleven koekjes verorbert, gevolgd door een mueslireep, en probeer mezelf niet te veel optimisme toe te staan. Als ik wetenschapper was, zou ik dit met logica benaderen en zeggen dat iedereen honger zou hebben na kilometers lopen met een beperkte voedselvoorraad en dat de duizeligheid iets te maken kon hebben met de bloeddruk, iets wat is gecorrigeerd door de lichaamsbeweging.

'Ik vroeg me af of we moeten doen wat Ian voorstelde en over de bealach naar Inverie moeten gaan, daar schijnt een winkel te zijn. Maar dan zijn we misschien wel een paar dagen langer onderweg. Wat vind jij?'

'Absoluut, goed idee, doen we.'

We pakken de tent in, terwijl ik 'beslissingen nemen' toevoeg aan de lijst van dingen die bij Moth veranderd zijn. In het nevelige licht vol ochtendmuggen zou ik kunnen proberen deze kleine veranderingen met wetenschappelijke logica te beredeneren. Maar als hij het bandje waarmee de tentharingen tegen de zijkant van zijn rugzak zitten, vastmaakt en dan de mijne optilt, zodat ik mijn armen door de banden kan steken, heb ik even geen wetenschappelijke logica nodig. Even kan ik het gewoon aanvaarden als padmagie.

15

Op onze klim over de steile bealach blijven we staan om nog één keer om te kijken naar Barrisdale en dan stoppen we het witte oesterschelpenstrand en de blauw licht reflecterende berg in het speciale vakje van ons geheugen dat gereserveerd is voor schatten die nooit kwijt mogen raken, voordat we naar het westen afbuigen en koers zetten naar de kust.

De wind neemt af, het wordt warmer en onze huid verstrakt tot roze leer. Hooglandkoeien staan tot hun dijen in een spiegelglad meer en merken ons nauwelijks op als we door de zware muggenlucht voorbijkomen. De zon klimt hoger aan de hemel, maar het pad slingert zich omlaag naar schaduwrijk bos en de oevers van Loch Nevis. Het loch danst en beweegt in het zonlicht en vervormt het uitzicht over de baai naar de landtong van North Morar. Uiteindelijk duikt uit het hittewaas een groepje lage witte huizen op met een kleine winkel, een pub en een schuur waar mensen komen om een praatje met elkaar te maken, tenminste volgens een mededelingenbord en (te oordelen naar het aantal flessenbakken ernaast) ook om veel te drinken. Inverie.

Op een grasveldje bij de pub staat een rij dekstoelen met uitzicht op zee. We zetten de rugzakken neer en gaan er zitten. Deze plek lijkt nu al een zeldzaamheid. Een kleine gemeenschap aan de rand van het water, afgesneden van de moderne wereld, met een weg die nergens naartoe gaat en alleen de veerboot naar Mallaig die dit verborgen plekje met de buitenwereld verbindt. Maar dit gehuchtje doet niet misplaatst aan in het wilde landschap, het is alsof de heuvels zich om de huizen heen vouwen, alsof die daar horen. Wanneer de zon begint te zakken en de lichttinten verzachten, voelt het al als een voorrecht om hier te zijn. Ik ontspan me in de stoel onder de warmte van de vroege avond en voel alleen maar dankbaarheid dat we op deze plek zijn, in een soort paradijs. Met mijn ogen dicht tegen het licht, drijf ik weg op het geluid van de scholeksters die laag over het water scheren en het gekabbel van water tegen een steiger en begrijp dat de rotsklimmer gelijk had. We hebben ons opengesteld voor hoop en die spoelt nu over me heen als de vloed over het strand. Misschien verdwijnt hij weer wanneer het eb wordt, maar voor nu kalmeert het opkomende tij van mogelijkheid me tot in het diepst van mijn ziel.

In de pub vragen we de weg naar de camping.

'Jullie kunnen niet gaan kamperen vanavond, de muggen worden echt heel erg. Blijf hier logeren, er is een kamer vrij.'

We geloven hem op zijn woord en gaan naar zijn omgebouwde schuur. Die doet meer denken aan een Afrikaanse jachthut, met trofeeën van dierenkoppen aan de muren en een opgezette zebra voor de deur van onze kamer.

Ik ben net bezig onze stinkende kleren in een wasmachine te doen als er twee mannen binnenkomen. Kennelijk denken ze dat ze alleen zijn. Een kleine man met donker haar is druk in gesprek op zijn mobiele telefoon, terwijl de grotere met lang haar hem briefjes voorhoudt, zodat hij die kan lezen.

'Het MOD-doelwit is hier en we komen steeds dichter bij hem, we maken nu het subsonische communicatiepakket klaar.'

Heel even, terwijl ik zweterige T-shirts in de wasmachine stop, vraag ik me af of ik soms in slaap gesukkeld ben en nu droom; of misschien zijn we op de set van een spionagefilm beland? Ze gaan hun kamer binnen en ik loop terug naar de onze.

'Moth, hoorde je dat? Waar ging dat in hemelsnaam over?'

'Ja. Het klonk alsof ze op zoek zijn naar iemand aan wie ze iets willen verkopen.'

Ze gaan weg en wij volgen ze, op een afstandje, tot zij de pub in gaan naar een gereserveerde tafel en wij in de dekstoelen thee gaan drinken. Moth trekt zijn laarzen uit en ik pluk een enorme teek uit zijn been.

'Ian had gelijk, dit is bijna de volmaakte plek om de reis te eindigen. Het is echt de Sheigra Trail geworden, spiritueler dan de Cape Wrath Trail met zijn voortstampende ego's.' Op ons pad ging het niet om het afleggen van kilometers en bijhouden van snelheden, onze enige ambitie was blijkbaar om elk moment in ons op te nemen en uitzichten te verzamelen. Ik zou nu inderdaad kunnen stoppen, dagenlang dit uitzicht indrinken en mijn laarzen in de vuilnisbak bij de haven gooien.

'Ik weet wat je bedoelt, maar we zijn nu al zo ver, het zou goed zijn om het echt af te maken. Er is nauwelijks iets eetbaars in de winkel te koop, maar misschien kunnen we de veerboot naar Mallaig nemen, daar eten inslaan en dan terugkomen om het af te maken. Nog maar drie dagen lopen van hier en we zijn in Fort William.'

Ik kijk toe terwijl Moth zijn sok weer aantrekt en de schoenveters vastmaakt. Is hij werkelijk degene die zegt: 'Laten we doorgaan'? Ben ik getuige van een verandering? Of is de met ego's bezaaide Cape Wrath Trail in zijn lijf gaan zitten en heeft hij heimelijk een afstands- en tijdstabel in zijn notitieboek?

'Zullen we de pub in gaan, voordat we levend worden opgegeten door de muggen en een bord friet bestellen of iets anders dat geen gedroogd voedsel is?'

'Ja, laten we gaan kijken wat de spionnen in hun schild voeren.'

De enige vrije tafel staat vlak naast hen. Ze blijken uiteindelijk helemaal geen spionnen, maar beurshandelaren, die het over het klimaat hebben.

'...het hele idee van een groene toekomst is onzin. We weten allemaal dat er nooit een beleid komt alleen maar omdat dat het juiste is om te doen. De politiek volgt het geld, niet andersom. Wij sluiten de deals, dan doen regeringen naar buiten toe alsof ze een groene agenda hebben, maar alleen als ze zeker weten dat er geld aan te verdienen valt. Dus ik zeg je: we moeten onze voet tussen de deur krijgen bij waterstof, kies het juiste bedrijf en je zou weleens op het juiste moment op de juiste plek kunnen zijn. Ik bedoel: kijk hoe we hebben gecasht met de CO_2-handel.'

Ik voel woede opkomen om wat ze zeggen. De laatst overgebleven koekoeken die naar deze eenzame uithoeken van het land trekken, kunnen niet wachten tot 'de politiek het geld volgt' voordat ze gered worden. Dit is hun Duinkerken en er komen geen kleine boten om hen te redden. Bij het idee dat een naderende crisis voor vogels en mensen geen prioriteit is maar gewoon handelswaar, ga ik onrustig zitten te draaien op mijn stoel. Maar ik kijk Moth aan en zie zijn blik die zegt: Hou je erbuiten, dus haal ik diep adem en zeg niets. Ik ben niet zo naïef om te denken dat het níét zo werkt in de economie of bij de kijk van regeringen op de klimaatcrisis, maar ik ben nog wel activist genoeg om te geloven dat deze crisis niet alleen op de beursvloer opgelost kan worden. Voor echte verandering moet de hele mensheid het eens worden, moeten gewone mensen aanvaarden dat het bij deze crisis om ons voortbestaan gaat, voor ons net zo goed als voor de koekoek. De klimaatcrisis is niet op te lossen met CO_2-compensatie – niets anders dan cijfers rondschuiven over het CO_2-schaakbord en vervuilers toestaan door te gaan met vervuilen – of door regeringen die hun groene agenda niet uitvoeren omdat de juiste deal niet is gesloten. Die tijd is voorbij. Het is nu tijd dat we van onze kasboeken opkijken en zien wat er buiten het raam gebeurt. De koekoeken kunnen niet langer wachten. Hoelang nog, vraag ik me af, voordat wij zelf de koekoeken worden?

Blijkbaar hebben de handelaren het doelwit in zicht, ze zijn nu diep in gesprek met een man aan het volgende tafeltje, die hun vertelt dat hij ex-RAF-piloot is, lid van de plaatselijke bergreddingsbrigade en ook erfgenaam van een groot stuk Schotland.

'O, echt? Wij zijn ex-luchtmacht.' Ze hebben duidelijk hun

MOD-doelwit gevonden. 'Interessant dat je in de bergreddingsbrigade zit. Hoe navigeer je het liefst?' De langharige handelaar is volkomen kalm. Gewoon zomaar een gesprek.

'Met kaart en kompas, altijd. Technologie kan je in het veld altijd in de steek laten.'

Kennelijk wordt er op de bergredder gejaagd als op de zebra in het bijgebouw, mogelijk als potentiële en zeer lucratieve investeerder. De langharige handelaar zet zijn glas neer. 'Ik ben een tijdje geleden technologie tegengekomen die superbetrouwbaar is en menselijke fouten uitsluit, het wordt subsonische communicatie genoemd...'

We laten ze hun pakket afleveren, wat dat dan ook mag zijn, en gaan terug naar het bijgebouw.

Aan het eind van de middag komen we met de laatste veerboot terug uit Mallaig, met een tas vol etenswaren en blarenpleisters. Vanuit het westen zijn wolken komen aandrijven, die de bergen aan het gezicht onttrekken en het dorp in grijze motregen hullen. Inverie ziet er heel anders uit in het grijze licht, verlatener, meer duidelijk afhankelijk van de veerboot. Op de boot vertelt een bewoonster dat de pub te koop staat als gevolg van een ruzie tussen de plaatselijke bewoners, die hem als dorpspub willen gebruiken, en de eigenaar, die zijn brood verdient met de tafels waaraan toeristen grif geld uitgeven voor hun maaltijden.

'Mensen van buiten zijn het probleem. Ze komen naar het dorp en voor je het weet, is de oude manier van doen verdwenen.'

Ik probeer te luisteren naar wat ze over de buitenstaanders zegt, maar even is het alsof ze ophoudt met praten en gewoon wegdrijft in de mist. Heel even weet ik niet of ik in een souvenirwinkel het betoog voor Schotse onafhankelijkheid hoor of op een camping zit te luisteren naar de mening van een vrachtwagenchauffeur over de Brexit. Misschien is het gebouwtje met de flessenbakken ernaast niet echt een teken van een hechte gemeenschap die bijeenkomt, maar juist van het tegenovergestelde: een gemeenschap die uiteenvalt. We laten Inverie achter ons met het sterke gevoel dat het weleens een dwarsdoorsnede in het klein van de rest van Groot-Brittannië zou kunnen zijn.

16

De mist trekt voor een tijdje op, maar keert al snel terug, kruipt over de top van de Munro, Meall Buidhe, glijdt omlaag langs de hellingen en blijft als natte witte lucht rond de tent hangen. Het wordt langzaam donker en de steeds dichtere mist dempt elk geluid. Maar hoe langer we niets horen, hoe meer we beginnen te horen. Het zwakke borrelen van water net onder het oppervlak van het veen, een enkele hogere toon als het uitloopt over de rotsen, dan iets lagers, dierlijkers. Herten. Ze zijn ergens vlakbij, ingesloten door de mist, en roepen elkaar met rustige, zangerige kreten. En die vogel, de onbekende vogel, met de lange, enkele toon van zijn avondroep. En Moth, die niet kan slapen.

'Dit doet me denken aan de mist in de boomgaard begin mei. Niet te geloven dat het al juni is. Voor je het weet, zijn we terug, liggen de Rough Bounds achter ons en is dit allemaal voorbij, alleen nog een herinnering.'

Ik luister naar het roepen van de vogel, verder weg nu.

'Wil je dat het dat is, alleen een herinnering?'

'Nee.'

We doen nauwelijks een oog dicht en breken het kamp op zodra het licht wordt, gaan bij zonsopkomst de bealach over en drinken thee op het zand aan het uiteinde van Loch Nevis, in de stenen beschutting van Sourlies Bothy. Laaghangende grijze wolken onttrekken de bergen aan het gezicht, maar het lijkt of er een bleek licht uit het loch opstijgt, als we het de rug toekeren en de heuvels in gaan op een tijdstip waarop we normaal nog liggen te slapen. De mist zakt omlaag en wordt dikker, smoort elk gesprek omdat hij ons dwingt onze ogen op het vage pad gericht te houden uit angst dat we het kwijtraken, terwijl we door Glen Dessary lopen, dan naar het zuiden tot mistgrijs mistdonker wordt en we de tent aan de rand van een bosaanplant opzetten.

In Glenfinnan kun je over de hoofden van de toeristen lopen. Toeristen in auto's en bussen, op fietsen, motoren, en wij te voet. Een plek waar de Schotse geschiedenis pal naast het Schotse heden ligt. De plek waar Bonnie Prince Charlie zijn vlag hees aan de kust van het loch en de Jakobitische Opstand van 1745 begon. Al denken sommige mensen dat de vlag in werkelijkheid hoger op de helling werd gehesen, met uitzicht op het spoorwegviaduct waarover Harry Potter in de Zweinsteinexpress reed, en niet bij de oever van Loch Shiel, waar het monument staat. Via deze glen kwam Charlie terug, op de vlucht voor de Engelse soldaten, nadat zijn aanspraak op de troon was uitgelopen op een ramp waarbij duizenden leden van zijn clan de dood vonden en hun cultuur te gronde ging. Hij maakte dat hij snel in Italië kwam, om nooit meer terug te keren. Als hij nu hier zou zijn, zou hij zich waarschijnlijk vermommen met een tovenaarshoed, op een stoomtrein springen en doen alsof die hele opstand nooit heeft plaatsgevonden. Hij zou waarschijnlijk heel wat makkelijker ontkomen zijn, want blijkbaar is dat wat de meeste toeristen hier doen: ze lopen voorbij het monument dat een belangrijk keerpunt in de Schotse geschiedenis herdenkt en gaan meteen door naar het verhaal van een fictieve tovenaar.

Scholeksters scheren laag over de duisternis van Loch Linnhe, glinsterend in de zilveren splinters maanlicht op het kabbelende water. We zijn stil, er valt niet veel te zeggen. Een laatste loch om langs te lopen voordat we bij de veerboot naar Fort William komen en onze Sheigra Trail voorbij is. Op een of andere manier hebben we door de meest verlaten wildernis van het land gelopen, geleefd tussen herten, arenden en die ergerlijke vogels die de hele nacht die ene roep laten horen, en ondertussen hebben we kapotte voeten, een hersenschudding en honger overleefd. Liggend onder de slaapzak, als zelfs de mysterievogel stil wordt, val ik langzaam in slaap met het gevoel dat ik in mezelf een plek heb gevonden die ik voorheen nog niet helemaal in bezit had genomen. Een lege ruimte waarvoor ik niet met kilometers en tijden heb gevochten, maar die simpelweg is gegroeid terwijl we met de herten voor de regen schuilden of over dezelfde hellingen gingen als de arenden. Een plek binnen in me die altijd wild, leeg en vrij zal zijn.

Toch is er één ding dat nog steeds ontbreekt, dat ene waarop ik het meest had gehoopt; dat ene waarvoor ik Moth in gevaar heb gebracht, is maar gedeeltelijk gekomen. Zijn gezondheid is in veel opzichten verbeterd, maar de totale, overweldigende ommekeer van zijn symptomen die we op het South West Coast Path zagen, heeft niet plaatsgevonden. Zoals de klimmer in Sheigra zei, hebben we ons 'opengesteld voor hoop', maar misschien zijn hoop en kilometers niet meer genoeg. Misschien heeft Moth al die tijd gelijk gehad, misschien moeten we eindelijk accepteren dat deze ziekte niet helemaal te verslaan is. Misschien moet ík dat eindelijk accepteren.

Als we naar het noorden waren gelopen, zou onze Cape Wrath Trail geëindigd zijn bij een lichtbaken op de stormachtige noordwestelijke hoek van Groot-Brittannië. Maar we zijn naar het zuiden gelopen, en zo eindigt ons pad met een tochtje per veerboot over Loch Linnhe en een wandeling naar het centrum van Fort William. Er blijkt geen markering te zijn voor het begin van de Cape Wrath en daardoor vinden we geen officiële plek om ons pad te beëindigen. We gaan gewoon op een bank zitten en eten samen de rest van een pakje volkorenkoekjes op, naast een stel dat elkaar op de bank fotografeert. Als de foto's gemaakt zijn, pakken ze hun rugzakken en vertrekken, zodat wij alleen op de bank achterblijven. Nu zij ons het uitzicht niet meer benemen, blijkt dat wat wij aanzagen voor iemand naast hen op de bank, in werkelijkheid een standbeeld is van een man die met een been gekruist over het andere zit, en over zijn voet wrijft. Moth staat op en gaat ernaast zitten.

'Wauw, dat had ik niet gezien, toen we hier eerder waren. Dit is het eindpunt van de West Highland Way. Hier gingen al die wandelaars waarschijnlijk naartoe toen ze ons in het café voorbijliepen.' Hij doet zijn ene schoen uit, neemt dezelfde houding aan en ik maak een foto.

'De West Highland Way?'

'Ja, die eindigt hier.' Hij trekt zijn schoen weer aan en maakt langzaam, systematisch, de veters vast.

'Die eindigt hier?'

Hij kijkt me aan met een veranderende uitdrukking, een blik die ik vele keren over zijn gezicht heb zien glijden in de veertig jaar dat we samen zijn. Maar niet een blik die ik hier had verwacht te zien, niet nu, niet terwijl hij zo zeker weet dat hij die laatste bocht in zicht heeft. 'Of begint.'

Ik trek voor een laatste keer de enorme zwarte laarzen uit en zet ze naast de bank neer. Het leer is nauwelijks van vorm veranderd, er is vrijwel geen spoor te zien van de meer dan driehonderd kilometer rotsig, moerassig terrein, of van mijn voeten die er al die kilometers in hebben gezeten. Ik pel de sokken van de blarenpleisters en gooi ze in de vuilnisbak, gevolgd door de pleisters. Mijn voeten zijn op sommige plaatsen gezwollen en misvormd, op andere plekken rauw. De huid heeft een ander aanzien gekregen na zoveel tijd onder de pleisters, alsof de bovenlaag omhoog is gekomen als een sponzige, vlezige sok, los van het bot en de spieren eronder. En in mijn grote teen zit totaal geen gevoel.

'Ik ga deze naar Cornwall opsturen. Ik wilde ze eigenlijk in de vuilnisbak stoppen, maar ik denk dat ik ze houd, gewoon om mezelf eraan te herinneren nooit meer zo stom te doen. En ik heb geen zin om ze te dragen als we de trein nemen.'

'Daar heb ik over zitten denken.'

'Wat? Vind je dan dat we Tom moeten bellen?'

'Nee.'

'Wat dan?'

Weer die blik. Ik weet wat hij denkt. Hij kijkt me recht aan, met vaste blik, diezelfde blauwe ogen die mij vier decennia geleden naar hem toe trokken. Hij weet dat ik het weet.

'Het is dit gebied, ik dacht dat ik mijn liefde ervoor kwijt was, na al die jaren dat ik er niet meer was geweest, maar dat is niet zo, ik voel het nog even sterk als altijd. En mijn lichaam verandert, je hebt het gezien, ik hoef het niet uit te leggen.'

Terwijl hij dat zegt, kijk ik omlaag naar mijn blote voeten op het betonnen pad; ze zijn rauw en pijnlijk en het kan weken duren voor ze genezen zijn, maar als hij doorpraat, doet een elektrische stroom van opwinding de haren op mijn armen overeind staan.

'Ik ben nog niet klaar om te stoppen. Wat denk je van de West Highland Way? Het is honderdvierenvijftig kilometer, tien dagen, hooguit. Ik weet zeker dat Tom het niet erg vindt om Monty nog een week of twee te houden. En misschien, gewoon nog wat meer kilometers... nou, wie weet wat er kan gebeuren.'

Ik trek de plastic sandalen aan en kijk naar de man die omviel in het gras van een boomgaard, naar de man die klaar was om te stoppen, naar zijn gezicht dat oplicht in hoop, als hij zijn rugzak oppakt en de straat af loopt, weg van die laatste bocht.

De West Highland Way

Van Fort William naar Milngavie

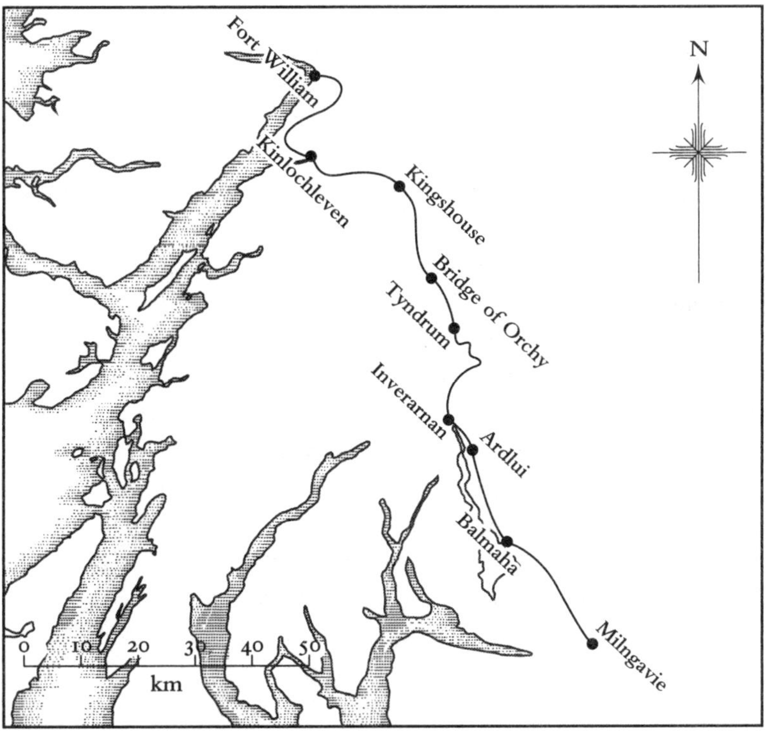

17

De tijd gaat gemakkelijk voorbij in Fort William. Voor je het weet, ben je in het café van de outdoorwinkel een uur kwijt aan kaarten lezen en eindeloos theedrinken; tijd verdwijnt in het bioscoopje met het kijken naar op de muur geprojecteerde zwart-witbeelden over het Hooglandleven van een eeuw geleden; en de avond verglijdt rustig, ondanks pijnlijke grimassen en geklaag, met mijn voeten in een teiltje zout water.

Als we de volgende morgen uit het stadje weggaan, lopen we langzaam door de hoofdstraat, langs een bruiloftsgezelschap dat de paraplu's opbergt na een bui, en blijven staan bij een winkel met grote fietsen in de etalage, zoals we er zoveel hebben zien rijden over de bealachs van de wildernis. Moth beëindigt een gesprek met Dave en stopt zijn telefoon in zijn zak.

'Wauw, moet je zien wat een ongelooflijke fietsen. Misschien hadden we moeten overwegen om te gaan fietsen in plaats van lopen.' Moth heeft zijn rijbewijs pas gehaald toen hij al bijna dertig was. Ook toen al, zoveel jaren geleden, was hij ervan overtuigd dat auto's schadelijk waren voor het milieu en ging hij overal op de fiets naartoe; pas twee dagen voor de geboorte van Tom haalde hij zijn rijbewijs. 'Laten we naar binnen gaan om te kijken.'

Moth loopt de winkel rond en blijft staan om de handvatten van een zilverkleurige fiets die in de uitverkoop is te strelen. 'Wat een fantastische fietsen. We hadden het er net over: we gaan de West Highland Way lopen, misschien kunnen we die beter fietsen.'

Een kleine, gedrongen vrouw met een mutsje op lijkt ons aan

te kijken met de bekende 'op jullie leeftijd?'-uitdrukking. Maar als ze begint te praten, klinkt het alsof ze uit ervaring spreekt en bij nader inzien is ze zelf ook niet meer zo jong. 'De Way moet je niet fietsen. Op sommige stukken zou het wel gaan, maar als je helemaal door wilt naar Milngavie, krijg je het stuk langs Loch Lomond, en geloof mij maar, daar wil je echt niet met je fiets overheen. Trouwens, het is een mooie wandeling. Maar wil je toch met de fiets gaan: we hebben er alles voor hier.'

'Is fietsen hier populair dan?'

'Meer dan dat. Mensen hier hebben een grote liefde voor het landschap, het zit in ons DNA. Als je hier opgroeit, zitten de bergen in elke ademtocht, zelfs al ben je niet buiten op pad, het maakt toch deel uit van wie je bent. De wildernis, de natuur, ze zijn van ons, ze zijn ons. Dat is wat wij verkopen. Een snellere manier om de bergen in te komen dan te voet, en voor jongeren voedt het hun behoefte aan opwinding en wat adrenaline. Mensen klagen over de mountainbikers in de heuvels en zeggen dan dat die daar niet thuishoren, maar ze houden wel van ons land, voelen er wel een band mee, dus wat maakt het uit hoe ze dat doen? Je moet ervan houden voordat je ervoor kunt vechten, toch? Zij zijn de toekomst van de Hooglanden, ik verkoop ze alle fietsen die ze willen hebben.'

'We zouden fietstassen nodig hebben voor onze spullen.' Moth is naar een groene tweedehandsfiets in de hoek gelopen, die al helemaal is opgetuigd voor een trektocht.

'Fietstassen hebben we ook.'

Vroeg in de middag staan we op een helling aan de andere kant van de glen naar de brede flank van Ben Nevis, voordat we aan de West Highland Way naar het zuiden beginnen. Mijn voeten zijn verpakt in pleistersloffen binnen in schoenen die zo oud en afgedragen zijn dat ze aanvoelen als pantoffels; onze rugzakken zijn veel lichter nu we niet zoveel eten hoeven mee te dragen. We zijn er helemaal klaar voor.

We komen meteen al veel meer mensen tegen op dit pad, van wie velen het eind van hun tocht van zuid naar noord in zicht hebben. Weer lijkt het wel alsof wij de enigen zijn die de andere kant op lopen.

'Weet je, nu ik erover nadenk, we hebben niemand ontmoet die de Cape Wrath Trail naar het zuiden liep, ze gingen allemaal naar het noorden.'

'Vreemd, ik ben benieuwd of dat hier ook zo is.'

'Nou, het is ook zo ver, misschien zijn wij de enigen die tegen de stroom in gaan.'

Dit is een ander landschap, zachter, minder ruig, minder verlaten. We hebben de hoge bergen achter ons gelaten, we zijn nu in een ander Schotland, op een heel ander soort pad, waarover een heel ander soort wandelaar loopt.

De West Highland Way werd in oktober 1980 geopend. Twee weken later keek ik naar de overkant van een schoolkantine en zag een jonge man die een chocoladereep in een mok thee doopte. Ik wist wel dat er iets belangrijks was gebeurd op die woensdagmorgen, ik dacht wel dat ik zojuist de man had gezien met wie ik de rest van mijn leven zou doorbrengen, maar ik kon niet weten dat een van onze eerste gesprekken zou gaan over hoe leuk het zou zijn om het eerste langeafstandspad van Schotland te lopen. Of dat deze nieuwe, broze relatie even lang zou blijven bestaan als de West Highland Way. Of dat onze tijd samen even wild, veranderlijk en volkomen adembenemend zou worden als dit pad. Of dat het veertig jaar zou duren voordat we het eindelijk zouden gaan lopen en de kaart waarnaar we zo vaak gekeken hadden, zich eindelijk zou vertalen in een landschap dat ik begreep. Dit pad was al eeuwen in gebruik voordat de wandelaars van Schotland het een naam gaven. Anders dan de Cape Wrath Trail, die voor een groot deel bestaat uit door jagers en landarbeiders gebruikte paden, loopt de West Highland Way langs de oude veedrijversroutes waarover kuddes naar de markten in het zuiden werden gedreven, lang voordat er transport over de weg bestond, en over oude militaire wegen die waren aangelegd om de opstandige jakobieten in bedwang te houden. Zo is dit een pad geworden dat nauw met de Schotse geschiedenis verbonden is, een levende verbinding met de manier waarop de mens hier al jaren leeft en het land gebruikt, van veedrijvers en rebellen tot wandelaars; onze voeten lopen over dezelfde grond, trekken dezelfde lijnen over deze aarde.

Na het veen en de heide van het noorden is het op dit stevige, veelbelopen pad alsof we op een verharde weg lopen. De bergen zijn lager, het weer is zachter, de kilometers zijn gemakkelijker te overbruggen en alles bij elkaar levert het het sterke gevoel op dat we zuidwaarts richting de lage landen gaan. Maar daarmee groeit ook de afstand die we al hebben afgelegd, alsof we een lijn door de Hooglanden hebben getrokken, die ons met zijn lengte volgt als een gewichtloze ballon van weten. De wilde kilometers staan in ons gegrift en ik voel hun verlatenheid vlak achter me, steeds duidelijker, vaster omlijnd en kostbaarder naarmate ze kleiner worden in de verte.

De hele weg door de wijde, open glen van Lairig Mor regent het gestaag, Moths eerdere energie is afgenomen met het licht en we zetten de tent op naast de ruïne van een huis in de stenige hei boven het pad. Ik kook water terwijl ik naar een ooi kijk die zo te zien haar lam kwijt is en onder het grazen telkens haar kop opheft om het te roepen. Af en toe komt er een zwak antwoord meegedreven met de wind, maar waarvandaan is moeilijk te zeggen. In het noorden hebben we nauwelijks schapen gezien, alleen een paar rond de loch-oevers, de bergen waren het domein van de herten. Ik kijk naar de hellingen om me heen, maar er zijn nergens herten te bekennen. De ooi staat nog steeds op een uitstekende rots haar lam te roepen, als we de rits van de tent dichttrekken om de regen buiten te sluiten.

In de nacht word ik wakker van het geluid van Moth die met zijn slaapzak worstelt.

'Verdomme, ik heb de rits stukgemaakt, shit.' De rits barstte open toen hij zich omdraaide, waardoor de tanden uit elkaar getrokken werden.

'Je zult hem als dekbed moeten gebruiken.' Hij ritst hem helemaal open en legt hem over zich heen als een deken, maar die is te klein om hem helemaal te bedekken en daarom ruilen we en wikkel ik de kapotte slaapzak om me heen. De slaap wil niet komen. Ik lig klaarwakker te luisteren naar Moths rustige ademhaling, de wind en de zwakke antwoorden van het lam, die luider worden naarmate het langzaam dichter bij zijn moeder komt.

In het grijze ochtendlicht pakken we de tent in en maken ons klaar voor de wandeling naar Kinlochleven. Het regent gestaag als we langs de vlakbij grazende ooi lopen; ze blaat niet meer, maar haar lam is nergens te bekennen. Dan zien we het, achter een muur bij het pad, het ziet ons ook maar rent niet weg. Misschien is het doodmoe van een hele nacht naar zijn moeder zoeken. Uiteindelijk probeert het toch weg te komen, maar als het zich met zijn sterke voorpoten omhoog drukt, komt zijn achterlijf niet mee. Ik heb vroeger met boerderijdieren geleefd en begrijp meteen dat het zijn rug ernstig beschadigd heeft. Maar er hangen geen takjes of grasjes aan zijn achterlijf, dit is een nieuwe verwonding, waarschijnlijk is het ergens op de helling gebeurd en heeft zijn moeder niets gemerkt tot ze gescheiden raakten. Het lam moet de hele nacht bezig zijn geweest zich van de berg af te slepen, op het geluid van haar stem af, tot zijn pijnlijk gebroken lijf herenigd was met de geruststellende veiligheid van de ooi. Zij graast verder en maakt ondertussen zachte geluidjes om het lam aan te moedigen naar haar toe te komen. We kunnen niets doen en lopen weg met een overweldigend gevoel van hulpeloosheid dat we het lam zo achterlaten met een pijn die ongelooflijk moet zijn.

De kilometers gaan voorbij, maar we merken het nauwelijks, we zeggen de hele morgen vrijwel geen woord. Moth loopt met gebogen hoofd, verloren in zijn eigen gedachten. Ik weet dat die hetzelfde zijn als de mijne. Het overlevingsinstinct in het lam was zo sterk dat het de hele nacht vol pijn en angst bleef voortkruipen tot het bij zijn moeder was. Niet in de hei blijven liggen zwelgen in zelfmedelijden, alleen de rauwe wil om te overleven, wat daar ook voor nodig is. Bezitten wij mensen dat instinct ook nog? Ik loop achter Moth aan door de regen, over de steile, glibberige berghelling omlaag tot in Kinlochleven. Misschien. Wanneer er geen enkele andere mogelijkheid is, zit die wil om te overleven misschien wel in ons allemaal.

Kinlochleven is een afgelegen dorp in een kom tussen de heuvels, een rustige, verborgen plek, maar wanneer de regen aangedreven komt, blijft hij in de kom hangen. Het is midden op de dag, bijna half juni, maar hier is het donker, terwijl de regen horizontaal aankomt op de loeiende wind en nergens anders naartoe kan, alleen in de kom kan blijven hangen tot die zich met water begint te vullen. Water dat uit de lucht valt, van de hellingen stroomt en uit de rivier opstijgt. Verdergaan heeft geen zin in dit noodweer, dus we zetten de tent op in de tuin van de pub, eten friet in de bar en kijken op de tv naar een herhaling van de openingswedstrijd van het Europees Kampioenschap Voetbal, terwijl onze kleren voor een elektrisch kacheltje uitdruipen.

De volgende morgen hangt de storm nog steeds in de kom. Het regent minder erg, maar het waait nog harder. Moth is stil en heeft sinds hij wakker werd nauwelijks een woord gezegd.

'Gaat het wel? Wil je nog een nacht blijven? Volgens mij is er een Co-op in het dorp; we kunnen eten halen, of een dag in de pub gaan zitten.'

Hij propt zijn slaapzak in het hoesje, langzaam, zijn gedachten zijn duidelijk ergens anders. 'Ik kan de gedachte aan dat lam maar niet uit mijn hoofd zetten. Ik had iets moeten doen. En het heeft geen zin om te blijven, volgens de barman is er voor de komende dagen regen voorspeld.'

'Wat hadden we met dat lam kunnen doen? We konden geen

halfvolwassen lam acht kilometer over een helling dragen. En je weet: als we het naar een boer hadden gebracht of naar een dierenarts, hadden ze het toch afgemaakt.'

'Dat weet ik, maar er was misschien een kans geweest.'

'Hij heeft waarschijnlijk pijn, maar hij maakt veel meer kans als hij aan zichzelf wordt overgelaten. Herinner je je nog de hond van mijn oom?'

'Welke? Hij had er zo veel.'

'Die kleine magere whippet. Hij viel door de zoldervloer en zag er net zo uit als dat lam, we dachten allemaal dat hij zijn rug had gebroken en afgemaakt moest worden, maar mijn oom wilde dat niet. Hij heeft het beestje zes maanden rondgedragen omdat het niet kon lopen en op een dag sprong het gewoon van de bank en holde naar buiten.'

'Je zult wel gelijk hebben. Als ze de wil hebben om te overleven, weet je het nooit.'

'Precies. Je moet gewoon blijven hopen. Net als bij jou, een paar weken geleden wilde je niet uit de boomgaard weg, nu ben je hier.'

We kijken door de tentopening naar de storm die nog steeds woedt.

'Je kunt mij echt niet met een whippet vergelijken.' Hij is een en al introspectie en gedachten aan sterfelijkheid drukken zwaar op hem, maar ik kan de gedachte aan de gelijkenis tussen hem en de hond niet van me afzetten.

We breken de tent af en laten die uit de rugzak hangen, zodat het water eruit druipt, kopen levensmiddelen bij de winkel en volgen dan het steile pad het dorp uit. De regen blijft onophoudelijk vallen, vult onze schoenen tot het water over de rand naar buiten gutst en druipt via de capuchon ons regenjack binnen tot we vanbinnen en vanbuiten doorweekt zijn. Het pad blijft stijgen en we beginnen weer mensen te passeren die op weg naar het noorden zijn. Dit is de tweede dag dat we mensen om deze tijd tegenkomen: blijkbaar vertrekken ze van de etappeplaats die de gids voorschrijft en verspreiden zich dan in de loop van de dag langzaam. Het pad klimt hoger en hoger en we dwingen onszelf vooruit, tegen de wind in. De schrijver van de gids zegt dat dit een 'korte' en 'tamelijk ontspannende' dag is. Hij liep duidelijk naar het noorden, heuvelafwaarts in de zon, en probeerde niet acht kilometer heuvelop te lopen, extra zwaar van het water, achteruit geblazen door de wind. Eindelijk vlakt de route af op een pad van kale aarde en steen, en opeens trekken de wolken open en zien we dat we op het hoogste punt van de West Highland Way staan, aan het uiteinde van de Aonach Eagach Ridge. Recht voor ons uit, aan de tegenoverliggende kant van Glencoe, rijst de iconische berg Buachaille Etive Mòr op. Dit is het landschap dat je ziet op ansichtkaarten, VVV-folders, koektrommels en zo'n beetje elk ander artikel uit de Schotse snuisterijenindustrie. De wolken vallen uiteen en trekken weg, zodat er een grijsblauwe lucht vol damp achterblijft, die Glencoe verandert in een prisma van water en licht dat overal zou kunnen zijn, in elke tijd. Er dringt een geluid door de mist en ik kan niet goed uitmaken wat het is. Het klinkt spookachtig, alsof de geschiedenis, de veldslagen en de bloedbaden die zich in deze glen hebben afgespeeld, in de eindeloze watercyclus zijn blijven hangen. Maar als de mist optrekt, zijn er geen veldslagen: het geluid komt van het heden, van het zware verkeer op de altijd drukke A82 die tussen de bergen door loopt.

Aan de voet van Devil's Staircase loopt de glen uit op Rannoch Moor, ruim honderddertig vierkante kilometer drassig moorland. Nog meer veen. Ik kijk over mijn schouder om tegen Moth te zeggen hoe ik over veen denk, maar hij is er niet. Ik blijf wachten, maar hij komt niet. Ik loop om de volgende bocht heen voor het geval hij voor me uit liep en ik alleen maar dacht dat hij achter me was. Daar is hij niet. Ik loop terug en vind hem zittend op een kei met zijn hoofd in zijn handen.

'Je was verdwenen, is alles goed met je?'

'Ik verga van de pijn in mijn voeten, ik ben doodop, ik kan niet verder.'

Ik kijk om me heen naar de natte glen. We zijn kletsnat, er blaast een harde wind door het dal en er is geen plek om de tent op te zetten op de met keien bezaaide drassige grond, maar in de verte ligt Kingshouse Hotel. Het is het eindpunt voor deze etappe op het pad, dus daar is vast wel een camping. Ik begin te fantaseren over warme bedden en hete douches en herinner mezelf er dan snel aan dat het hele Verenigd Koninkrijk in deze postcoronazomer kennelijk besloten heeft om met staycation te gaan en dat het vrijwel onmogelijk is ergens een bed te krijgen.

'We moeten door, er is hier nergens een plek om de tent op te zetten.'

'Het gaat niet. Loop jij maar zonder mij door.'

Ik aarzel even. Wat zei hij nou net? Heb ik dat goed gehoord? Ik sta even naar hem te kijken, met zijn hoofd nog steeds in zijn handen, klaar om het op te geven.

'Wat bedoel je verdomme met: "Loop jij maar zonder mij door"? Alsof ik zonder jou zou doorlopen!' Ik hoor mezelf, maar het klinkt als iemand anders.

'Ik bedoel dat ik het gehad heb. Ik kan niet verder.'

'Wat is dat voor dramatische onzin? Sta gewoon op.' Ik kan zelf bijna niet geloven dat ik die woorden zeg, maar hij kan hier niet blijven, hij is door- en doornat en doodop in een loeiende wind. We kunnen hier niet blijven. Ik voel een opkomende paniek in mijn hoofd bonken. 'Als dat lam zich met een gebroken rug van de heuvel af kon slepen, kun jij het heus wel tot het hotel halen en dan kunnen we tenminste de tent opzetten.'

'Ga je me nou weer met die whippet vergelijken?'

'Misschien wel, maar we kunnen geen zes maanden wachten om te zien of jij kunt opstaan.'

Hij staat op en we ploeteren verder over een met veen overdekt landschap, geen herten, geen arenden, niet eens vijfvingerkruidbloemetjes, alsof alles wat wild is hier voor het verkeer is gevlucht. Er is geen plek om te kamperen. Op de enige vlakke stukjes naast de snel stijgende rivier staan al tenten. Maar in het *bunkhouse* zijn nog twee bedden vrij en Moth moet hoognodig slapen, dus we nemen ze.

Twaalf uur lang verroert hij zich nauwelijks, ondergedompeld in een diepe slaap, op een smalle matras, op een zelfgetimmerd stapelbed in een kamer met de afmetingen en de sfeer van een cel. Ik ga op het bovenste bed liggen, als de arend in de rotsspleet bij Loch an Nid: koud en nat, maar in een veilige haven. Ik kan mijn vleugels spreiden wanneer de storm voorbijtrekt. In de kamer hangt een oranje gloed van de parkeerplaatsverlichting, het licht valt op Moth en maakt zijn gezicht en de witte deken oranje. Ik kijk toe hoe hij rustig ademhaalt en een vredig, boeddha-achtig aura uitstraalt, en voel alleen maar het vertrouwde, verpletterende schuldgevoel.

18

Ik kijk nog een keer achterom naar het uitzicht als we over de schouder van Black Mount klimmen, een laatste glimp van Glencoe voordat we het pad over de rand van de moor volgen en de hoge Hooglanden achter ons laten. Een oude legerweg loopt kilometers ver voor ons uit, in het westen rijzen donkere bergen op en naar het oosten toe ligt een uitgestrekte moor van veen, rivieren en lochans tot aan lagere bergen in de verte. Dit maakte ooit deel uit van het grote Caledonian Pine Forest, maar nu zijn de enige bomen hier lapjes dennenaanplant en groepjes loofbomen aan de rivieren. We lopen heuvelafwaarts terwijl de wandelaars van deze dagetappe beginnen te verschijnen, heuvelopwaarts komend, in kleine groepjes en zo te zien doodmoe. Voor één keer gaan wij de goede kant op. Zij lopen al kilometers heuvelopwaarts, eerst over gemakkelijke keitjes, maar al snel over een pijnlijk ongelijke ondergrond die vraagt om zere voeten en verstuikte enkels. Ik voel de vermoeidheid van duizenden voeten die over dit pad hebben gezwoegd. De vermoeidheid van soldaten met pijnlijke voeten op weg naar het noorden om de jakobieten in de pan te hakken, door bergachtig terrein waar ze niet op voorbereid waren, van veedrijvers met hun dieren op weg naar het zuiden in de hoop die voor een fortuin te verkopen op de markten van de welvarender grensstreken, en van hedendaagse wandelaars die ditzelfde pad op gaan, in de hoop de zin van het leven te ontdekken, of gewoon een prachtig uitzicht. Eeuwenlang hebben mensen over deze ingesleten lijn gelopen die door de heuvels gaat en ons door tijd en weersomstandigheden heen met elkaar, met dit land verbindt.

Na een dag op de keitjes doen Moths voeten zoveel pijn dat hij bijna niet meer kan lopen. Voor ons uit komt Loch Tulla in zicht, een idyllisch tafereel van grazend vee en stilstaand water met daarachter donkere bergen, dat zo van een negentiende-eeuws olieverfschilderij weggelopen kan zijn. Maar als we het landgoed binnengaan, herinneren de 'verboden toegang'-borden me eraan dat de landeigenaren er niet al te blij mee zijn dat de West Highland Way over hun land loopt. Moth heeft rust nodig en we hadden gedacht hier te kamperen, maar als we dat doen worden we zeker weggestuurd, dus lopen we verder door de muggenmist die in de avondlucht opkomt, passeren een groepje dicht opeenstaande tenten bij een brug tot we uiteindelijk bij een pub aan de andere kant van het loch aankomen. Daar mogen we ook niet kamperen. We worden terugverwezen naar de brug waar we zojuist overheen zijn gekomen en waar kennelijk alle wildkampeerders naartoe worden gestuurd.

Als je met een rugzak trekt, komt er altijd een keer een moment waarop je weet dat je geen goede kampeernacht tegemoet gaat, maar daar helemaal niets tegen kunt doen. Wij weten dat we op dat moment zijn aangeland als we met een pot thee in de bar zitten en naar de mensen kijken die daar zitten. Er staan geen auto's buiten dus deze mensen overnachten ofwel in de pub of in de tenten bij de brug. Jonge vrouwen die in een groep zitten te kaarten en al aan hun tweede fles gin bezig zijn. Studenten die net hun diploma hebben gehaald en nu wandelen om stoom van de afgelopen zes maanden af te blazen. Een jonge man die zegt dat hij met een rugzak van tweeëntwintig kilo uit Milngavie is vertrokken, maar dat die nu nog maar tien kilo weegt. En een groep jongens die een derde fles gin voor de meisjes bestelt.

We zetten de tent op aan de uiterste rand van het kamp bij de brug terwijl de wolk muggen dichter wordt, zo dicht dat het moeilijk is adem te halen zonder ze te inhaleren. Ik kan nauwelijks iets zien door het muggennet dat overdekt is door insecten die door de gaatjes proberen te komen, maar het hert zie ik wel. Een grote bok met woest nat haar en een hoog, vierpuntig, met fluweel bedekt gewei. Hij staat rustig te grazen tussen de tenten, zonder zich om onze aanwezigheid te bekommeren. Na weken van proberen herten te spotten en er dichtbij te komen om een fatsoenlijke foto te maken, komt deze bij wijze van spreken een kopje thee vragen bij de tent en ik kan het schermpje van mijn camera niet eens zien om te weten of ik een foto van hem heb gemaakt of niet. Hij ziet er zo misplaatst uit tussen de tenten: krachtig, vriendelijk, maar volkomen wild. Ik kijk hem na als hij de rivier oversteekt en dan wegloopt en ik besef dat hij juist volkomen op zijn plaats is; wij en de tenten horen niet thuis in zijn wereld, niet andersom.

Ik word wakker van geschreeuw. De pub is dichtgegaan en ik hoor aan de stemmen dat de groep uit de bar terug is bij de tenten.

'Die klotemuggen. Dat is toch verdomme gestoord!'

'Vuur, we moeten een vuur hebben om ze weg te houden.'

'Ik haal wel hout, ik ben goed in vuren.' Iemand kleppert weg naar de rivier en er is geluid van takken die van bomen worden gerukt terwijl er muziek klinkt uit een telefoon en de basdreun harder en harder wordt. De houthaler komt terug en er is allerlei gedoe te horen terwijl ze proberen het vuur aan te steken, tot ze eindelijk een paar vonken uit het natte hout weten te krijgen. Dan bedenken we ons waarom we ze zo goed kunnen horen. Ze steken een vuur aan op nog geen meter van de achterkant van onze tent. Moth is in een paar seconden zijn slaapzak uit en steekt zijn hoofd naar buiten.

'Jongens, jongens, steek geen vuur aan pal naast mijn tent, als er een vonk op valt, word ik geroosterd.'

'Je tent vliegt heus niet in brand, kerel, ik ben goed in vuren.'

Moth komt weer terug de tent in, spuugt wat muggen uit terwijl hij de rits dichtdoet en vanaf het vuur vonken beginnen rond te vliegen. We houden ons hart vast en hopen er het beste van, maar het vuur wordt feller en de stemmen luider.

'Ik zeg je, man, je bent geen Schot als je geen onafhankelijkheid wilt. Als je niet alleen wilt staan, verraad je onze geschiedenis en al die mensen die ervoor gevochten hebben.'

'Flauwekul, man. In het moderne Schotland gaat het niet alleen om de geschiedenis, en onafhankelijkheid zal ons leven heus niet veranderen.'

'Hoe kun je dat zeggen? Natuurlijk wel.'

De woordenwisseling wordt feller, er breekt glas, de meisjes vallen stil, dan maakt de regen er een eind aan: het vuur gaat sissend uit en ze rennen naar hun tenten. We proberen te slapen, maar mij lukt het niet, de ruzie rond het vuur blijft in mijn gedachten rondspoken. Ik denk aan het hert dat stond te grazen en daarna verder trok, zich niets aan grenzen of begrenzingen gelegen liet liggen, maar wel in deze heuvels, in dit veenland leeft, zonder gedachten of vragen over macht en eigenaarschap. Wanneer zijn mensen begonnen te denken dat ons leven op het land eigenaarschap en grenzen nodig had? Was het toen we ophielden met rondtrekken en begonnen te bouwen? Was dat het moment waarop we onze band met het land en met elkaar begonnen kwijt te raken en daarmee een wereld schiepen die zo complex is dat deze jonge mensen, zelfs in hun dronken toestand, nog steeds ruziemaken over de manier waarop de puzzel opnieuw gelegd moet worden? En ondertussen, terwijl we zelfs in de wildernis nog ruziemaken over wie de macht moet hebben, warmt het klimaat op en begint het land waarover we ruziemaken vlam te vatten.

19

'Hoor jij ook doedelzakken?' Moth is blijven staan om naar muziek te luisteren die door de muggenmist en motregen komt aandrijven. Ja hoor: doedelzakken. Opeens komt een grote groep mannen in vest en kilt tussen de bomen in zicht. Blote armen en benen, ondanks de muggen. Een van hen draagt een cd-speler op zijn schouder waaruit een doedelzakversie van 'Flower of Scotland' over de heuvel blèrt.

'Mooie muziek, mannen.'

'Ja, over een paar dagen Schotland tegen Engeland. We hopen de wedstrijd in Kinlochleven te kunnen zien, maar we hebben "Flower of Scotland" nodig om ons erop voor te bereiden.' Het Schotse voetbalelftal hoopt naar de volgende ronde van het EK te komen en zelfs hier wil niemand dat missen.

De doedelzakken sterven in de verte weg als we bij de pub in Bridge of Orchy zijn en een kop thee drinken op een bank. Het is pas tien uur in de ochtend en ik heb nu al het gevoel dat we kilometers hebben gelopen. We willen net weggaan als er een groepje vrouwen in de buurt komt zitten.

'Ben jij niet Raynor Winn? Wij komen uit Cornwall, we wandelen alleen omdat ik jouw boek heb gelezen.' De kleinste vrouw vertelt dat ze de West Highland Way loopt ter ere van haar vijftigste verjaardag.

De grootste van de groep is duidelijk minder blij hier te zijn. 'Ben jij Raynor Winn? Echt? Ik haat je.'

Even ben ik nogal beduusd. Hoe kan deze onbekende zo'n heftige mening over me hebben? 'O, nee toch, waarom?'

'Ik wilde hier helemaal niet naartoe, ik wilde naar een wellnesscentrum.' De jarige pakt de rugzak van haar vriendin op en helpt haar hem om te doen.

'Ja, maar jij bent niet jarig.'

Deze route is zo anders van karakter dan de Cape Wrath. Het is een sociaal pad, als je het loopt is het alsof je aan een feest deelneemt dat een hele dag duurt. Groepen mensen die samen van een verblijf in de natuur genieten, maar vooral gewoon van het samenzijn nadat ze zo lang in lockdown hebben gezeten. Afval kan opgeruimd worden, katers gaan over, maar hun herinneringen aan het hier zijn in dit wilde landschap en het avontuur van zoveel gelopen kilometers zullen hen altijd bijblijven. In een tijd dat we erachter proberen te komen hoe mensen weer een band met het land kunnen krijgen, passeren we tientallen mensen die precies dat doen. En vrouwen, overal zijn vrouwen. Groepen jonge vrouwen zo van de universiteit, groepen vrouwen van middelbare leeftijd die op zoek zijn naar iets nieuws. Heel onverwacht na de zeer mannelijke sfeer van het noorden.

Over de brede open helling onder Beinn Dorain en Beinn Odhar lopen we parallel aan de grote weg die aan de andere kant van de glen ligt. Het is een weids, leeg landschap waarin alleen mensen bewegen, te voet of in auto's, een landschap waar arenden horen te zweven en herten horen te grazen. Maar de lucht en de heuvels zijn leeg, afgezien van kraaien en schapen, en ondanks de bosrand voorbij de weg klinkt nergens het geluid van koekoeken. Moth gaat op de warme, droge helling zitten en doet zijn best de lage, bosachtige roep van de grote grijze vogel op te vangen, maar er is niets te horen.

'Nu ik erover nadenk, ik geloof dat ik geen koekoek meer heb gehoord sinds we uit Kinlochleven weggingen.'

'Nee, ik ook niet. En ik heb geen enkel hert gezien sinds die bok bij de brug. Het is bijna alsof we geen wilde dieren meer te zien hebben gekregen nadat we vanaf de Aonach Eagach Ridge in Glencoe kwamen, alsof dat een soort barrière was.'

'Maar ik heb nog wel die vogel gehoord die ons 's nachts wakker maakt.'

'O ja, die. Ik wou dat ik wist wat dat was.'

Moth staat stijfjes op, hij raakt vermoeid en zijn voeten doen pijn, maar we lopen door.

In een wolk muggen zetten we de tent neer op een grasveldje bij de beek in Tyndrum, een plek waar al eeuwenlang reizigers stilhouden. Ooit was dit de tussenstop voor veedrijvers, en nog steeds voorziet het in de behoeften van de Hooglandreiziger, met de enige benzinepomp in vele kilometers. Maar de stroom is uitgevallen en daardoor er is geen benzine te krijgen. De rij auto's wordt steeds langer, bestuurders stappen uit en bekvechten met de pompbeheerder. Wij kopen wat sandwiches die voor een paar pence de deur uitgaan bij het benzinestation, omdat de koelkasten geen stroom hebben en het voedsel in de warmte bederft, en trekken ons terug in de tent, weg van de muggen. Moth valt in slaap zodra het donker is en wordt pas twaalf uur later wakker. De nacht kruipt voorbij, minuten rekken zich uit alsof de tijd elastisch geworden is. Ik slaap steeds minder naarmate de dagen voorbijgaan, alsof elke beweging op de luchtbedden een gerucht maakt dat de slaap verdrijft en mij klaarwakker houdt. Meestal probeer ik me op Moths ademhaling te concentreren en me daardoor in slaap te laten sussen, maar zelfs die is nu heel zacht en heeft niet het gebruikelijke effect. Hij is doodmoe en bij hem komt de slaap als een warme deken van opluchting wanneer hij gaat liggen of zitten of zelfs als hij te lang blijft stilstaan. Maar mijn lichaam kan met steeds minder toe. Minder voedsel, minder slaap, mijn dagen gaan voorbij in een metronoom van lopen, zelfs zonder pijn in mijn voeten om me op aarde te houden. De bomen houden elk sprankje licht van de maan tegen, zodat het aardedonker is in de tent en ik voel me volkomen alleen, ook al ligt Moth naast me.

Is dit hoe het leven zonder hem zal zijn? In de stilte van de nacht begroeten onze grootste angsten ons altijd in hun lelijkste gedaante en in de duisternis van de Hooglanden word ik gedwongen de mijne te zien voor wat ze zijn. Deze cocon van duisternis is hoe mijn leven zonder hem zal zijn. De man die elk hoekje van mijn leven met licht en geluid heeft gevuld, zal me met niets dan lege duisternis achterlaten en ik weet dat ik me daarin zal terugtrekken, verteerd door de leegte. Deze eindeloze nachten zonder slaap voelen als een voorbode van mijn toekomst. Zelfs in mijn meest optimistische buien kan ik mezelf er niet van overtuigen dat deze wandeltocht het effect heeft waar ik op hoopte. Moths gedachten zijn helderder, hij is sterker en minder onhandig, maar het is of zijn gezondheid een punt heeft bereikt waar hij niet voorbij kan komen.

Bij het uiteinde van Loch Lomond graast een kudde zwarte geiten tussen de rotsen; af en toe waden ze tot hun enkels in het zacht kabbelende water. De avondzon weerkaatst op het loch en verandert het oppervlak in een veld van licht tussen de donkere heuvels die aan beide kanten oprijzen. De zachte avondlucht blijft warm en stil hangen, er is nauwelijks een zuchtje wind dat het water beweegt en wij zitten vast: nergens een plek om te kamperen bij een van muggen vergeven loch, omringd door borden die waarschuwen voor kampeerverboden en patrouillerende bewakers. Ik kan nauwelijks iets zien door het hoofdnet en ik druip van het anti-insectenmiddel, maar toch zie ik nog kleine rode steken die op elk bloot stukje huid zijn verschenen. We kunnen niets anders doen dan verder omhoogklimmen en hopen op een windje, maar er is geen garantie dat er een vlakke plek te vinden zal zijn, zelfs als de wind ons van de insecten redt. Dan verschijnt er opeens een veerboot uit de door muggen verduisterde lucht, een passagiersveer voor het hotel aan de overkant. We springen erop, in de hoop dat er aan de andere kant een plek is waar we de muggen kunnen ontvluchten.

'Nee, we zitten helemaal vol en je mag hier niet kamperen. Daarom lopen wandelaars de hele vierendertig kilometer van

Rowardennan naar Crianlarich. Jullie hebben je dag niet al te best gepland, hè?' De receptionist van het hotel wil net het kantoortje weer in gaan, als hij opeens inspiratie krijgt. 'Maar weet je wat, er staat een hutje achter in het caravanpark, dat kunnen jullie wel gebruiken als je wilt.'

Ja, we nemen de hut, ja, we ontvluchten de bijtende beesten en ja, zonder enige twijfel zullen we gebruikmaken van uw doucheblok. We bedanken de man zo uitbundig dat hij waarschijnlijk denkt dat hij ons te weinig heeft laten betalen, en trekken de deur van de hut achter ons dicht. De muggen werpen zich tegen het glas van de deur als zombies in een horrorfilm, terwijl wij vanaf de veiligheid van onze plastic matrassen naar ze kijken. Pas de volgende morgen wagen we ons in de buurt van de douches.

20

'Gaan jullie naar het noorden? Dan heb je het ergste stuk nu tenminste achter de rug.' Voordat we weggaan, geven we de sleutel aan dezelfde receptionist terug.

'Nee, we gaan naar het zuiden. Hoezo, het ergste stuk?' Ik krijg een ongemakkelijk gevoel; zei die vrouw in de fietsenwinkel ook niet iets over dit gedeelte?

'De Way loopt zo'n dertig kilometer langs de oever van het loch en een lang stuk daarvan is een keienveld, hels om overheen te komen. Als mensen de Way opgeven, dan is het daar.'

We gaan op de bank bij het hotel in de nu al warme zon zitten om in de gids te kijken.

'Hier staat "een slopende op en neer gaande route". Misschien moeten we ermee ophouden en gewoon de bus nemen.' Moth heeft zoveel pijn in zijn voeten gehad op het betrekkelijk gemakkelijke pad vanaf Fort William dat ik niet zou weten hoe hij verder kan. Ik sla het boek dicht en leg me erbij neer dat dit het einde is. Maar hij is al bezig zijn rugzak om te doen.

'Nee, ik ga gewoon naar de bar en koop nog wat Marsrepen, dan nemen we de eerstvolgende veerboot. Tenzij jíj wilt opgeven.'

In het begin liggen er her en der keien, maar al snel wordt het een voortdurend op en neer klauteren over, rond en tussen de rotsen. Het is zwaar, maar misschien is het gemakkelijker als je naar het zuiden loopt, of misschien gaan wij heuvelaf, want als we de mensen beginnen te passeren die deze etappe naar het noorden lopen, zijn die in alle staten van uitputting: zwetend, kruipend, kreunend. Maar we lopen langs een loch, dus het kan niet dat we heuvelaf gaan, het is vlak, alleen vol rotsblokken. Misschien, heel misschien, hebben onze benen er eindelijk wat profijt van dat ze ons door de venen van het noorden hebben getorst. Ik zie hoe Moth over keien heen klimt of er tussendoor, hoe hij trefzeker zijn voeten neerzet, zijn evenwicht bewaart en genoeg adem overhoudt om even stil te staan en een praatje te maken. *Misschien, heel misschien*.

Een groepje meisjes blijft bij een paar treden staan wachten tot wij beneden zijn.

'Hebben jullie de grot van Rob Roy gezien?'

'Nee.'

Rob Roy deed mee aan de Eerste Jakobitische Opstand en heeft het grootste deel van zijn leven als vogelvrijverklaarde en rebel geleefd tot hij, inmiddels in de vijftig, eindelijk gratie kreeg. Nu is zijn verhaal een van de vele legenden over volkshelden die in deze heuvels weerklinken, die mensen ertoe brengen om over keienvelden te ploeteren op zoek naar grotten waarin hij tijdens een van zijn heldendaden zou hebben gezeten.

We lopen verder naar het zuiden terwijl het feest noordwaarts trekt. Mannen in kilts, meisjes in lycra, oma's met cd-spelers waaruit 'Flower of Scotland' over het loch schalt, een man die van top tot teen gehuld is in een glimmend blauwe synthetische stof en ons halverwege onze klim over een rotsblok tegenhoudt.

'Hebben jullie de grot van Rob Roy gezien?'

'Nee.'

Door het bladerdak van de bomen heen staat de zon nu hoog boven de bergen, het is zelfs in de schaduw warm en de keien gaan maar door, kilometer na kilometer. Twee mannen komen moeizaam voorbij, allebei met een grote mountainbike over hun schouder.

'Hij zei dat we de Way in twee dagen konden fietsen, dat hij het eerder had gedaan, dat we een fantastisch weekend zouden hebben. Maar hier heeft hij nooit iets over verteld.' De oudste man in lycra maakt zo te zien geen grapje.

'Ik zei je toch: het is vijftien jaar geleden, ik denk dat ik me alleen de lange weg omlaag naar Bridge of Orchy herinnerde.'

'En je zei dat het de moeite waard was om te doen, omdat we dan de grot van Rob Roy zouden zien.' De oudste kijkt ons aan: 'Hebben jullie de grot van Rob Roy gezien?'

'Nee.' We schudden ons hoofd als ze voortworstelen, terwijl ze proberen te rennen met hun fiets, waarbij de wielen en pedalen tegen de keien klappen en erachter blijven steken.

'Dat is vast wat de vrouw in de fietsenwinkel in Fort William bedoelde toen ze zei dat dit met de fiets zwaarder zou zijn dan te voet.' Moth loopt voor me uit maar kijkt over zijn schouder. 'Ik heb nog wel over die fietsen nagedacht.'

Uiteindelijk worden de rotsblokken schaarser bij een groot hotel dat vol zit met busladingen toeristen en omgeven is door borden met 'verboden te kamperen'. We weten niet zeker wat we zullen doen en gaan op een bank zitten naast een groepje dames van in de zeventig die meteen een praatje met Moth aanknopen.

'Wij zijn van Rowardennan hierheen gewandeld, we wonen aan de andere kant van het loch, maar in de rotsen is onze vriendin gevallen. Ze is er nog steeds niet en nu hebben we de laatste veerboot naar de overkant gemist.'

'O hemel, wat gaan jullie nu doen?'

'Gewoon hier blijven zitten, wijn drinken en naar de zonsondergang kijken. Er komt vast wel een aardige jongeman op een boot die medelijden met ons krijgt.'

'Hebben jullie ten zuiden van hier een plek gezien waar je kunt kamperen?'

'Nee. Daarvoor moet je Les bellen.'

'Les?'

'Ja, hij runt een bunkhouse verderop over de heuvel. Ik heb zijn nummer ergens.'

Het bunkhouse is afgeladen, al beweert Les dat het maar halfvol zit. Voornamelijk jonge mensen die het pad naar het noorden lopen en nu hier zitten te lachen, praten, discussiëren. Moth begint een gesprek met een man die in zijn eentje op een versleten leren bank zit.

'Dit is blijkbaar een erg populair pad. Geweldig om zoveel jonge mensen te zien wandelen.'

'Dat komt doordat het zo dicht bij Glasgow is. En voor ons is dit het eind van het studiejaar. Veel studenten zoals ik komen de West Highland Way doen voordat we vertrekken voor de zomervakantie. Zo willen we een band vormen, de band hernieuwen.'

'Hernieuwen? De meeste studenten aan de universiteit komen toch van buiten Schotland?'

'Ja, maar er zijn ook veel Schotten. En Schots zijn betekent de natuur, de bergen, al deze wilde, open ruimte: dat voelt als iets van ons. Het mag dan eigendom van buitenlandse miljonairs zijn, maar dat is alleen op papier. In werkelijkheid behoort dit land ons toe, het is ons geboorterecht. Die band hernieuwen we.'

Het late avondlicht valt door het kerkraam en maakt de scheuren in het versleten leer van de bank nog zichtbaarder. Ik kijk naar die gewone jonge man, die met zijn benen onder zich en een boek in zijn hand op het einde van die bank zit, en vraag me af hoeveel jonge mensen in Engeland de weinige overgebleven wilde plekken van dat land als hun geboorterecht zien? Ik weet het antwoord; misschien is dat de reden waarom die wilde plekken met de dag kleiner worden.

'Ik ga morgen proberen op de route naar het noorden de grot van Rob Roy te bekijken. Hebben jullie hem gezien?'

'Nee.'

De morgen is warm zonder een zuchtje wind en al nemen de muggen midden op de dag meestal wel wat af, vandaag worden het er juist steeds meer. Met de rotsblokken achter ons volgen we een vlak pad langs het loch, maar kunnen zelfs niet even blijven staan om ervan te genieten. Zelfs de kennelijk verplichte muzikale begeleiding door 'Flower of Scotland' kan ons niet van het meedogenloze gesteek afleiden. We kunnen alleen voorkomen dat we door een laag van die zwarte beesten bedekt worden door in beweging te blijven, zelfs lopend te eten en drinken.

Als je uit het zuiden komt, is Balmaha misschien niet meer dan een kleine haven aan het loch, maar kom je vanaf de van muggen vergeven oevers in het noorden, dan verschijnt het dorp als een oase van rust op het punt waar het pad wegbuigt van het loch. We blijven lang onder een grote eik ijskoud water uit de pub zitten drinken, voordat we in de mugloze wind op de flank van Conic Hill onze tent opzetten. Moth volgt met zijn vinger de lijn op de kaart, heen en terug door de gids.

'Ik kan gewoon niet geloven dat dit morgen voorbij is. Maar het kan nog wel achtentwintig kilometer zijn naar Milngavie. Volgens mij is dat te ver. Misschien hadden we vandaag verder moeten proberen te komen?'

'Ik geloof niet dat ik vanavond nog een stap had kunnen verzetten, maar morgen is het gemakkelijk lopen, ik weet zeker dat we het redden. Maar we moeten wel vroeg vertrekken.' Ik klink zelfverzekerd, maar ik denk niet dat we een kans maken morgen het eind van de Way te halen, al weet ik dat we het moeten proberen. De persoon met wie we daar hebben afgesproken, kan niet wachten en wij mogen hem niet missen.

Het is warm, bewolkt en windstil: een dag die gemaakt is voor muggen. Maar als we verder weg van het loch komen, beginnen ze af te nemen. Eindelijk kunnen we af en toe blijven staan zonder beestjes in te ademen. Het pad wordt een weg en zelfs nog meer een feestroute: we komen de ene groep na de andere tegen, vers van de trein, op de eerste dag van de West Highland Way naar het noorden. Iedereen is vrolijk en enthousiast, niemand vraagt hoe het pad eigenlijk is en we vertellen ze niet over de rotsblokken. We zijn de waterscheiding gepasseerd, de plek waar hoogland laagland wordt en de bergen liggen achter ons.

Eigenlijk zouden we moeten vieren dat we zo ver hebben gelopen en nog steeds overeind staan, maar nu de hoge, wilde plekken achter ons liggen, krijgen we alleen een gevoel van verlies.

'We moeten niet zo somber zijn, we weten wat eraan komt, laten we ons daar gewoon op verheugen.' Zoals gewoonlijk probeer ik de stemming op te vrolijken, al voel ik me even terneergeslagen als Moth.

'Dat weet ik, en dat doe ik ook. Ik heb alleen het gevoel dat we iets zo bijzonders meegemaakt hebben en dat ik hier misschien wel nooit meer zal komen.'

'Laten we onszelf dan beloven dat we wél terugkomen.' We doen de belofte die iedereen aan het eind van een vakantie doet, zonder enig idee of we haar kunnen houden.

Door lanen en dorpen, bos en weilanden, geschramd door veldjes hoge distels en heide van wel dertig centimeter hoog. Moth is uitgeput, zijn voeten doen pijn, zijn schouders branden nadat ze twaalf uur die rugzak hebben gedragen en we zijn dicht bij het moment dat we niets anders kunnen doen dan stoppen, de tent opzetten en erkennen dat we de afspraak morgen niet zullen halen, als we bij de rand van het Mugdock Country Park komen. Overnachten is onmogelijk in dit uiterst kwetsbare natuurgebied, we moeten doorlopen. De lucht trilt van het vogelgezang in eikenbos en veldjes wilde bloemen. In het park staat de ruïne van Mugdock Castle en ik laat mijn fantasie met de herten op de loop gaan door dit vroegere domein van baronnen en lijfeigenen, van feodale rechten en lijden, tot het park in 1980 aan de burgers van Glasgow werd geschonken. Nu is het gewoon een aangename wandeling in het bos zonder een hert in zicht, maar ook weer niet zo aangenaam, want mijn benen staan strak van de kramp en Moth trekt om de twintig minuten zijn schoenen uit om zijn voeten te masseren. Maar opeens, alsof de Hooglanden alleen in onze verbeelding bestaan, komen er gebouwen in zicht en lopen we voorbij de roestige stalen platen langs de laatste meters van het pad, met in elke plaat een hoogtepunt van de Way gegraveerd. We lopen erlangs en kennen al die hoogtepunten, alsof de herinnering eraan op een of andere manier in ons is getatoeëerd, onuitwisbaar, blijvend, iets wat we voor altijd meer zullen voelen dan ons herinneren: Ben Nevis, Buachaille Etive Mòr, Ben Lomond...

Een betonnen obelisk geeft het begin van de West Highland Way aan, voor ons het eindpunt. Terwijl we rond de pilaar dansen, is er eindelijk een warm gevoel van waardering voor wat we hebben gedaan. Onze voeten hebben door de wildernis van dit land een pad getrokken en dat heeft zich in ons verankerd. De Hooglanden zijn ons al dierbaar sinds de levensbepalende trips die we er als begin twintigers hebben gemaakt, maar dit is anders. Nu hebben we het gevoel dat elke stap over veen, heide en rotsen een nieuwe streng DNA heeft gevormd, iets wat altijd deel zal uitmaken van wie we zijn.

'Ik kom om van de honger. Zullen we friet gaan halen?'

'O ja, alsjeblieft, met ladingen zout, dan kijken we daarna of we een taxi kunnen krijgen.'

We eten de friet op een bank bij de obelisk, vol verwondering dat we er eindelijk zijn. Ik zeg het niet, maar eigenlijk verwonder ik me over iets nog veel groters. Moth heeft achtentwintig kilometer vanaf Conic Hill gelopen. Zijn voeten doen pijn en zijn schouders branden, maar hij is hier, hij lacht en danst met friet in zijn hand rond de pilaar, zingt 'Flower of Scotland' en uit zijn gezicht spreekt alleen maar pure blijheid. Ik weet nog steeds niet hoe het mogelijk is, misschien zal ik het nooit weten, maar dat hoeft ook niet. Op dit moment wil ik alleen maar het refrein meezingen en het als een wonder aanvaarden.

De taxi zet ons een paar kilometer buiten de stad af bij een pension op de heuvel. Het enige beschikbare bed in het hele district. We worden ontvangen door een elegante vrouw met glanzend zilveren haar.

'O, daar zijn jullie. Wat jammer dat jullie er niet een uur eerder waren; hij is geweest en weer weggegaan.'

‘O, nee toch. Hij zei dat hij morgenochtend zou komen, we dachten dat we dan hier zouden zijn om hem te ontmoeten.’ Ik zie hoe Moth zijn schouders laat hangen terwijl hij puffend uitblaast. ‘Wat moeten we nu doen?’

‘Geen probleem, ik was thuis, dus hij heeft ze bij mij achtergelaten. Kom maar eens kijken, ze staan in de garage.’ We lopen achter haar aan naar een keurige garage achter een kanteldeur en daar staan ze. De glimmende fietsen achter uit de winkel in Fort William, een dag eerder dan verwacht afgeleverd door hun chauffeur.

‘Wauw, niet te geloven dat ze er zijn.’ Moth begint meteen de bubbeltjesverpakking los te maken, geholpen door de zilveren dame.

‘Waar gaan jullie hierop naartoe?’

‘We gaan het jaagpad langs het kanaal volgen van Glasgow naar Edinburgh, dan verder door het grensland tot we in Engeland zijn. Ik kan niet verder lopen, mijn voeten doen helse pijn, maar zo zijn we straks op eigen spierkracht over de hele lengte door Schotland getrokken.’

Ik kijk toe hoe hij enthousiast het plastic lostrekt en vind het moeilijk te geloven dat ik hem deze woorden hoor zeggen, maar sinds het moment dat Dave belde toen wij voor de deur van de fietsenwinkel stonden, en zei: ‘Nou, dan zien we jullie dus in Kirk Yetholm?’ had het bijna onvermijdelijk geleken.

De Borders

Van Milngavie naar Kirk Yetholm

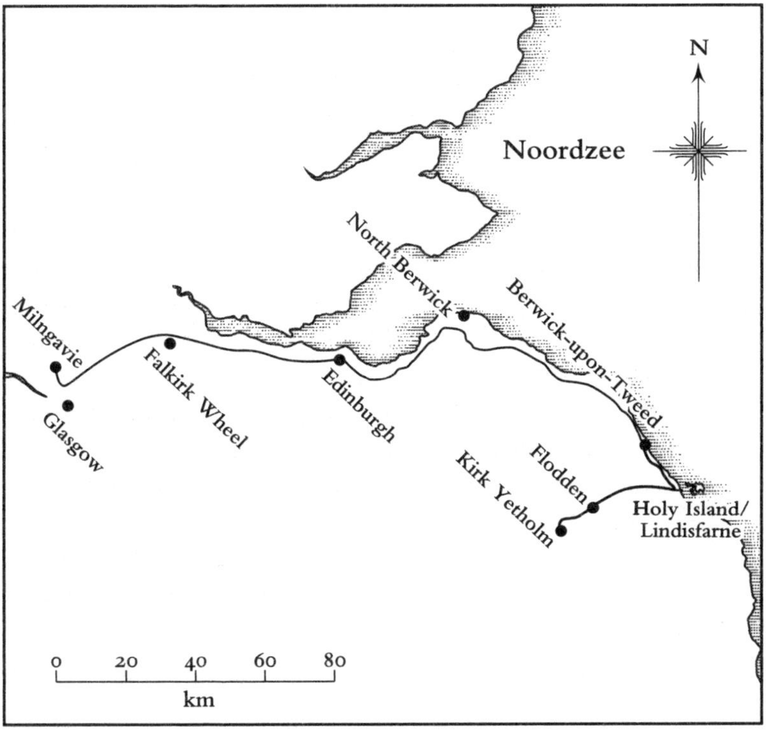

21

Glasgow gonst van de opwinding die aan een wedstrijd voorafgaat. De straten zijn stampvol voetbalsupporters, allemaal op weg naar de pubs om daar Schotland tegen Kroatië te zien spelen in de laatste groepswedstrijd voor het EK. De opwinding in de lucht laat er geen twijfel over bestaan dat Schotland zal winnen en naar de eindronden zal doorgaan. Overal zijn Schotse ruiten, kilts en kokardes, mutsen met veren en blauwe gezichtsverf; alles bij elkaar een vrolijke carnavalssfeer. Wij hebben de spullen verzameld die we nodig hebben voor het fietsen, onze rugzakken op de post gedaan naar Kirk Yetholm en zijn vóór de aftrap terug in het pension, dus we kunnen het feest niet zien wegebben als de Schotse hoop de bodem wordt ingeslagen en het nationale elftal met 3-1 verliest. Maar de volgende dag leeft er bij de supporters totaal geen gevoel van mislukking; mensen hebben nog steeds hun ruiten aan, zingen nog steeds 'Flower of Scotland' en zijn alleen maar trots dat hun team zo ver gekomen is.

Het is vijftien jaar geleden dat ik voor het laatst heb gefietst, dus ik had beter moeten weten toen Moth zei dat we gemakkelijk in een dag helemaal van Milngavie naar Edinburgh konden fietsen. Per slot van rekening: 'Het jaagpad is volkomen vlak en de fietsen hebben een massa versnellingen, we zullen vliegen, het is nog geen tachtig kilometer, we zijn er voor theetijd.'

Maar fietsen is geen lopen. Je hebt er totaal andere spieren voor nodig, en de spieren die ons van Sheigra helemaal hierheen hebben gebracht, worden nu gerekt en gestrekt zoals ik niet voor mogelijk had gehouden. Misschien had ik mijn wandelschoenen ook naar Kirk Yetholm op de post moeten doen, en de brander, en het luchtbed, in plaats van al dat extra gewicht in de fietstassen te stoppen, zodat mijn fiets elke keer omvalt als ik stilhoud.

'We halen het nooit.' Het loopt tegen het eind van de middag, we zijn net het Falkirk Wheel gepasseerd en verruilen nu het Forth and Clyde Canal voor het Union Canal, waar de enorme roterende botenlift schepen uit het lagergelegen kanaal overzet naar het hogere verder op de heuvel. Het wiel heeft een enorme, overheersende, bijna buitenaardse aanwezigheid en ik laat het graag achter me, terwijl we de fietsen door een slijmerige, met een korst van stalactieten bedekte tunnel duwen om weer op het jaagpad te komen. Het pad is nat, geplaveid met keitjes en in het midden, ondanks zwakke lampen, heel donker. Ik val twee keer, waarbij de fiets boven op me klettert en ik bijna in het kanaal glijd.

'Het lukt heus wel, we hebben nog uren voor het donker wordt.'

Ben ik echt degene die smeekt om te stoppen terwijl Moth zegt dat we door moeten gaan? Ik houd de wielen draaiende, met benen die branden van de pijn. Ik probeer mezelf af te leiden met het tellen van eenden, zwanen en waterhoentjes langs deze wildcorridor, genietend van de warme wind in mijn gezicht, maar dat werkt twee kilometer en dan wordt mijn hoofd weer in beslag genomen door pijn en onmogelijkheid. Uiteindelijk, na wat voelt als een half leven van pijn lijden, verschijnt Edinburgh in de gloed van een midzomerse zonsondergang. Het is bijna elf uur als we de fietsen door Princess Street duwen, in de schemering van een midzomeravond. Elke stap lijkt de laatste waarvoor ik nog energie heb, maar Moth is onverklaarbaar opgewekt, alert en vol enthousiasme over de perzikkleurige vegen in de hemel boven het silhouet van het kasteel op de heuvel.

Als uit het niets breekt er een herinnering door mijn uitputting heen. 'Weet je nog dat we vijfendertig jaar geleden om deze tijd van het jaar ook in Schotland waren?'

'O ja? Waar waren we dan, wat deden we?'

Ik weet dat hij zijn geheugen kwijtraakt, maar dit kan hij niet vergeten zijn. Ik sta op het punt geërgerd te raken, maar dan bedenk ik dat ik er zelf ook tot bijna middernacht over heb gedaan om het me te herinneren.

'We waren op het eiland Skye.' Ik kijk hem aan terwijl hij stil blijft staan en hoofdschuddend zijn hand naar zijn gezicht brengt. 'We gingen trouwen.'

Edinburgh is gebouwd op geschiedenis, de geschiedenis van de rotsen waarop het staat en de mensen die zich er vestigden. Er zijn sporen van bewoning uit het mesolithicum, meer dan achtduizend jaar voor Christus, en daarna uit het bronzen en het ijzeren tijdperk, waarin mensen de bescherming zochten van de rotsige hoogtes die de stad nog steeds omringen. Plekken waar ze kilometers ver konden kijken en zich konden verdedigen tegen wat er ook maar uit de heuvels in de verte mocht opduiken. Nog steeds lijkt het of de stad het gewicht draagt van de millennia waarin banden ontstonden tussen dit landschap en de mensen die het hebben bewoond. De stenen van de meeste gebouwen in de Old Town op een heuvel en van de golvende New Town die uit het dal oprijst, zijn allemaal gehouwen uit het gesteente van de heuvels rond de stad. Het hedendaagse Edinburgh mag dan industrie, technologie en het Schotse Parlement herbergen, maar net als in de rest van Schotland is het moderne weefsel van de stad bijna niet te scheiden van haar historische verleden en het landschap waaruit ze is gegroeid.

'Ik geloof dat ik wel genoeg architectuur heb gezien voor vandaag. Zullen we op zoek gaan naar een nieuwe slaapzak? Dan neem ik de nieuwe en kun jij de kapotte weggooien en je oude weer terugkrijgen.'

'Goed idee.'

We gaan de outdoorwinkel binnen die de grootste keus lijkt te hebben, kiezen er een uit en lopen naar de kassa. De enorme bundel groene stof en dons ligt losjes in zijn grote opbergzak, maar het meisje bij de kassa zegt dat ze hem snel in zijn kleine hoesje zal proppen.

'Dat is zo gebeurd, ik ben wereldkampioen slaapzakpropper.'

'Wat? Bestaat dat?' Ik kijk naar deze knappe jonge vrouw met haar gestraighte haar en volmaakte make-up, en kan me alleen maar afvragen hoe ze in hemelsnaam op het wereldkampioenschap slaapzakproppen terechtgekomen kan zijn. Misschien heeft ze een bijzonder saaie middag en verzint ze het gewoon. Maar als ze de techniek van een wereldkampioen slaapzakproppen begint te demonstreren, denk ik dat het weleens echt waar zou kunnen zijn. Haar handen bewegen in een dwarreling van prop-de-zak en in-de-hoes, terwijl ze de slaapzak binnen een paar seconden tot een klein pakje perst.

'Hoe deed je dat? En waarom zou je er ooit van dromen om wereldkampioen slaapzakproppen te worden?'

'Nou, eerlijk gezegd, de rest van de deelnemers was onder de tien en de meeste waren padvinders.'

'Toch snap ik nog steeds niet hoe je dat deed.'

We gaan terug naar onze kamer en pakken de fietstassen opnieuw in, zodat ze klaar zijn voor ons vertrek de volgende ochtend. In plaats van hem in te pakken haalt Moth de nieuwe slaapzak uit zijn hoesje.

'Ik moet proberen om hem erin te proppen zoals zij het deed. Dat ging zo snel.' Hij pakt de hoes in de ene hand en de slaapzak in de andere en begint handenvol slaapzak te pakken en die snel in de hoes te proppen. Even denk ik terug aan de trillende hand in Cornwall en verbaas me over de controle van zijn hand die de hoes vult, heel even maar.

'O, shit.'

'Wat is er? Wat heb je gedaan?'

'O verdomme, ik heb iets met mijn hand gedaan.' Hij laat de hoes vallen en bekijkt zijn hand. 'Jezus, mijn hele hand doet pijn, maar deze vinger, daar is iets mee gebeurd, ik geloof dat ik hem gebroken heb.'

'Je kunt hem niet hebben gebroken bij het proppen van een slaapzak.' Ik kijk naar zijn ringvinger die al van kleur verandert en er vreemd stijf uitziet. 'Je hebt gelijk, ik geloof ook dat je hem gebroken hebt. Zullen we naar het ziekenhuis gaan?'

'Dat heeft geen zin, het is maar een vinger, ze tapen hem toch alleen maar aan die ernaast vast.'

'Nou, doe dan tenminste je ring af, hij zal wel dik worden.'

'Ik doe mijn trouwring niet af. Ik ga douchen en dan kun jij hem intapen.'

'Maar doet het geen pijn? Wil je wat pijnstillers?'

'Het deed even pijn, maar nu gaat het wel. Misschien is hij niet gebroken, misschien heb ik hem gewoon verdraaid of zo.'

Kennelijk heeft het ook voordelen dat hij het gevoel in zijn handen kwijtraakt. Maar de vinger zwelt al op tegen de tijd dat ik hem intape en een grote blauwe plek begint zich over zijn hand te verspreiden.

Uit Edinburg wegfietsen is een nachtmerrie van verkeer en drukke straten, maar het is een opluchting te merken dat twee dagen wisselbaden de spieren waarvan ik dacht dat ze nooit zouden herstellen, goed hebben gedaan, tenminste voor nu. Moth fietst met zijn vingers naar voren gestoken, sturend met zijn duim en remmend met zijn pink, maar houdt vol dat het geen pijn doet. Vijftig kilometer van de stad en we zijn in een landschap dat wordt gedomineerd door de kerncentrale van Torness aan de ene kant en de Noordzee aan de andere, kennelijk is dat het enige wat ik zie. Pas twee dagen later, als we ten zuiden van Berwick-upon-Tweed een kustpad op rijden, begin ik te beseffen hoeveel minder opmerkzaam ik op wielen ben dan te voet. Er zou in North Berwick zoveel te zien kunnen zijn, ik zou blij moeten zijn dat we weer bij de kust komen, maar ik richt mijn aandacht op het verkeer en de energiecentrale.

Dan opeens, als we op het hobbelige uitgedroogde gras van de kust aankomen, verandert het licht, de zee vult de horizon en mijn lippen smaken zout. Mijn zintuigen starten weer op, als het lied van leeuweriken de lucht vult. De roep van deze kleine bruine vogel is het iconische geluid van onze heuvels, heidevelden en kusten, maar de afgelopen twintig jaar is het aantal broedparen met vijftig procent afgenomen, en is de geliefde leeuwerik in het Verenigd Koninkrijk op de Rode Lijst van bedreigde soorten beland. We leggen de fietsen op de grond en gaan op het droge gras liggen om te proberen ze in de helderblauwe hemel te ontdekken. Ze zijn overal om ons heen, hun trillende lied stijgt met hen op in de gezouten lucht, en houdt pas op als ze terug naar de aarde vallen om diep adem te halen, voordat ze weer opstijgen. Een muzikale poging ons af te leiden van wat waarschijnlijk een heel goede nestelplek is.

'Als ik dat geluid hoor, is het net de achtergrondmuziek van onze tijd in de heuvels. Ze zijn er altijd geweest, in de moors van Staffordshire waar we als twintigers waren, onze hele periode in Wales, maar als je er echt over nadenkt, hebben we ze de afgelopen jaren nauwelijks gehoord. Aan de kust in Cornwall, in de graslanden op de boerderij, maar niet in grote aantallen, niet zoals dit, niet zoals ze er vroeger altijd waren.' Moth schermt zijn ogen af tegen de zon en probeert de vogels te tellen.

Misschien zijn we zo ook in deze biodiversiteitscrisis terechtgekomen: we merken dingen pas op als we ze opeens niet meer opmerken. De leeuweriken, net als de koekoek, teruggedrongen naar de paar overgebleven lapjes habitat die ze nog in leven kunnen houden. Maar heel binnenkort zal het net zo zijn als wanneer de zwaluwen vertrekken. Je ziet ze niet gaan, je kijkt gewoon op een dag omhoog en dan zijn ze er niet.

We doezelen weg op de landtong, in slaap gewiegd door de zang van de vogels, tot Moth opeens met een ruk overeind komt.

'O, verdomme, kijk eens hoe laat het al is, als we naar Lindisfarne willen, moeten we nu echt gaan, de vloed komt op.' Hij kijkt naar het eilandje in de verte. 'We mogen van geluk spreken als we het halen.'

Lindisfarne wordt ook wel Holy Island genoemd, een pseudoniem dat is ontstaan doordat er eeuwenlang heiligen en Keltische christenen hebben gewoond. Maar het is ook een getijdeneiland, waar je alleen kunt komen via een dam die onderloopt als de vloed opkomt, en we hebben maar een uur om zes kilometer naar het begin van die strook asfalt over het zachte zand te fietsen en dan nog tweeënhalve kilometer naar de andere kant van de dam, voordat die onder water verdwijnt. Kamperen is op het eiland niet toegestaan, daarom hebben we het laatste vrije bed geboekt, maar als we de dam op rijden, komt de vloed als een muur in de verte opzetten, terwijl wij tegen de harde wind in peddelen. Hoe hard ik ook op de trappers duw, ik kom maar met een slakkengang vooruit en de afstand tussen Moths achterwiel en mijn voorwiel wordt met de minuut groter. Ik buig mijn hoofd om minder wind te vangen, hoop dat alle heiligen me bijstaan en peddel tot mijn benen weigeren te doen wat ik vraag. Een oneindige stroom auto's gaat de andere kant op, veel mensen gebaren door hun autoraam terwijl ze voorbijvliegen of doen het open en schreeuwen: 'Ga van de dam af, hij gaat dicht.'

'Ik doe mijn best.' Ik voel me alsof ik in zo'n droom zit waarin je zo hard rent als je kunt, maar nergens heengaat.

Uiteindelijk komt Moth weer in zicht. Hij ligt plat op zijn rug op het gras aan de rand van een parkeerplaats, aan de voet van een heuvel van zandduinen. Ik val naast hem neer en hap naar adem terwijl het water over de dam stroomt en wij en het eiland zijn afgesneden. Het eiland komt net ver genoeg boven zeeniveau uit om de paar kilometer duinen boven water te houden, maar er is niet veel zeespiegelstijging nodig voordat het halve eiland onder water verdwijnt, de duinen vlakke zeebodem worden. Twee fietsers aan de andere kant van de parkeerplaats zijn bezig een band te plakken. Hij staat te vloeken en zij huilt.

'Alles goed met jullie? Kunnen we helpen?' Ik heb mezelf weer overeind gehesen en ben naar hen toe gelopen, terwijl Moth nog steeds verdoofd plat op zijn rug op het gras ligt.

'Lekke band, verdomme.' Hij is net bezig een nieuwe binnenband om het wiel te leggen.

'We hebben de dam gemist, het duurt uren voor hij weer opengaat.' Het meisje huilt bijna van wanhoop.

'Wat gaan jullie nu doen?'

'Wachten, verdomme, wat kunnen we anders doen?' De man werpt een woedende blik op de vrouw. 'Het is jouw schuld, omdat jij zo nodig naar die stomme souvenirwinkel terug moest.' Hij drukt de buitenband weer op zijn plaats. Ik snap niet waarom hij zo'n haast maakt, ze gaan toch nergens naartoe.

'Hebben jullie wel iets te eten?'

'Nee, we zouden aan de overkant gaan eten.'

Moth komt aanlopen met chocoladerepen en een banaan en we laten ze verder maar naar het tij kijken, dankbaar dat zij degenen zijn met de lekke band, en niet wij.

We zijn net op tijd bij de ijskraam voordat die voor de avond sluit en rijden langzaam het eiland op. Ergens in het westen zal de zon in het water zakken. Hier, met uitzicht naar het oosten is er geen zon, maar de diepe, zeldzame kleuren van een zonsondergang vloeien uit over de horizon tussen hemel en water, een inktvlek van kleur die de weg van de minste weerstand kiest. Op een uitstekende rots aan de rand van het eiland staat een kasteel afgetekend tegen deze kleur, die het losmaakt van de werkelijkheid. Het is niet moeilijk te zien waarom Hendrik VIII het een goed idee vond de stenen van de priorij te nemen en daarvan een kasteel te bouwen, aan de rand van het land, waar het uitzicht oneindig is en verdedigen gemakkelijk. Maar ik betwijfel of de monniken, die bijna duizend jaar in de priorij hadden samengeleefd en borden vis hadden gedeeld met heiligen, dat ook vonden. Ik betwijfel ook of Hendrik zou hebben vermoed dat zijn verdedigingsgebouw dankzij architect Edwin Lutyens een nieuwe vorm zou krijgen in de stijl van de Arts and Crafts-beweging, of dat Gertrude Jekyll een tuin zou ontwerpen op de plek waar zijn verdedigingswapens hadden gestaan.

Ik heb geen religieuze overtuiging en we zijn hier niet op een spirituele zoektocht naartoe gekomen, meer uit nieuwsgierigheid, maar toch hangt hier een onaardse sfeer. Het tij snijdt het eiland nog steeds van het vasteland af, net zoals het dat zal hebben gedaan toen de eerste monniken vanaf Iona aan de Schotse westkust hierheen kwamen, net zoals het dat deed toen Hendrik en zijn soldaten vertrokken, nadat ze het leven op het eiland totaal hadden veranderd. Het is alsof het tij nog steeds de volmaakte verdediging is, niet langer tegen plunderende legers, maar nu gewoon tegen de vele bezoekers die hier elke dag in drommen naartoe komen. Er hangt een vreemd, bijna tastbaar gevoel van menselijke verbondenheid in de lucht, alsof duizend jaar tijd en levens zijn samengeperst in de vlucht van een scholekster die in het wegstervende licht roept en over het water scheert tussen het eiland en Bamburgh Castle in het zuiden dat langzaam wazig wordt in de verte. Hetzelfde tafereel dat zich honderden jaren telkens opnieuw heeft afgespeeld.

Moth zit met zijn rug tegen de stenen muur van een vervallen gebouw. Het lijkt of hij naar het laatste licht kijkt, maar hij is er niet echt bij, zijn gedachten zijn ergens voorbij de horizon.

'Gaat het wel, waar denk je aan? Zullen we nu maar gaan en zorgen dat we wat slaap krijgen? Ik weet niet hoe het met jou zit, maar ik ben doodop.'

'Ik ook, maar de laatste tijd besef ik dat het er niet toe doet hoe moe ik ben, ik mag momenten als deze niet missen, ik moet elk moment dat ik krijg, vasthouden.'

'Maar als je te moe wordt, kun je dat niet, dan slaap je door alle momenten heen.' Terwijl ik het zeg moet ik er opeens aan denken hoe eindeloos hij sliep voordat we uit Cornwall weggingen. De dagen die verloren gingen in een mist van vermoeidheid, en de waarschuwingen van de arts: 'Pas op dat je je niet vermoeit.' Het heeft elk spoortje wilskracht van hem gevergd om te komen waar we nu zijn; ik ben bang dat een extra uur lichamelijke inspanning of zelfs de wind die de verkeerde richting op blaast, genoeg is om hem terug te sturen naar waar hij begon, of zelfs nog verder omlaag.

'Dat zou ik misschien ook hebben gezegd, voordat we weggingen, maar deze reis heeft me iets geleerd over dit allemaal, het leven, het sterven, de leegte daartussen. Het gaat er niet om hoelang het duurt, het gaat om de waarde van elk moment. Het is net als met zo'n pan paddenstoelensoep van jou.'

Het is bijna donker op de rand van een eiland dat in de Noordzee uitsteekt, er blaast een kille noordoostenwind vanuit Scandinavië en hij vergelijkt leven en dood met een pan soep.

'Wat?'

'Er zijn ladingen paddenstoelen voor nodig, dus je maakt altijd maar genoeg voor twee kommen, maar er zitten zoveel en zo diepe en complexe smaken in, van tijm en knoflook en aarde, dat dat niet erg is. Die ene kom is genoeg.'

'Aarde? Dat komt waarschijnlijk doordat ik de compost niet van de paddenstoelen heb gewassen.'

'Dat moet je niet doen.'

'Wat niet?'

'Altijd als ik over de dood begin, maak jij er een grapje over, of je verandert van onderwerp. Snap je het dan niet? Het maakt deel uit van de soep. Er is altijd meer smaak wanneer de paddenstoelen bijna te ver heen zijn, dat maakt de soep nog veel rijker.'

'Misschien moet ik die soep maar niet meer maken, als hij jou doet denken aan aarde en dood, van nu af aan wordt het tomatensoep.'

'Je weet dat ik dwars door je heen kijk, hè?'

'Ik weet het. Maar jij weet ook dat het bij deze reis altijd al om het verzamelen van de ingrediënten voor een verrukkelijke soep ging.'

'Het is al een lekkere soep.'

'De lekkerste die er is.'

We lopen weg als de duisternis valt, ergens in de leegte tussen leven en dood, die plek waar wij allemaal verkeren.

Als we de volgende morgen het dorp uit fietsen, komt ons een vloed tegemoet, niet van water, maar van mensen. Het is pas tien uur, maar het parkeerterrein staat al vol, busladingen mensen worden uitgebraakt op de weg en de dam is één lange file. De vredigheid van het eiland verdwijnt onder een tsunami van mensen. Het is alsof ik bij een voetbalstadion sta op de dag van een cupwedstrijd. Hoe kan zo'n klein eilandje zoveel bezoekers aan?

Terug op het vasteland nemen we pauze in een café, drinken een kop thee en bestuderen een kaart. Vanaf hier draaien we naar het westen en volgen we de Borderlands naar Kirk Yetholm. Als we de tearoom uit komen, staat er een koele wind, die de kans op regen meebrengt en heeft mijn fiets een lekke band: hij is volkomen plat. De Moth van vóór de CBD kon nog in zijn slaap een band verwisselen; ik duim in gedachten dat hij die herinnering niet kwijt is. Hij haalt de pomp van zijn fiets en probeert mijn band op te pompen, maar het mondstuk past niet op het ventiel, wel op dat van Moth, maar niet op het mijne. Zonder pomp kunnen we de binnenband niet verwisselen en als we de binnenband niet kunnen verwisselen, kunnen we nergens naartoe. We bestellen nog een kop thee en overwegen een taxi te bellen om ons naar een fietsenwinkel te brengen, maar de mobiele telefoon heeft geen bereik. Ik tape Moths vinger opnieuw in. Hij is nu blauw en het vlees is over zijn ring heen gezwollen.

'Ik wist dat je hem af had moeten doen.'

'Het gaat prima zo, het doet geen pijn, tape hem maar weer in en ik weet zeker dat de zwelling met een dag of twee wel weer afneemt.'

We lopen rond om te proberen bereik te krijgen, maar het lukt niet, en we drinken nog een kop thee en luisteren naar een discussie over de Brexit, die uitmondt in een gesprek over de Schotse onafhankelijkheid. Beide referenda liggen in het verleden, maar de gevolgen ervan trillen nog steeds door, vooral hier in de Borders, waar maar weinig mensen zich ofwel Schots ofwel Engels voelen, eerder inwoners van een soort eigen overgangsland daartussenin. Het klinkt alsof er elk moment taarten in het rond kunnen gaan vliegen, maar uiteindelijk bedaart de sfeer en komt hun discussie tot een conclusie.

'Ik heb wel voor de Brexit gestemd, maar ik wilde niet uit Europa weg, ik wilde het gevoel hebben dat we echt onafhankelijk waren binnen Europa. Ik dacht gewoon dat het de boel eens zou opschudden, ik had niet echt verwacht dat het zou gebeuren.' De oudere dame drinkt haar theekopje leeg en haar boosheid neemt af.

'En ik wil geen onafhankelijkheid, maar ik ben Schot, geen Brit.' De jonge man in zijn sportbroek pakt het servet op dat de oudere dame heeft laten vallen en geeft het aan haar terug. 'Ik zou zeggen dat wij allebei hetzelfde zijn: we willen getrouwd zijn, maar onze eigen naam houden. Teamspelers zijn, maar wel nog steeds individuen.'

'Ik wil niet met jou trouwen, lieverd, ik zou niet met een man in een korte broek kunnen leven.'

We laten ze achter terwijl ze telefoonnummers uitwisselen en gaan terug naar onze eigen crisis. Aan de andere kant van het parkeerterrein is een stel bezig fietsen uit een auto te laden. Zij houdt ze vast, terwijl hij op weg gaat naar de openbare toiletten waar onze fietsen naast staan.

'Alles oké met jullie? Die is wel erg plat.'

'Het zou oké zijn, maar onze pomp past niet.' Moth probeert de pomp telkens opnieuw in de hoop dat hij hem simpelweg niet goed heeft vastgemaakt. 'En de binnenband past wel op mijn fiets, maar niet op deze. Dus niet echt oké, nee.'

'Loop maar even mee naar de auto, ik heb wel een binnenband en een pomp die daarop past.' Moth loopt achter hem aan het parkeerterrein over, en als hij terug komt lopen, zie ik het stel wegfietsen.

'Ze zeiden dat we de pomp maar gewoon onder hun auto moeten leggen als we weggaan.'

'Wat aardig.'

Nadat we uren hebben rondgehangen en getwijfeld over wat we moesten doen, en ondanks zijn ingetapete vingers, is de binnenband binnen een paar minuten verwisseld, zodat we klaar zijn om te gaan. Sommige herinneringen verdwijnen blijkbaar nooit. Maar terwijl wij onze aandacht bij het wiel hadden, is een aantal auto's aangekomen en zijn andere weggereden.

'O verdorie.'

'Wat? Wat is er gebeurd?'

'Ik weet niet meer welke auto het was. Hij stond naast een rode, maar er staat nu geen rode auto.'

We lopen heen en weer langs de rijen auto's en laten uiteindelijk de pomp achter bij de enige auto waarvan de achterbank is neergeklapt, stoppen een briefje onder de ruitenwisser en fietsen weg, in de hoop dat het goed is zo.

We halen de tent weg van zijn plek achter een heg en duwen de fietsen de weg op, in een koude wind uit het westen. We hebben honger als we stilhouden bij Flodden Field, maar het lijkt bijna respectloos om hier een Mars te eten, op de plek waar zoveel mensen zijn gestorven. In de zestiende eeuw waren de mensen in dit gebied wel aan onrust gewend: schermutselingen met de *border reivers* hoorden hier jarenlang bij het leven. Deze roversbendes uit streken zowel ten noorden als ten zuiden van de betwiste grens vielen geregeld elkaars land binnen, waar ze goederen roofden, vee stalen en gevangenen maakten. Maar wat er in 1513 op dit veld gebeurde, was veel meer dan een schermutseling. Bij de slag tussen de Schotten en de Engelsen kwamen James IV van Schotland en tussen de tien- en twintigduizend soldaten om in de modder van dit boerengrensland. Zo'n belangrijke en verschrikkelijke veldslag, nu alleen gemarkeerd door een stenen kruis en een parkeerplaatsje. Wij halen de fietsen van het slot en fietsen weg, terwijl het gewicht van duizenden doden zwaar op ons drukt. Sinds de zestiende eeuw hebben mensen de wereld onherkenbaar veranderd. We hebben een revolutie teweeggebracht in onze manier van leven, adembenemende en wonderbaarlijke ontdekkingen gedaan en toch lijken we totaal niet in staat onszelf te veranderen. We zijn geen stap vooruitgekomen sinds die dag in 1513 waarop zoveel mensen stierven. Eeuwen waarin we hadden kunnen samenwerken om een manier van leven te zoeken waarin niemand hongerlijdt of geen dak boven zijn hoofd heeft, een wereld waarin we niet het klimaat verwoesten. Maar we hebben alleen kostbare tijd verspild met vechten om een lijn op een kaart. Ik fiets door, terwijl ik me een wereld zonder grenzen voorstel.

'Je lijkt John Lennon wel, fiets nou maar door, anders komen we er nooit.'

Het loopt al tegen het eind van de middag wanneer we de brug over de rivier de Bowmont oversteken en het grind voor een B&B in Kirk Yetholm op fietsen. In de tuin zit een stel thee te drinken. De man, een grote, luidruchtige noorderling, staat op, hij houdt de theepot omhoog.

'Ik dacht dat jullie nooit zouden komen. We hebben alle taartjes al op.'

DEEL DRIE

De ruggengraat

‘Ons hekloze land
Is veen dat blijft korsten
Tussen momenten van zon.’

Seamus Heaney, *Bogland*

De Pennine Way

Van Kirk Yetholm naar Edale

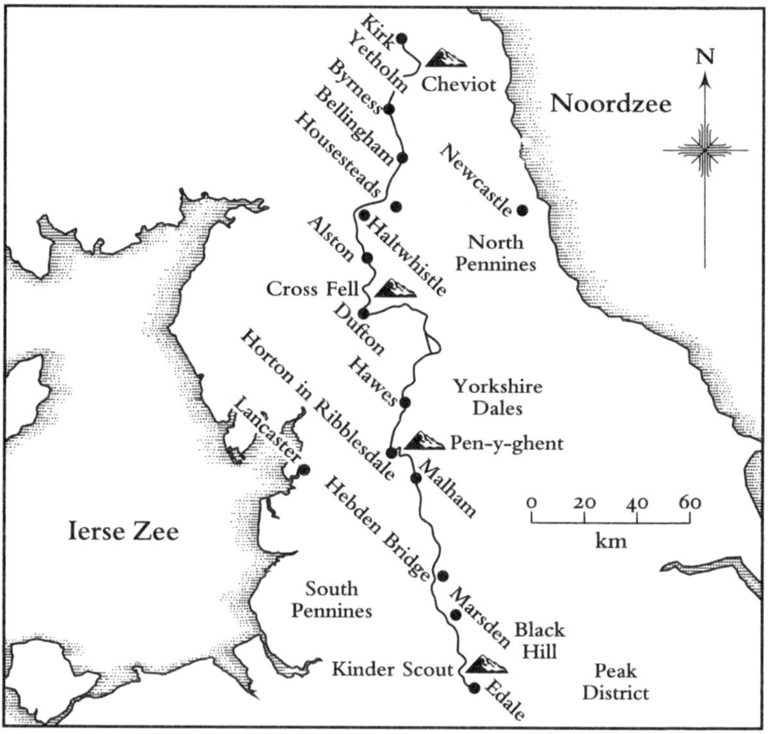

22

'Ik snap niet waarom we dit doen, jullie hadden ook gewoon naar huis kunnen fietsen.' Dave staat over mijn fiets gebogen en probeert de pedalen eraf te halen, zodat de fiets in een grote kartonnen doos past om in Cornwall afgeleverd te worden.

'Dat zouden we niet gehaald hebben, het is te ver. Ik dacht dat backpacken zwaar was, maar fietsen is pijn van een heel andere orde.' Ik pak de pedaal van hem aan en doe die in de doos. 'Nee, zoals we aan de telefoon zeiden, we rusten hier even uit en lopen dan met jullie tweeën verder, tot jullie weer moeten gaan werken, dan nemen wij de trein naar het zuiden. Ik snap trouwens niet waarom jullie ons mee wilden hebben, o, ik snap het wel: wij moeten de kaart voor jullie lezen.'

'Nou moet je niet jokken. Je weet best dat je ons mee wilde hebben omdat het leven gewoon te saai is zonder ons.'

Ik gooi hem de fietstassen naar zijn hoofd. Hij propt ze naast de fiets en we plakken de doos dicht.

'Zijn jullie klaar?' Julie plakt de doos met Moths fiets dicht.

'Yep, klaar.'

'Naar de pub dan maar?'

Moth is in een doolhof van kamers op zoek gegaan naar het toilet en Julie neemt de gelegenheid te baat.

'Hoe is het met hem gegaan? We maakten ons nogal zorgen over hem nadat jullie bij ons waren geweest, maar ik moet zeggen dat hij er nu anders uitziet.'

'Cape Wrath was zwaar, in allerlei opzichten, maar sindsdien lijkt hij sterker, flexibeler, zowel in zijn denken als in zijn bewegingen. Maar wie weet? Ik duim elke avond voor ik in slaap val en hou elke ochtend mijn adem in, uit angst dat hij zich slechter voelt als hij wakker wordt, niet beter.'

'En voelde hij zich dan slechter?'

'Nee, nu ik erover nadenk, al een tijdje niet.'

'Ik heb pas ergens gelezen dat training op verschillende ondergronden voor mensen met parkinsonachtige ziektes effectiever is dan gewone fysiofitness op een vlakke ondergrond, en waar jullie geweest zijn is het niet bepaald vlak.'

Het is waar, de venen en keienvelden waren allesbehalve vlak. Mijn gedachten gaan naar het South West Coast Path en hoe Moths gezondheid wonderbaarlijk verbeterde terwijl we op een pad liepen dat continu ongelijk is, continu op en neer gaat, en vraag me af of de wilde plekken waartoe wij ons aangetrokken voelen, niet de sleutel bevatten voor Moths gezondheid, op een veel eenvoudiger manier dan ik had gedacht.

'Daar is hij. Ik dacht al dat je verdwaald was daar', Dave verandert onmiddellijk van onderwerp als Moth eindelijk van de toiletten terugkomt.

'Tja, je weet hoe dat gaat, als je een paar weken geen doorspoeltoilet hebt gezien, kun je je niet meer van het stromende water losmaken.'

'We hadden het er net over, tegen de tijd dat wij terug naar huis gaan, zijn jullie al een aardig eind op weg over de Pennines, dan kunnen jullie net zo goed doorlopen nadat wij zijn weggegaan, het pad afmaken, nu jullie er toch zijn.'

'Geen denken aan, weet je wel hoe lang de Pennine Way is?' Maar Moths gezicht licht heel even op, een kleine verandering van uitdrukking die anderen niet zouden opmerken, maar die ik al duizend keer eerder heb gezien. Hij kijkt op en vangt mijn blik en we weten allebei wat er gebeurt.

De Pennines vormen vierhonderdzesentwintig kilometer moorland over de ruggengraat van Engeland, vanaf Edale in de Dark Peak naar de pub in Kirk Yetholm. Vierhonderdzesentwintig kilometer weidse luchten, veen en bar weer. Toen deze route in 1965 werd geopend, was hij de allereerste *national trail* van het Verenigd Koninkrijk, en de meeste mensen hadden geen idee wat ze ermee moesten. Maar Tom Stephenson, een schrijver die zich sterk had gemaakt voor de instelling van het pad, koesterde een droom over wat het zou worden: 'Een vage lijn op de Ordnance Survey-kaarten die de voeten van dankbare pelgrims in de loop der jaren over het land zouden trekken.' Ik doe de gids dicht en denk na over deze regels, die mijn vriend Paddy Dillon citeert. Ik heb het idee dat wij dat nu al weken doen, in het voetspoor van de mensen die ons zijn voorgegaan: lijnen trekken over het land.

Na een paar nachten met de luxe van een bed en warm water vertrekken we met tegenzin, maar als in het begin van de middag de truck komt om de fietsen op te halen, zijn we klaar om op weg te gaan. Ik hang mijn rugzak om, blij met de vertrouwdheid van dat gevoel. Er kan ons niets gebeuren, we zijn veilig in de handen van Paddy; per slot van rekening zijn de Pennines zijn thuis, dus het zal wel goed met ons gaan. Maar binnen een paar uur, op het heetst van de dag, besef ik dat hij iets zeer essentieels uit zijn gids heeft weggelaten. Wordt Schotland geterroriseerd door muggen, de Pennines zijn de thuisbasis van de steekvlieg. Binnen acht kilometer is elk bloot stukje huid overdekt met grote, gezwollen steken. Anders dan de rode, irritante beet van de mug doen deze steken de huid opzwellen in een rode bult ter grootte van een stuiver als je geluk hebt, of van munt van vijftig cent als je dat niet hebt; ze jeuken 's nachts ondraaglijk en het duurt dagen voor ze wegtrekken. Ook al is het warm en windstil, we bedekken ons met mouwen en lange broeken en lopen zwetend omhoog naar een houten schuurtje dat we in de verte zien staan, het eerste van een reeks schuilhutten. Maar dat is verder dan we denken. Een duikeling in het pad leidt ons over een stuk veen dat door de heuvel aan het gezicht werd onttrokken en langs een groep vrouwen die lachend en zingend en met druipnatte haren van de andere kant komt.

'Hé, hallo, wat wonderlijk, er zijn mensen hierboven. Jullie zijn de eerste mensen die we de hele dag hebben gezien. Waar zijn jullie vandaan gekomen?' De vrouwen lijken zo vrolijk, alsof ze zomaar spontaan kunnen ontbranden van vreugde.

'Net uit Kirk Yetholm, zeg maar. Wij gaan naar het zuiden. Lopen jullie de Pennine Way?' Dave schuifelt ongemakkelijk met zijn voeten in de aanwezigheid van deze bijzonder levendige vrouwen.

'O, nee, dat zouden we nooit doen, veel te zwaar en niet genoeg water. We zijn omhooggekomen vanaf een parkeerplaats, daar ergens, we hebben gezwommen onder de waterval in Hen Hole. Dat is wat wij doen, we zijn de Northumbrische Meerminnen, we zwemmen over de Pennines en hebben enorm veel plezier.' Ze kijken elkaar aan en barsten opnieuw uit in aanstekelijk gelach.

'Een waterval, fantastisch, ik zou het heerlijk vinden om deze steken onder het water te houden.' Ik kijk om me heen, maar er is nergens water te bekennen, laat staan een waterval.

'Jullie vinden hem wel, het dichtstbijzijnde water is daar, dus jullie zullen wel moeten.'

Terwijl we ze zien weglopen, beseffen we dat we niet aan water hadden gedacht. We zijn uit het dorp vertrokken met genoeg water voor een dag, maar nu moeten we onze flessen opnieuw vullen voor vanavond en de volgende dag. We hadden niet verwacht dat het een probleem zou zijn om water te vinden in een omgeving die in feite één groot veen is. Maar er zijn geen beekjes, het enige water staat in poelen die bruin zijn van de turf, en dat is volkomen ondrinkbaar, tenzij je het filtert, steriliseert en vervolgens kookt en totaal wanhopig bent.

We komen bij de schuilhut met meer dan genoeg tijd om eten

te maken voor het donker wordt, als we maar water hadden om mee te koken. Schuilhutten zijn wat het woord zegt: hutten. Gemaakt van steviger hout dan een tuinschuurtje, maar toch gewoon houten hutten. Hen Hole Hut ligt vlak bij de top van een heuvel, met uitzicht naar het noorden en omhoog langs de flanken van de Cheviot. Een man van in de zeventig verschijnt in de deuropening, met een wollen muts diep over zijn weinige plukjes grijs haar getrokken; het voelt alsof hij ons welkom heet in zijn huis. Binnen liggen zijn slaapmatje en slaapzak al uitgerold: Tam heeft hier duidelijk zijn intrek genomen voor de nacht. Het donkere, deprimerende interieur is niets voor mij, we zetten onze tent neer op de hei, met de voorkant naar de zonsondergang.

'Weet jij waar hier ergens water is, Tam?' Moth schudt de waterflessen, er zit nauwelijks meer iets in.

'Je moet daar naar beneden, het is nogal steil, ongeveer een kilometer lang. Maar je hebt geen keus, er is nergens anders water.' We staan even te overleggen, maar Daves padvindersbehoefte om de groep te beschermen wint het. Julie lacht tegen hem, niet van plan de heuvel af te gaan.

'Laat hem maar gaan, hij is dol op corvee.' Ze heeft haar schoenen al uitgetrokken en ik volg haar voorbeeld, maar Moth loopt achter hem aan de heuvel af.

'Wacht even, man, je kunt al die flessen niet in je eentje dragen.'

'Hè hè, ik dacht al dat ik het echt in mijn eentje zou moeten doen.'

We gaan op een bank bij de hut naar de zonsondergang zitten kijken, terwijl Tam ons vertelt dat hij de Pennine Way in delen heeft gelopen en dat morgen zijn laatste dag is. Hij loopt alleen en heeft duidelijk genoeg aan zichzelf.

'Ik maak me niet druk over tijd of afstand, ik loop gewoon elke dag en geniet van waar ik ben. Iedereen moet het in zijn eigen tempo doen.' Hij bevestigt een elektrisch apparaatje aan zijn knie.

'Wat is dat?' Julie is degene die het gesprek gaande houdt, altijd nieuwsgierig, de therapeut in haar kan nooit ophouden met vragen stellen.

'Dat is een gps-tracker. Die vertelt me precies waar ik ben en hoe ver ik heb gelopen en op welke snelheid. Meestal doe ik 3,3 kilometer per uur, dus ik weet precies wanneer ik op mijn bestemming ben en waar die is.'

Ik kijk naar de nu al beduimelde pagina's van Paddy Dillons wandelgids en bedenk hoe weinig wij over tijd en afstand nadenken. De afgelopen weken hebben we het ritme aangenomen dat we van de ene pagina naar de andere lopen van de gids of kaart die we op dat moment gebruiken, en we kijken zelden voorbij de vouw in het papier of naar de volgende paar pagina's. Zij praten verder terwijl het licht afneemt tot schemering, de wind killer wordt en Moth en Dave nog steeds niet terug zijn. Eindelijk verschijnen ze, beladen met waterflessen en onverwacht schoongewassen. Dan koken we water voor noedels bij zaklantaarnlicht, in een wind die duidelijk boos weer onze kant op blaast.

De wind loeit over de open moor, de weidse uitzichten van gisteren zijn verdwenen in voortrazende lage wolken, er is nu niets anders te zien dan veen en pad. Volgens Paddy was dit stuk, zoals veel gedeeltes van de Pennine Way, vroeger een breed pad van kaal zwart veen; een brede strook, waar duizenden voeten de begroeiing hadden vertrapt, zodat de turf een vrijwel onbegaanbaar moeras werd waarin je tot je dijen wegzakte en waar volgens sommigen zelfs paarden zijn verdronken. Maar enkele jaren geleden zijn hier, zoals in veel andere delen van de Way, flagstones over het veen gelegd. Jaren later is het resultaat dat op de turf weer veengras is gaan groeien, waardoor de natuurlijke toestand van de bodem werd hersteld en wandelaars er weer veilig overheen kunnen lopen.

Dekenvenen als deze bedekken grote delen van de koelste, natste regio's van het Verenigd Koninkrijk, van de Shetlands via het noorden van Schotland, over de Pennines, naar delen van Wales en de moors in het zuiden van Engeland. Een enorm gebied van tweeënhalf miljoen hectare dat zo'n 13 procent van alle dekenvenen ter wereld vormt. Het zijn uitgestrekte, niet-beboste gebieden diepe turf die enorme hoeveelheden regenwater vasthouden in poelen, bedekt met vitale vegetatie van mossen en pollen gras. Turf bestaat uit dood plantenmateriaal dat in deze natte omstandigheden niet helemaal vergaat, maar in de grond wordt vastgehouden, waar dan ook alle koolstof die een plant gedurende zijn leven heeft opgeslagen opgesloten zit. Gezond veen houdt die koolstof vast en als de vegetatie erboven afsterft, voegt die dat aan de turf toe, zodat er nog meer koolstof opgeslagen wordt. In deze tijd van klimaatverandering is een gezond veen een ongelooflijk belangrijk bezit en men schat dat gezonde turflanden in het Verenigd Koninkrijk meer dan drie miljard ton koolstof bevatten. Maar wanneer die venen in verval raken, hun vegetatie verdwijnt door landbouw, turfsteken of brand, worden ze een groot onbeheersbaar klimaatgevaar. Alleen al in Engeland stoten verwaarloosde turfgronden iets in de orde van tien miljoen ton CO_2 per jaar uit in de atmosfeer, wat het herstel van onze veengronden van levensbelang maakt in onze pogingen de klimaatverandering te vertragen. Maar ze zijn ook onderdeel van onze cultuur, ze verbinden dit eiland van noord tot zuid, leven in ons denken van alledag zonder dat we ons daarvan bewust zijn en hun gezondheid is nu onlosmakelijk verbonden met de onze. Nancy Campbell heeft een boek geschreven over vijftig woorden voor sneeuw, ik weet zeker dat wij vijftig woorden voor veen zouden kunnen vinden, al zou dat boek misschien veel minder romantisch zijn om te lezen.

We lopen kilometers door regen en wolken en passeren Windy Gyle, dat een van de mooiste uitzichtpunten van de Way moet zijn. Wij kunnen niet verder kijken dan een cirkel van twintig meter om ons heen, waar de mist een muur vormt, en lopen maar verder over het pad terwijl we ondertussen proberen een lijst van woorden voor veen op te noemen – *bog, swamp, mire, marsh, sump, quagmire* – en heel erg ons best doen om op de flagstones te blijven.

We komen bij de volgende schuilhut en gaan binnen zitten om even uit de regen te zijn. Drie tienerjongens hebben er al hun kamp opgeslagen, allemaal in korte broek en op witte hotelslippers, terwijl hun wandelkleren en schoenen netjes op een bank zijn neergelegd. Ze lopen de Way voor een goed doel ten bate van kinderen.

'We hebben maar twee weken, dan moeten we weer aan het werk, maar we halen het wel, ik weet het zeker.'

'Hoe zit het met die slippers?' Eén jongen houdt zijn voeten omhoog en kijkt trots naar zijn oogverblindend witte slippers. 'Die heeft mijn moeder ons gegeven, om in de hutten te gebruiken. Ik denk niet dat ze helemaal doorhad wat voor hutten het zouden zijn.'

Ik zit me af te vragen hoe ze die slippers wit willen houden, als de deur openvliegt en er twee mannen binnendrommen, gevolgd door nog een man met een hond. De hond blijft met zijn kop naar de hoek staan, met een dieptreurige, neerslachtige uitdrukking. Het wordt nu wel erg vol in de hut van twee bij drie meter; er stijgt damp op, de slippers van de jongens worden modderig en de anderen hebben hun slaapzakken van de banken geschoven. We willen net weggaan om in de regen de tenten op te zetten, als een man en een jongen binnenkomen en opeens is het geheel te interessant om er nu al vandoor te gaan. Ze praten allemaal over de regen en hoe het is om per fiets door het veen te trekken. De man met de hond, die kennelijk niet van hem is maar van een buurman, zegt dat hij gaat kamperen, maar de drie andere mannen en de jongen gaan nergens naartoe.

'Jullie zullen moeten inschikken of naar buiten gaan jongens, wij hadden erop gerekend hier te komen en we hebben geen tenten meegebracht, dus het ziet ernaar uit dat de hut voor ons is, want ik zie dat jullie tenten bij je hebben.' De grote, hard pratende natte man kijkt naar de rugzakken van de tieners en gebaart met zijn hoofd naar de deur.

'Ja, eruit, de hut is voor ons.' De jongen is net een miniatuurversie van de man, niet alleen in de manier waarop hij gekleed is. Het is vreemd een territoriumstrijd te zien in een houten hut, midden in een mistig veen. Vreemder nog om te zien dat zowel de man als de jongen zo onbeleefd is, maar geen weerwoord krijgt. Wij zetten onze tenten op en koken daarbinnen, uit de regen.

De volgende morgen zijn we bezig in te pakken, als de man de onwillige hond meetrekt over het pad en de jongens hun tenten uitkomen, op slippers die nu bruin zijn van de turf. De volgende paar uur denk ik na over de vraag of het concept van grenzen, landen en oorlogen overal op deze manier begonnen is, met een grote neanderthaler die de grot opeist en de kleinere eruit smijt, en ondertussen zijn kinderen leert hetzelfde te doen.

Ondanks de regen van gisteren is er nog steeds nergens drinkbaar water. Aan de horizon rent een enkel klein hert, het enige dat we hebben gezien sinds de bok op de West Highland Way, en nu ik erover nadenk: er is helemaal heel weinig dierenleven hier. Af en toe een leeuwerik, soms een roodborsttapuit, maar verder niets. Schapen zijn er wel. Elk stukje droge grond is een tapijt van schapenmest, het gras is bijna tot op de kale aarde afgegraasd, en we zien hier meer schapen dan op de hele Cape Wrath Trail.

Het regent niet meer en het wordt warmer terwijl we doorlopen tussen vlakke stukken veen met pollen gras, schapen en lucht. Maar in het zuiden vormen zich hoge cumuluswolken, die met het uur donkerder worden. Dan krijgen we het over ons heen. Bliksemflitsen slaan in de moors overal rondom ons, verblindende, fosforescerende strepen tegen het donker wordende landschap, de lucht dreunt van de rollende donder. Dan de regen, enorme kletterende druppels water die op de capuchons van regenjacks roffelen, tot de hele dag vol licht en geluid is. Het lawaai gaat maar door, explosief, knetterend, oorverdovend: het geluid van het einde van de wereld. We weten niet of we vol ontzag moeten blijven staan of doodsbang zullen wegrennen en uiteindelijk vinden we een manier om het allebei te doen, tot het veenland plaatsmaakt voor dennenbossen en een steil pad van stenen en modderwater de heuvel af.

In het bos blijven we staan als een oude man langzaam over het pad door de stortvloed van regen en modder heen onze kant op komt lopen. Een dikke witte baard steekt onder zijn capuchon uit, zijn rugzak is in vuilniszakken gewikkeld en druipt van het water.

'Ik weet zeker dat een van ons een extra rugzakhoes heeft, wilt u er een? Uw spullen zijn vast door- en doornat.' Moth zoekt al in zijn rugzak naar de hoes.

'Nee, jongen, geen probleem. Ik loop gewoon langzaam, neem de tijd, doe niet veel meer dan acht kilometer op een dag, dus regen of zonneschijn, nat of droog, het maakt me niet veel uit. Morgen schijnt de zon weer, dan wordt alles wel weer droog. Er zou een B&B zijn daarbeneden, maar die kon ik niet vinden. Het komt wel goed, ik ga een plekje in het bos zoeken. De bomen beschermen me wel.'

We laten hem achter, in de hoop dat hij beschutting en een plek met droge dennennaalden vindt.

Glibberend en glijdend komen we onder aan het bos, we zien het bord naar de B&B en gaan daarheen om voor het onweer te schuilen. Een jong stel ontvangt ons, ze hebben nog twee kamers vrij en waren net bezig *shepherd's pie* op te dienen, willen wij ook? De man neemt onze spullen over, zet ze in een droogkamer en binnen een paar minuten zitten we warm te eten in hun serre. De B&B bestaat blijkbaar uit twee voormalige gemeentelijke gebouwen, het is een plek waar reizigers worden gered, waar mensen gebruikmaken van de kamers of als die vol zijn, in de tuin hun tent opzetten, maar ook dan hun kleren drogen en een warme maaltijd eten. Het is een oase. Ik wilde dat de oude man haar gevonden had; ik zou liever gezien hebben dat hij vannacht mijn kamer had gehad.

23

Na Byrness loopt het pad kilometerslang door naaldbos. Kilometers stille donkergroene lucht, waar maar weinig beweegt, afgezien van andere wandelaars die noordwaarts lopen. Naaldbossen bevatten het grootste deel van het timmerhout waarvan onze menselijke wereld is gemaakt, van tafels tot boekenpagina's, maar voor de natuur zijn ze een dode zone, waar maar weinig dieren zijn en er nog minder gedijen. Toch hebben naaldbomen een onvervangbare waarde voor het menselijk leven (afgezien van de toiletrollen waarom we allemaal hebben gevochten), hun werkelijke waarde is onzichtbaar, behalve op heel warme dagen, als er een blauw waas om de bomen hangt en we hun kostbaarste geschenk wel kunnen zien. De bomen geven pineen af, een chemische stof die het waasje vormt dat de bomen tegen de zon beschermt; op ons heeft het een al even beschermend effect. Wetenschappers hebben ontdekt dat het pineen dat we inademen, een chemische reactie met ons lichaam aangaat, het niveau van het stresshormoon cortisol verlaagt en de activiteit van onze kankerdodende cellen versterkt. Geen wonder dat we ons aan het eind van de dag allemaal heel ontspannen voelen. Ik begin me af te vragen of we een manier kunnen vinden om deze stressvernietigende, CO_2-vasthoudende monsters te laten groeien en gedijen, of het mogelijk is de wereld te genezen van haar obsessie met van houtpulp gemaakte toiletrollen, zonder een tapijt van bamboe over de aarde te leggen.

De hemel klaart op boven Whitley Pike, en zo strekt zich een donkerblauwe avond van west tot oost over schijnbaar oneindig veenland uit. Maar er is geen plek om te kamperen. Het veen is bedekt met een verende laag graspollen en struikjes op de van water verzadigde turf die met elke voetstap water afgeeft, als een spons. Tot we op de top van Deer Play een piepklein stukje droge grond onder het steenmannetje en de Pennine Way-wegwijzer vinden. Dave en Julie persen hun tentje onder de paal, maar voor dat van ons blijft er geen andere plek over dan op het pad zelf. Het geeft niet, na onze dag baden in het bos zijn we zo high van het pineen, dat niets geeft.

De zon verdwijnt, maar de horizon licht van zuid naar noord op in diepe winegumkleuren. We zitten op de stapel stenen, ieder in zijn eigen gedachten verzonken. Dan horen we hem, die vogel die we nooit zien, maar die we al de hele weg vanaf het noorden van Schotland horen. Er zijn geen herten meer, of arenden, orchideeën of koekoeken, maar deze vogel die we niet kennen heeft de hele weg geroepen.

'Daar is hij weer, die vogel. We zien hem nooit, dus we kunnen er niet achter komen wat het is.'

'O, schei uit, Moth, vertel me niet dat je niet weet wat dat is?' Aan de grijns op Daves gezicht zie ik dat hij het wel weet, maar nog niet van plan is zijn kennis prijs te geven. 'Welke vogel hebben wij hier in het koude natte noorden die jullie softe zuiderlingen niet hebben? Niet te geloven dat jullie niet weten wat dat is.'

'Toe dan, zegt het nou gewoon.'

'Nee, ik geef jullie een hint: hij is van goud.'

Ik heb nog steeds geen idee waar Dave het over heeft. Ik probeer me een gouden vogel voor te stellen, maar kan niets anders bedenken dan een parkiet.

'O, je maakt een grapje, waarom heb ik daar niet aan gedacht? Een goudplevier.'

'Zie je wel, je wist het al die tijd al.' Julie kijkt mij glimlachend aan. Zo hadden we daar in het licht van de zonsondergang gezien hoe Moth een herinnering tevoorschijn trok uit een kist die op slot was geweest, maar waarvoor Dave hem de sleutel had aangereikt.

We vallen in slaap onder een met sterren bezaaide hemel, luisterend naar het geroep van de vogel die nu een naam heeft.

Moth pelt de zwarte, modderige tape van zijn hand en er verschijnt gezwollen vlees dat over de zijkanten van zijn ring heen puilt. Het ziet er meer uit als een paars met gele worst dan als een vinger. We staan in een kring om hem heen en voelen eraan, knijpen erin.

'Doet het pijn?' Julie is de enige die wat medeleven toont.

'Het voelt een beetje warm aan, maar verder gaat het wel.'

'Je weet dat ze die eraf moeten zagen, hè? Waarom heb je die ring niet afgedaan, idioot? Misschien heb ik een zaagje aan mijn zakmes, daarmee lukt het wel.' Dave prutst wat aan zijn multifunctionele padvindersmes. Het heeft een schaartje, een vijl, een tandenstoker en een kompas, maar gelukkig geen zaag.

Ik tape de vingers weer vast, voordat Dave de kans krijgt de ring te gaan doorvijlen met een nagelvijl, als er grote regendruppels op onze regenjacks beginnen te stuiteren.

'Geweldig noordelijk weer. Laten we gaan, misschien zijn we op tijd in Bellingham voor *pie and mash* in de pub.' Dave stopt zijn zakmes weg en pakt zijn rugzak op.

Julie slaat haar ogen ten hemel. 'Zelfs jij bent niet zó'n noorderling, Dave.'

We komen wat mensen tegen die noordwaarts gaan, en allemaal vragen ze hoeveel afstanden en hoeveel dagen, de meeste kijken ons spottend aan als we zeggen dat we het niet precies weten, en het blijft regenen. Iemand met een Union Jack-petje vertelt dat Engeland van Denemarken heeft gewonnen in de halve finale van het EK en nu dus in de finale zit, maar er is niet zoveel feestvreugde als we in Glasgow hebben gezien toen Schotland had verloren, en we lopen door de regen verder zonder de pure uitbundigheid van de Tartan Army (de Schotse fans). Van al die in waterdichte pakken gestoken wandelaars zegt er maar één iets over het pad of het landschap.

'Aye, we zitten in de nattigheid vandaag, maar het wordt wel beter. Wacht maar tot je in Dufton bent, het stuk vandaar naar Middleton-in-Teesdale, wauw, dat maakt het allemaal de moeite waard.' Als de man in het blauwe regenpak wegloopt, realiseren wij ons hoe weinig mensen eigenlijk een opmerking maken over het land waar ze doorheen lopen. Op de Cape Wrath Trail liepen veel wandelaars die zich vooral op de statistieken richtten, maar er waren er altijd wel een paar die iets van de grootsheid zagen terwijl ze voorbijsnelden. Maar kennelijk gaat het bij de Pennines allemaal om de kilometers, de tijd en het weer.

We lopen Bellingham in, langs een bruiloftsgezelschap dat onder paraplu's de straat afholt, een bruid die een bundel witte jurk omhooghoudt boven haar modderige knieën. We zijn overweldigd door de hoeveelheid eten die hier te krijgen is en gaan er onmiddellijk op af. Drie van ons bestellen pie and mash. Dave eet een chic bordje zalm met salade in een poging Julie te laten zien hoe geciviliseerd hij kan zijn. Aan de tafel naast ons zijn vier mannen van tegen de zeventig net klaar met eten. Duidelijk wandelaars die hier in de pub logeren, ze bespreken hun dag, zijn er trots op dat ze dertig kilometer hebben afgelegd, negen kilometer meer dan de dag van eenentwintig kilometer die Paddy Dillon in zijn gids beschrijft. En het is pas halverwege de middag.

'Ik ben niet al te stijf, vond dertig kilometer niet zo'n groot probleem.' De kale man ziet er uitgeput uit, alsof het wél een heel groot probleem is geweest.

'Ik ook niet, ik voel me prima.' De andere drie knikken instemmend.

'Laten we voor morgen sandwiches bestellen. Ham of kaas?' De kale man heeft blijkbaar de leiding.

'Nee, ik wil graag tonijn.' De kleine man is zo te horen heel uitgesproken in zijn wensen.

'Ze hebben geen tonijn, alleen ham en kaas.'

'Maar ik wil tonijn.'

'Maar ze hebben alleen ham en kaas.'

'Dan ga ik morgen naar de Co-op en haal daar tonijn.'

'Maar als ze daar dan geen tonijn hebben, wil je dan geen sandwich?'

'Als je naar de Co-op gaat, dan wil ik jelly babies.' Ik zie aan zijn gezicht dat de man in de blauwe trui echt erge behoefte heeft aan jelly babies.

'Ik ook.'

'Ik ook.'

'En ik ook.' Ze hebben allemaal behoefte aan jelly babies.

'Tja, misschien ga ik niet naar de Co-op.'

'Dat moet je wel, je wilt een tonijnsandwich.'

'Ja, je moet wel.'

'Echt, je wilt tonijn kopen.'

Ze staan op en lopen naar de bar om hun sandwiches te bestellen met de stijve, onhandige bewegingen van eind-zestigers die net dertig kilometer hebben gelopen. Ik sta op om te vertrekken met de stijve, onhandige bewegingen van een vijftiger die geen idee heeft hoeveel kilometer ze heeft gelopen, maar nu echt een zak jelly babies moet hebben.

We slaan een voorraad eten in bij de Co-op en ik zie dat Julie een grote zak worstenbroodjes in haar mandje stopt.

'Dat zal wel heel zwaar zijn om te dragen.'

'Dat weet ik, maar hij gaat straks echt honger krijgen en dan kan ik ze tevoorschijn halen op het moment dat hij medelijden met zichzelf begint te krijgen.'

Ik kijk naar de zak snoepjes in mijn mandje en bedenk dat alle wandelaars hetzelfde zijn. Of we nou doorstampers zijn of niet, we hebben allemaal pijn en we zijn allemaal geobsedeerd door eten.

Eindeloos boerenland glijdt voorbij in een waas van hekken, overstapjes, stenen muurtjes en boze boerderijhonden. Schapen op elk veld, en het gras, of wat ervan over is, is nauwelijks zichtbaar onder hun keutels. Veel te veel schapen op veel te weinig land. Naarmate de aantallen schapen toenemen, neemt het aantal dieren in het wild af. Het doet me denken aan de boerderij in Cornwall en hoe overbegraasd de weilanden daar waren toen we erheen verhuisden, maar hoe alles veranderd is na een paar jaar met minder dieren en minder chemicaliën. Het is nu begin juli, het gras op de velden zal zaad gaan vormen, klaar zijn om gemaaid te worden voor hooi, de lucht erboven zal vol insecten zitten die zich aan de grasaren te goed doen, en de lucht daarboven vol laag overscherende zwaluwen die van deze onuitputtelijke voedselvoorraad profiteren. Moth loopt voor me uit, met ongelijke tred op de stoffige grond. Ik weet dat het zijn voeten zijn, de pijn begint elke dag nadat hij zo'n acht kilometer heeft gelopen en blijft dan tot hij in zijn slaapzak ligt. Even wil ik helemaal ophouden met lopen, in de trein stappen en teruggaan naar de boomgaarden en de grasvelden. Heel even maar.

Dan opeens, tegen het eind van de middag, krijgen we een visioen van hoe dit landschap zou kunnen zijn. Een hele vallei vol wilde bloemen en de rijke geur van honing die opstijgt uit tientallen vierkante meters lievevrouwebedstro, de lucht gonst van de insecten. Het is bedwelmend. Maar het pad leidt ons de vallei uit en al heel snel zijn we weer in velden vol schapen en steekvliegen. Verderop komt een oude man in zicht. Hij heeft het pezige van een offroad hardloper, maar is gekleed in lycra en kan ook een fietser zijn. Als we dichterbij komen, zie ik dat hij op het punt staat in tranen uit te barsten.

'Hallo, loopt u de Pennine Way?' Ik weet zeker van niet, zijn rugzak is niet veel groter dan een dagrugzakje, maar ik kan niets anders bedenken om te zeggen.

'Nou, ja, als je het zo kunt noemen.'

'O, doet u alleen een deel ervan?'

Hij kijkt alsof ik een vloek heb geuit. 'Ik heb dit hele pad al vier keer eerder gelopen, dit is de vijfde keer. Maar ik zal het nooit meer lopen, en ook geen enkel ander langeafstandspad meer.'

'Waarom niet, wat is het probleem?' We kijken hem aan, in de verwachting dat hij zal zeggen dat hij een of andere ongeneeslijke ziekte heeft.

'Ik ben tweeënzeventig, ik kon het vroeger altijd in tien dagen, maar deze keer lukt het me gewoon niet.' Hij kijkt hoofdschuddend naar de grond. 'Het is zo gênant, ik schaam me voor mezelf. Ik ben niet meer wat ik was. Ik kan het gewoon niet accepteren.'

Ik vraag me af of dit het lot is van al die doorstampers die alleen maar op tijd en afstand letten. Wordt de tijd die ze in deze bijzondere landschappen hebben doorgebracht waardeloos wanneer ze zich niet meer aan het schema kunnen houden? Ik bied hem een jelly baby aan, maar hij schudt zijn hoofd, keert zich om en loopt weg, snel over het pad als een windhond achternagezeten door steekvliegen. Ik vraag me af wat de oude man in het bos boven Byrness tegen hem gezegd zou hebben. Die bekommerde zich niet om kilometers, maar ik weet dat hij weer zal gaan wandelen, en weer, en weer, tot hij niet meer kan. Zijn enige verlangen was om de aarde onder zijn voeten te voelen, zolang hij kon.

De nacht valt over tenten die zijn opgezet op de open moor, waar het eindeloze uitzicht naar de donkere hemel alleen wordt onderbroken door hier en daar lichtstippen van boerderijen. Ik zie hen niet, maar ik weet dat Dave en Julie ook in hun tentopening over het donker zitten uit te kijken.

'Ik weet niet waarom ik die zalm heb genomen, ik ben uitgehongerd, verdomme.'

'Jij zou vast wel een worstenbroodje op kunnen.'

'Wat mankeert jou, mens, vind je het soms leuk om mij zo te pesten?'

'Ja, eigenlijk wel, maar ik heb wel een worstenbroodje als je er een wilt.'

'Wat? O, já. Wat hou ik toch van je.'

We willen net de rits dichttrekken wanneer ze beginnen te vallen. Aan de verre horizon vallen lichtjes naar de grond toe. Een voor een verschijnen ze aan de hemel en vallen dan omlaag naar de aarde. We tellen er tien, elf, twaalf, ze blijven maar komen. Zodra er een op de grond is, verschijnt een ander aan de hemel. Elke keer maar één enkel lichtje.

'Jongens, jongens, dit moeten jullie zien, het is een buitenaardse aanval.' Moth is opgewonden en probeert de lichten met zijn verrekijker te bekijken, ervan overtuigd dat hij het begin van een invasie ziet. Vlakbij gaat een rits open en ik weet dat Dave nu uit zijn tent hangt.

'Wel verdomme, wat is dat?' De lichten blijven vallen. 'Denk je dat het helikopters zijn?'

'Ik zou niet weten wat het anders kan zijn.' Uiteindelijk houden de lichten op en we denken dat het voorbij is, maar dan begint het weer, iets meer naar het westen. Steeds meer lichten vallen uit de hemel omlaag.

'Is daar soms een militaire basis?'

'Ik weet het niet, maar ik heb nog nooit zoiets gezien.'

Na een halfuur houden de lichten eindelijk op en we bereiden ons allemaal voor op een gevecht tegen de buitenaardse wezens die straks over de top van de heuvel zullen toestromen, als we Julies nuchtere stem uit de andere tent horen komen.

'Het zijn vast militaire oefeningen, en zo niet, ik heb gelezen dat Tom Cruise hier in de buurt aan het filmen is, misschien moest zijn helikopterlanding een paar keer over voor alles er goed op stond.'

We laten onze staat van paraatheid varen en proberen te slapen.

Als we de volgende dag de tent opendoen, zien we geen buitenaardse wezens, zelfs geen Tom Cruise, alleen een moor met steekvliegen en schapen.

24

Na drie uur in een dennenaanplant, bukkend onder gevallen bomen door en zigzaggend rond kniediepe modder, laten we eindelijk de bomen achter ons en lopen verder in het licht en door glooiend boerenland. De dag gaat rustig voorbij, tot we over een stenen muur klimmen en plotseling worden geconfronteerd met de belangrijkste grens van tweede-eeuws Britannia: Hadrian's Wall. De muur is in het jaar 122 na Christus gebouwd tijdens de regeerperiode van Hadrianus, als verdedigingslinie die de rand van het Romeinse Rijk in Britannia markeerde en de plunderende stammen van het noorden moest tegenhouden. Toen hij klaar was, liep hij 117 kilometer van oost naar west over de hele breedte van Noord-Engeland. De muur is nu Unesco Werelderfgoed en elk jaar komen er duizenden toeristen naartoe, al zijn er nog maar een paar stukken van overgebleven. Nadat de Romeinen waren vertrokken, zodat die lastige noordelijke stammen de boel onder elkaar konden uitvechten, sloten die een bestand dat blijkbaar lang genoeg duurde om de muur een nieuwe rol te geven: ze gebruikten een groot deel van de stenen om er boerderijen, huizen en kilometers muurtjes van te bouwen. Als je nu over het landschap uitkijkt, is het alsof de muur in het omringende land is weggelekt, als waterverf op nat papier. Maar de muur was op een natuurlijke barrière gebouwd en wat ervan over is, staat nog steeds op die helling en vormt een indrukwekkend gevaarte dat op de zuidelijke horizon uitsteekt.

Omdat we vanaf de uiterste noordwestelijke punt van Groot-Brittannië komen, voelen we ons wilde stamleden die vanaf de sneeuwlijn aanvallen om ons met geweld een weg naar het zachte land van het zuiden te banen. We breken door de muur heen, een verfomfaaid, stinkend, rugzak dragend leger van vier dat vanuit het noorden aanvalt en de toeristen, zij het niet de centurions, de schrik op het lijf jaagt. We rukken op naar Housesteads Fort en dan valt onze linie uiteen in een chaotische bestorming van de English Heritage-souvenirwinkel om ijs te kopen. Hier eindigt onze aanval op het fort, want het is al gesloten en zelfs plunderende stamleden mogen niet naar binnen, en daarom schoppen we de schapenstront opzij en gaan op de muur onze ijsjes zitten opeten.

De lucht wordt killer en er trekt vocht op die als mist aan beide kanten onder de muur blijft hangen, terwijl wij als zwijgende centurions die door de hemel marcheren, in het bijna-donker de lijn van de muur volgen, die af en toe omlaagduikt en in de mist verdwijnt om dan weer op te duiken. De muur volgt een diepe holte in het landschap omlaag naar Sycamore Gap, waar een eenzame plataan de wacht houdt. Volgens de website van Visit Northumberland is dit een van de meest gefotografeerde bomen van het land. Ik ken hem alleen van een Robin Hood-film uit de jaren negentig: het was de boom waarin Kevin Costner met Morgan Freeman zat. We zetten onze tenten op, in het zicht van de boom, maar verder uit ieders zicht, want we zijn ons ervan bewust dat we nu in het land zijn waar wildkamperen binnenkort een misdaad wordt.

'Nou, dat is het dan, wij zijn morgen thuis, hebben jullie al besloten wat je gaat doen?' Julie: vragen, altijd vragen, altijd ons tot een beslissing dwingen. Ik bedenk nog maar eens waarom ik nooit heb overwogen in therapie te gaan; therapeuten stellen gewoon te veel vragen.

'Wij gaan naar Newcastle.' Daar, ik heb het gezegd, het gebeurt.

'Waarom Newcastle?'

'Omdat de band van mijn rugzak kapot is, de heupband van

die van Moth geknapt, en ik een reservering heb gemaakt voor onze tweede coronavaccinatie als we daar toch zijn.'

'Waarom wacht je daar niet mee tot jullie in Cornwall terug zijn? Ik dacht dat je zei dat jullie hier zouden stoppen? En als dat zo is, maakt het niet uit dat jullie rugzakken kapot zijn.'

'Omdat we doorgaan, de Pennine Way gaan afmaken. We hebben het gevoel dat het zonde is om dat niet te doen.'

'Ik wist het! Ik wist dat jullie dat zouden doen.' Dave begint te lachen, tevreden dat zijn voorspelling uitkomt. 'Je weet wat jullie daarna gaan doen, hè?'

'Wat dan, Dave?'

'Jullie lopen gewoon naar huis.'

Het station van Haltwistle is klein, maar groot genoeg om Dave en Julie naar het westen te brengen terwijl wij naar het oosten gaan. Zij zijn al in de trein gestapt en wij staan te wachten tot die vertrekt, maar Dave leunt uit de deuropening naar voren.

'Ik zeg je, jullie lopen gewoon naar huis, ik weet het zeker.'

'Doe niet zo gek, dat is onmogelijk.'

Newcastle is een schok voor de zintuigen. Nadat we weken in de natuur hebben doorgebracht, alleen af en toe onderbroken door een paar dagen in stadjes of steden, lopen we het station uit en komen terecht in een mensenmassa. Op de brede stoep voor de ingang van het station is een straatgevecht gaande: jonge mensen die zo in hun woede opgaan dat ze niet kunnen ophouden, ondanks arrestaties door de politie, sirenes en toekijkende omstanders. Afgeleid door het gevecht struikel ik bijna over een dakloos meisje dat bij een pilaar zit. Haar gezicht is getekend en grauw, er spreekt geen enkel enthousiasme uit, of interesse voor wat zich voor haar ogen afspeelt. Lang bruin haar hangt rond een vermoeide, uitdrukkingloze blik en over een arm vol blauwe plekken, ze ziet er niet ouder uit dan vijfentwintig, dus is waarschijnlijk jonger. Onze eigen kinderen waren begin twintig – in hun laatste jaren op de universiteit – toen de veiligheid van hun ouderlijk huis onder hen uitgetrokken werd. Zo jong, zo kwetsbaar, met zo'n groot risico dat hun leven de verkeerde kant op zou gaan. De vechtersbazen worden in politiebusjes geladen, de omstanders verspreiden zich. Ik haal diep adem, zet mijn rugzak tegen de muur en bel allebei de kinderen. Die nu niet meer zo jong zijn, maar ik heb er behoefte aan te weten dat het goed met hen gaat. Moth spreekt het meisje aan.

'Hoi, gaat het wel met je? Heb je iets nodig?'

Ze geeft geen antwoord, kijkt niet eens op.

Later, als de winkels gesloten zijn en het donker tussen de straatlantaarns kruipt, staat het meisje met het bruine haar bij twee andere mannen. De een is al wat ouder, meer getekend door het leven op straat, de ander oogt jong en proper en heeft een rugzak bij zich. Ze hangen wat rond bij een straatkunstwerk, alsof ze ergens op wachten. Uiteindelijk komt er een man aan, het lijkt wel een uitsmijter in zijn zwarte kleding, maar de drie luisteren aandachtig naar wat hij te zeggen heeft. Hij neemt de jongen met de rugzak mee en zegt tegen de andere twee dat ze daar moeten blijven staan: hij komt zo terug. Het meisje met het bruine haar blijft staan, maar de oudere man gaat meteen weg en loopt naar het treinstation.

Een uur later, als we net het café uitkomen vlak bij de plek waar het meisje staat te wachten, komt de uitsmijter terug.

'Sorry, meid, er is niks meer vanavond. Hier, pak dit aan en koop iets te eten.'

'Shit, Paul, kun je me niet ergens in krijgen?'

'Er is nergens meer plek, meid, het spijt me.'

Het meisje loopt langzaam weg, terug naar het station. Paul wil zich net omdraaien als Moth hem aanspreekt.

'Hoi, Paul, ik neem aan dat je probeert een hostel voor de nacht te vinden voor die mensen.'

'Ja, hoezo?'

'Ik vroeg me alleen af waarom je besloot de jongen mee te nemen en niet de jonge vrouw?'

'Hij is nieuw, het was de eerste keer dat ik hem zag, hij zegt dat hij pas twee dagen op straat leeft.'

'Maar waarom niet het meisje? Zij is toch kwetsbaarder?'

'Ze zijn allemaal kwetsbaar. Het meisje is er al een paar maanden, maar hij is nieuw. Als we ze meteen in de hostels krijgen, hebben ze een betere kans.'

'Een betere kans?' Ik begrijp niet wat hij bedoelt.

'Een betere kans om weer in het normale leven terug te komen, voordat de straat hen overneemt. Het gaat om het resultaat. Het meisje weet dat ze boven aan mijn lijst staat, tenzij er iemand komt die nieuw is.'

Paul loopt weg, verder zijn nacht in. Moeilijke keuzes maken in een baan waar geen eind aan komt.

Wij slapen in een bed, veilig in een kamer, weg van de gevaren van de stad. Ik stuur nog een keer een bericht aan Rowan en dank opnieuw de sterren dat wij het verlies van ons huis te boven zijn gekomen zonder dat er nu een meisje met blond haar op straat staat te wachten tot ze de kans krijgt op een veilige nacht.

De regen slaat tegen de ruiten van de pub en beneemt ons bijna het zicht op de brug. Ik veeg de condens weg en kijk nog een keer: ik verbeeld het me niet.

'Zie je ze? Als je goed kijkt, zie je ze overal. Ik weet niet precies wat het zijn. Een klein soort meeuw, denk ik.'

Op alle randen en hoeken van de stalen bogen onder de brug over de Tyne zitten vogelnesten. Kleine meeuwen maken duikvluchten, laten hun roep horen tussen de stalen balken en bespatten de weg en voorbijgangers eronder met hun poep. Moth drukt de verrekijker tegen het beslagen raam. 'Het zijn drieteenmeeuwen.'

'Maar ik dacht dat die op kliffen aan zee nestelden, niet landinwaarts.'

'Dat dacht ik ook.'

Blijkbaar is dit de verst landinwaarts broedende kolonie drieteenmeeuwen ter wereld en nestelen ze hier al meer dan zestig jaar. De kolonie omvat nu meer dan duizend broedparen, in een tijd dat drieteenmeeuwpopulaties over de hele wereld sterk in aantal teruglopen. Ze zijn hier alleen voor het broedseizoen, aan het eind van de zomer gaan ze weer de Atlantische Oceaan op waar ze de winter doorbrengen. Maar ondanks de grote kans dat de vogels en hun broedmogelijkheden verstoord worden, zijn er nu plannen om de brug schoon te maken en opnieuw te schilderen. Mensen proberen wel gedaan te krijgen dat dit werk buiten het broedseizoen wordt uitgevoerd, maar zelfs als dat mogelijk zou zijn, is niet te vermijden dat de habitat van de vogels verstoord raakt. Ik veeg nog een keer de wasem van het raam en vraag me af of het, gezien het grote aantal bruggen over de Tyne, niet mogelijk is dat deze ene brug aan de drieteenmeeuwen wordt gegund, dat gemeentelijke instellingen liever de roest aanvaarden dan omwille van een laag verf riskeren deze mooie, vriendelijke vogels kwijt te raken.

Het raam is binnen een paar seconden weer beslagen.

'Volgens mij moeten we vandaag iets spannenders gaan doen dan naar de regen op een raam zitten kijken en nog meer pie and mash eten. Het is per slot van rekening je verjaardag.'

'Niet te geloven dat ik eenenzestig ben.'

'Niet te geloven dat je de eenenzestig hebt gehaald. Hoe dan ook, het is tijd voor je speciale verjaardagstraktatie, dus laten we die vaccinatie gaan halen. En als we echt de Pennine Way af willen maken, moeten we daarna nieuwe rugzakken gaan kopen.' Ik loop de pub uit, de regen in en stel me voor hoe ik me gevoeld zou hebben als Moth drieënvijftig was en voor het eerst de diagnose CBD had gekregen en iemand tegen me gezegd had dat hij op zijn eenenzestigste van Cape Wrath naar Hadrian's Wall zou lopen, met een stukje fietsen onderweg. Ik weet zeker dat ik dan in tranen van opluchting was uitgebarsten, en toch, acht jaar later klamp ik me nog steeds vast aan elke extra stap die hij wil zetten, pres ik hem nog steeds om die volgende kilometer te lopen alsof het zijn laatste is. Maar stel dat ik hem niet had geprest, zou hij dan die laatste stap al hebben gezet? We zitten gevangen in een eindeloze 'stel dat'-cyclus waarin we niets anders kunnen doen dan de volgende stap zetten en kijken waar die toe leidt.

De straten zijn vol feestende mensen. Engeland speelt tegen Italië in de EK-finale, Newcastle is schijnbaar verenigd in gezang en 'Football is Coming Home'. Of tenminste, tot aan die laatste strafschop. De stad houdt haar adem in, Gary Lineker kan nauwelijks iets uitbrengen, maar fluistert: 'Dit is het dus', de bal mist het net, Newcastle ademt uit en wordt stil. Zeker een halfuur lang.

De volgende morgen komt het voetbal nog steeds naar huis voor de paar enkelingen die zich nog een weg schoppen door het afval van de avond ervoor, met de Engelse vlag om hun schouders gedrapeerd. Maar niet voor het meisje met het bruine haar. Zij zit met haar rug tegen de pilaar en staart met een lege blik de straat over. Ik wil haar meenemen naar de moors, ik wil dat ze in de wind staat met de zon op haar gezicht, onder een lucht die naar de oneindigheid buigt, dat ze onder de sterren ligt en de roep van de goudplevier hoort, ik wil dat ze weet dat ze niet alleen is. Maar ze reageert niet als ik iets tegen haar zeg. We geven haar een beker koffie en ze kijkt heel even op, maar we zouden net zo goed geesten kunnen zijn. De straat heeft haar blijkbaar in bezit genomen en zonder veilige eigen plek zal ze daar blijven.

De trein rijdt het station van Haltwistle binnen en we lopen terug naar de muur, waar we opgaan in een postvaccinatiewaas van hoofdpijn, pijn in ons lijf, lopen en slapen die eeuwig lijkt door te gaan, en waarin alleen mijn schouders géén pijn doen. Ik kon geen weerstand bieden aan een mooie, simpele canvas rugzak die geen toeters en bellen had, maar gewoon heel goed gemaakt was. Ik deed hem om en hij paste als een tweede huid.

Maar omdat hij tien liter minder inhoud had dan mijn oude, moest ik de inhoud tot het absolute minimum beperken. Door me van elke extra gram uit mijn rugzak te ontdoen, heb ik me blijkbaar ook van mijn schouderpijn ontdaan. Ik probeer te tellen hoeveel honderden kilometers ik gelopen heb terwijl ik telkens het gewicht van mijn oude rugzak van de ene schouder naar de andere verplaatste om de pijn te verlichten en weet niet zeker of ik me nu opgelucht of dom voel.

Dagen gaan als in een mist voorbij, en we merken nauwelijks het weer op, laat staan de rijkdom aan Romeinse geschiedenis om ons heen. Het is al laat op de avond als we door Alston komen. De straten zijn uitgestorven, de Co-op gaat bijna dicht en in de huizen gaan lampen aan, wanneer we gekrijs horen. Gierzwaluwen. Tientallen gierzwaluwen die zich hier verzamelen en rondvliegen, zo snel dat mijn ogen hun vlucht niet kunnen volgen. Ze komen boven daken uit, krijsen omlaag naar de straten, dan weer omhoog en weg, om aan de andere kant van de weg tevoorschijn te komen en nog eens en nog eens. Ik ben helemaal in de ban van hun gestroomlijnde, naar achteren gebogen vleugels, hun eenheid, hun krachtige geroep. En opeens ben ik wakker, alsof het vaccinatiewaas achter de vlucht van de vogels aan is gegaan en mij heeft verlaten. We slaan ons kamp op bij de rivier en ritsen de tent dicht tegen de grote, zwarte Pennine-muggen met hun zeer directe noordelijke gedrag.

25

Op weg naar Garrigill loopt het pad langs leegstaande en verwaarloosde huizen. De pub in het dorpje heeft zijn deuren gesloten en bij de plaatselijke winkel liggen maar enkele artikelen op de schappen. Ik kies twee koeken van de toonbank, het enige eetbare in de winkel waarvoor niet meer gas nodig is dan we hebben. De vrouw achter de toonbank helpt me haastig en doet de deur achter me op slot. We zitten de koeken te eten op een bank onder een boom, als er een oude dame met een hond naast ons komt zitten. We maken een praatje over het weer, over hoe droog het is, dat het al weken niet geregend heeft. Maar er brandt een vraag op mijn tong en ik moet hem stellen.

'Waarom staan hier in de omgeving zoveel huizen leeg?' Ze wil geen antwoord geven en rommelt in haar tas naar een hondensnoepje, maar ik dring toch aan op een antwoord.

'Het komt door de nieuwkomers. Zij hebben het dorp opgekocht, en de prijzen zo opgedreven dat de plaatselijke bewoners zich niet meer konden veroorloven hier te wonen. Toen kwam corona en kon niemand meer naar zijn tweede huis komen, dus er komt geen geld meer het dorp binnen om de pub of de winkel open te houden. Alles gaat dicht, zodat mensen hun baan kwijtraken. En nu hier niets meer is, zeggen de tweedehuisbezitters: "Het is niet meer zoals vroeger", en proberen ze hun huis te verkopen voor dezelfde prijs als die ze ervoor betaald hebben voordat ze het hele dorp verpestten.'

Ze zwijgt en zucht diep, maar als ze opstaat om weg te lopen, gaan mijn gedachten terug naar Cornwall en hoe donker de dorpen in de winter zijn, in hoe weinig huizen er licht brandt. We lopen een stenig pad op en ik begin te beseffen dat er in heel Groot-Brittannië dorpen als Garrigill zijn, waar de kopers van tweede huizen de huizenprijzen buiten het bereik van plaatselijke bewoners hebben opgestuwd, zodat bloeiende plaatselijke economieën nu nog weinig meer zijn dan onduurzame vrijetijdsfaciliteiten. Als we de tent opzetten bedenk ik dat we weleens een heel eind op weg naar een oplossing voor de huizencrisis in dit land zouden kunnen komen door eerst de tweedehuizencrisis die inmiddels duidelijk bestaat, op te lossen.

Van noord naar zuid en westelijk naar de bergen van het Lake District tekenen de moors van de Pennines zich in diepblauwe tinten af tegen een intens goud-met-roze zonsondergang. Onze kommen rijst met erwten gloeien perzikkleurig op in dit licht en zien er zo veel interessanter uit dan ze zijn, wanneer op het pad achter ons een man met een hond in zicht komt.

'Ik hoopte nog voor zonsondergang op de top van Cross Fell te zijn, maar dat haal ik nu niet, ik kon geen plek vinden om mijn bus te parkeren. Ik stopte in het dorp, maar er kwam een kerel zijn huis uit en die zei dat ik moest oprotten.'

'Ik zou er maar niet mee zitten, ik geloof niet dat het om jou ging, ze zijn gewoon een beetje prikkelbaar daar nu.'

Hij zigzagt verder de helling van de heuvel op tot hij in de schemering verdwijnt. Het licht zwakt af naar het donkerste roze en blauw, het vult de lucht tot de kleuren alleen nog een dunne streep op de verre horizon zijn. We ritsen de tent dicht tegen de wind en luisteren naar het roepen van goudplevieren over de turf.

De volgende morgen zijn we dicht bij de bothy Greg's Hut, als we de man en zijn hond op hun weg naar beneden passeren.

'Ik heb de top niet gehaald, maar wel de zonsondergang gezien. Hebben jullie hem ook gezien? Zo mooi! Weet je, vroeger rende ik marathons, ik hield me aan schema's, fietste lange einden, maar nu, nou ja, nu denk ik: wat heeft het voor zin? Daar gaat het niet om als je buiten bent, het gaat hierom.' Hij gebaart naar de brede horizon alsof hij met één zwaai van zijn hand een schitterend landschap schildert. 'Ik ben opgegroeid in een Arabisch land en wij hebben de uitdrukking "Insjallah", wat betekent "Als Allah het wil". Maar zo werd het niet gebruikt. Wat we eigenlijk zeiden was: "Wie weet? Het gebeurt als het gebeurt." Insjallah, mijn vrienden, insjallah.' Hij verdwijnt over het stenige pad omlaag en wij zetten koers naar de top van Cross Fell.

Staand op de top, in een warme wind onder een warme zon, draai ik in de rondte en kijk mijn ogen uit naar het 360 gradenuitzicht over Engeland dat ligt te glinsteren in een hittewaas. Een stel zit gehurkt in een piepklein strandtentje en komt er alleen af en toe uit om een twintig meter hoge antenne te verplaatsen. Wij zetten thee bij de steenman op de top en vragen ons af of het soms spionnen zijn, of spotters van buitenaards leven, terwijl de zon warmer wordt. Cross Fell heeft iets wat nergens anders in Groot-Brittannië bestaat: een wind met een naam. Ik zou veel namen kunnen bedenken voor de winden waar we op onze weg naar deze heuvel doorheen hebben gelopen, maar de Helm Wind is tot nu toe onze enige wind die echt een naam heeft. Het is een noordoostenwind die over de zuidwestelijke helling van de heuvel omlaag blaast. Hij gaat vaak gepaard met een wolkenband die over de heuvel ligt en de 'Helm Bar' wordt genoemd. De wind van vandaag is warm en droog en er is geen wolk te bekennen. We zouden hier wel de hele dag kunnen blijven om ons te koesteren in de schoonheid van al dat uitzicht, naar het noorden tot in Schotland, naar het zuiden tot in Yorkshire, westelijk naar het Lake District, en in het ongelooflijke geluk dat we op een heldere dag het hoogste punt van de Pennine Way hebben bereikt. Maar het wordt steeds warmer en ik heb het gevoel dat ik straks even verbrand en stoffig ben als het veen om ons heen, dus zetten we koers naar het zuiden over Little Dun Fell, Great Dun Fell en Knock Fell, terwijl het steeds warmer wordt en onze huid steeds roder.

Het pad loopt van Knock Fell omlaag het dal in, maar zodra we van hoger gelegen terrein af zijn, verdwijnt de wind en neemt de warmte nog verder toe. We steken brede rivierbeddingen van steen en keien over, waar op gezette tijden water met geweld overheen moet stromen, maar vandaag staan ze droog: geen druppel water. Geen rivieren, geen beekjes, zelfs geen stroompje water. Alleen maar veenland dat dampend opdroogt en knisperig grasland dat tot de grond toe is afgegraasd en overdekt met schapenkeutels. Eindelijk komen we laat op de avond in het laagste deel van het dal. Moths voeten doen zo'n pijn dat hij nauwelijks nog kan lopen, zijn gebroken vinger is nu zo opgezwollen dat we de tape eraf moeten halen voordat die zijn bloedtoevoer blokkeert, mijn hoofd bonst van de hitte tot het twee keer zo groot aanvoelt als het is, en we hebben geen water meer. Hijgend van de dorst en huiverend van de zonnebrand komen we eindelijk in Dufton. Het is nog steeds warm als we de tent opzetten bij het licht van de campingverlichting en onder een koele douche gaan staan om het stof van Cross Fell weg te wassen.

'sMorgens is het al warm voordat de zon opkomt, maar onder de bomen is het koel. Dus we blijven, zitten in het café, waar we paracetamol slikken en theedrinken, terwijl Moth zijn voeten op een stoel legt en hoopt dat een dag niet lopen genoeg zal zijn om ze te laten herstellen. Maar een dagje vrij zal zijn vinger niet helpen, zelfs als de café-eigenaar hem een kom ijswater geeft om hem in te weken, neemt de zwelling niet af: die puilt nog steeds een halve centimeter over zijn ring heen.

'Ik zei toch dat je hem af moest doen.'

'Ik weet het, ik weet het.'

De klim vanuit Dufton is warm, stoffig en vol schapen. Velden vol schapen. Schapen op de paden, schapen die in heggen vastzitten, schapen in tuinen. De schapenlucht is om te snijden en trekt pas weg wanneer we op hoger terrein komen en er uit het U-vormige dal beneden een zachte bries komt. Dit is een droomplek voor geologen. De rotsformatie onder onze voeten is de rand van de Whin Sill, een laag donker, vulkanisch kristallijnen doleriet die het fundament van Lindisfarne Castle vormt, omhoogkomt als de rug onder Hadrian's Wall en opnieuw hier, aan het uiteinde van High Cup Gill, waar de hoge waterval van High Cup Nick over de rotsrand omlaag stort in de *gill*. Gill is een oud Noords woord voor een smal dal, maar dit is veel spectaculairder dan alleen maar een dal. Moth poseert voor een foto aan de rand van het U-vormige, door ijs gevormde landschap, waar op elke poot van de U kantelen van dolerietrotsen staan. De halfronde vorm is zo volmaakt in verhouding dat ik een beetje duizelig word als ik naar dit volkomen natuurlijke verschijnsel kijk. Misschien komt het door het uitzicht dat ik duizelig word, of misschien door Moths shirt met een felblauwe hawaïprint van bladeren en papegaaien dat hij in een liefdadigheidswinkel in Newcastle heeft gevonden en waarvan hij nu kennelijk geen afstand meer kan doen. We gaan zitten om de sandwiches op te eten die door de dames in het café zijn klaargemaakt, zonder het stel te zien dat vlak bij ons zit.

'Wat een prachtig shirt.'

Ik sla mijn ogen ten hemel. O, nee, moedig hem niet aan, anders trekt hij het nooit meer uit.

'O, bedankt.'

'Lopen jullie de Way?'

'Ja, naar het zuiden. Jullie ook?' Ik werp een blik op hun rugzakken als Moth dat vraagt, maar die zijn niet groot genoeg voor de hele tocht.

'Nee, nou eigenlijk wel, maar in gedeelten. Mijn vader wilde de Pennines lopen, maar hij heeft nooit de kans gekregen, dus nu doen we het met hem.' Ik kijk om me heen op zoek naar zijn vader, maar zie verder niemand. 'Ik heb hem beloofd dat ik hem rheen zou brengen, mijn familie wilde het niet, dus ik kon ets anders doen dan een beetje van zijn as stelen en dat hierneen brengen. Ik moest wel, ik had het hem beloofd.'

Mijn keel knijpt dicht van de tranen terwijl de man het verhaal van zijn vader vertelt. Van een leven geleefd zonder zijn doelen te bereiken, zonder de dingen te doen die hij wilde doen, met wensen en verwachtingen waarvan op het eind alleen maar spijt overbleef. We wensen hun het beste en lopen de andere kant op, langs een kudde pony's de open moor op. Het is zo gemakkelijk om het leven uit te stellen, je dromen op de bovenste plank te leggen waar je ze niet meer kunt zien, zodat je nooit hoeft te erkennen dat ze niet vervuld zijn. Te gemakkelijk om het allemaal te laten eindigen zonder je verwachtingen ooit leven in geblazen te hebben, ze ooit de kans te hebben gegeven om te vliegen. Het is beter dat geld uit te geven, de tijd en de moeite te besteden, dat pad te lopen, dat papegaaienshirt aan te trekken, of wat er ook voor nodig is om die droom te vervullen, dan vol spijt bij het eind aan te komen.

'Prachtig shirt, Moth.'

'Ja, dat weet ik.'

Deze moor maakt deel uit van een programma om op de grond nestelende vogels te beschermen, en voor het eerst in dagen zie ik geen schapen. Ik zie ook geen vogels, maar misschien zitten die op de grond. Het is al laat op de dag als we bij de rand van een stuwmeer komen, waar water onder het beton van de Cow Green Dam ontsnapt, met de Cauldron Snout-waterval omlaag stort en dan in het dal beneden de rivier de Tees wordt. We klauteren met het water mee omlaag en zetten de tent op. Ook al krijgen de steekvliegen nu gezelschap van buitenmaatse muggen, ik zie wel waarom die man in het regenpak zei dat dit gedeelte, van Dufton naar Middleton-in-Tees, het mooist was. Zelfs met pijnlijke voeten en een gezwollen vinger zit Moth gebiologeerd door het muggennet van de tent naar de waterval te kijken tot het donker wordt en het water de vorm van geluid aanneemt.

Verspreid langs de oever van de rivier zitten waterspreeuwen, kleine zwarte vogels met een witte kop die het water in- en uitspringen en zichzelf met druppeltjes gereflecteerd licht besproeien. Het smalle dal mondt eindelijk uit in open boerenland, met zwaluwen hoog in de lucht, een kudde Belted Galloways en kievieten, o, zoveel kievieten. Het 'piewiet' van deze vogels was het achtergrondgeluid van mijn kindertijd. In het voorjaar kon je niet door de velden lopen zonder hun nesten tegen te komen; het was heel gewoon om de ouders met hun kuikentjes over kort gras te zien rennen. Maar nu niet meer. Nu zijn ze nóg een vogel op de Rode Lijst van bedreigde soorten, hun kuikens zijn een zeldzaamheid, hun roep is binnenkort vergeten. Maar hier vliegen ze boven het boerenland in een vlucht van misschien wel dertig vogels, dus er is nog hoop, al is het dan in kleine lapjes van het land. We lopen verder terwijl ik me afvraag waarom de kievieten wel hier zijn en ergens anders niet. Dan gaan we het hoofddal van de Tees in en zie ik waarom. Het brede rivierdal is een zee van wilde bloemen. Lievevrouwenbedstro, vingerhoedskruid, tijm, moerasspirea, orchideeën, pimpernel en fluitenkruid groeien op brede stukken rivieroever, het hele gebied gonst van het insectenleven. Aan de andere kant van de rivier is een boer bezig met hooien, maar hij heeft om de wilde bloemen heen gemaaid en die staan daar nog steeds, een en al leven van bijen en zweefvliegen. Het doet me denken aan de kort gemaaide kuilgrasvelden in de buurt van Lancaster en het is echt niet moeilijk te zien waarom biodiversiteit hier gedijt, maar elders vergaat.

Er vliegen hier niet alleen bijen en zweefvliegen rond, de steekvliegen zijn ook in wolken aanwezig. We gooien onze rugzakken neer en springen in het turfbruine water van de Tees om de pijn van de steken te verzachten, het stof en het zweet en alles wat die stekende beesten kan lokken, af te spoelen. Ik begin te denken dat de steekvlieg het symbool van de Pennine Way zou moeten zijn.

Met tegenzin kleden we ons weer aan en gaan we onder de bomen uit, de hitte weer in. Een bosje lage jeneverbessen bedekt een heuveltop, en daar blijven we even staan om van een zwak briesje te genieten. We horen ze lang voordat we ze zien. Het gehijg van mensen die naar adem happen terwijl ze naar de bomen op de heuvel klimmen. Als ze in zicht komen, blijken het twee kleine, tengere maar ongelooflijk stoere vrouwen, ieder met een rugzak die zo te zien wel twee derde van haar eigen lengte is. Ze blijven staan om op adem te komen.

'Lopen jullie ook de Pennine Way?' De oudste van de twee glimlacht zo breed dat haar lach van oor tot oor lijkt te reiken.

'Ja, wij lopen naar het zuiden, en jullie?'

'O, ja, jazeker.'

'Jullie vertellen toch aan niemand dat jullie ons gezien hebben, hè?' De jongste vrouw met de grootste rugzak klinkt nogal zenuwachtig.

'Nee, dat zullen we niet doen, maar waarom niet?' Mijn fantasie gaat met me op de loop. Houden ze zich ergens voor schuil, hebben ze al hun bezittingen in die rugzakken gepropt, zijn ze slachtoffer van vrouwenhandel of deelnemers aan een verstopspel over het pad?

'Ik wil al mijn hele leven de Pennine Way lopen. Ik woon in Thailand, maar als klein meisje las ik over een fantastisch pad over de ruggengraat van Engeland, met grote heidevelden en grote luchten, en ik zei: "Op een dag ga ik dat lopen." Mijn man, hij zegt: "Nee, jij moet hier blijven, je moet eten koken en kleren wassen en je mag het land niet uit." Maar ik heb het toch gedaan, ik heb het toch gedaan. En nu ben ik hier met mijn dochter en ik wandel en ik ben heel, heel erg gelukkig.' De oudste vrouw straalt van blijheid over haar ontsnapping, haar vreugde vormt bijna een stralenkrans om haar heen.

'Maar daarom mogen jullie het tegen niemand zeggen.' De jongste vrouw is nog steeds nerveus. 'Mijn vader zegt dat hij naar Groot-Brittannië komt en dat hij haar zal vinden en mee naar huis zal nemen. Ze kan niet naar huis gaan, ze moet dit pad lopen.'

De oudste vrouw lacht. 'Hij is een domme man. Denkt hij soms dat hij gewoon hierheen kan komen en mij dan vindt? Hij kent de Pennine Way niet en hij kent mij niet. We moeten verder, we hebben nog een heel eind te gaan.'

Ze lopen aan de andere kant van de heuvel omlaag, de lach van de oudste vrouw klinkt door de jeneverbessen heen omhoog.

Wij volgen de rivier, zoals zoveel mensen voor ons hebben gedaan. Over een pad dat in de grond is uitgesleten door duizenden voeten, die duizenden dromen en verwachtingen over ditzelfde stukje land droegen. Mijn voeten voegen zich bij de hunne en verbinden me met elke mens die over deze grond gelopen heeft, elk leven dat ons is voorgegaan, elk verhaal dat nog moet komen. Onze energie wordt in de grond gestampt totdat iets van ons deze grond geworden is.

We eten friet bij de snackbar in Middleton-in-Teesdale en luisteren naar de gesprekken van de plaatselijke bewoners om ons heen. Hun stemmen lijken ons te vertellen dat dit stadje op zijn hoede is voor nieuwkomers, maar erg geliefd is bij zijn bewoners, van de dames die op de hoek staan te roddelen of het legertje mensen dat op straat vuilnis aan het prikken is, tot de café-eigenares die haar piepjonge personeel leert hoe het met klanten moet omgaan. Dit lijkt me een gemeenschap die, als het moet, de poorten voor de wereld zal sluiten en dat prima zal vinden.

Een taxichauffeur uit Barnard Castle gaat aan het tafeltje naast ons zitten om een bord *pie and chips* te eten voordat hij zijn volgende vrachtje moet oppikken.

'Blij dat ik Barnie uit ben, het is daar nu stampvol, je kunt nauwelijks door de straten rijden, zoveel toeristen zijn er.'

'Waarom? Is er iets gaande?' Moth schudt nog wat azijn over zijn friet.

'Nee, na dat illegale bezoek van Dominic Cummings is het toerisme hier krankzinnig geworden. Wel goed trouwens, de stad kan het geld best gebruiken. Ze hadden een enorm bedrag, twee miljoen heb ik gehoord, uitgegeven voor een nieuw gebouw bij de farmaceutische fabriek, maar dat heeft jarenlang leeg gestaan. Nu schijnt dat ze daar coronavaccins gaan maken. Niet dat dat banen voor de plaatselijke bewoners zal opleveren. Nee, ons levert het niks op, maar het is duidelijk wat er gebeurt, wie niet ziet wat daar echt gaande is, moet zijn ogen laten nakijken. Nou ja, ik moet er vandoor.' Hij gooit zijn frietbakje in de vuilnisbak, stapt weer in zijn taxi en rijdt weg.

'Wat bedoelde hij?' Ik pak mijn rugzak op en maak me klaar om te vertrekken.

'Ik weet het niet precies, maar je kent taxichauffeurs, die horen van alles.'

26

Mist daalt neer en hult de Pennines in dikke, natte lucht die dagen blijft hangen. Het vocht slaat neer op kleren en huid tot alles doorweekt is. Te warm om met regenjacks te lopen, te nat om het zonder te doen. Veenhellingen, dalen, paden: alles ziet er hetzelfde uit. We kunnen ons alleen maar op onze voeten concentreren en zorgen dat we het pad niet uit het oog verliezen. Na een dag van onophoudelijk omhooglopen over wat voelt als een heuvel, ook al zien we er geen, beginnen we te wanhopen dat we ooit de top zullen bereiken. De eindeloze, sombere, zwarte moor verbergt zijn geschiedenis in het in mist gehulde veen. Hier was het, ergens op deze donkere helling, dat Erik Bloedbijl I van Noorwegen gedood werd. De Vikingkoning van York, die heel Northumbria tot zijn rijk wilde maken, verloor hier zijn laatste gevecht. Northumbria viel toe aan de koning van Wessex en het noorden verloor voorgoed zijn onafhankelijkheid. Maar ik weet zeker dat ik op deze plek, die zelfs nu nog een andere wereld lijkt, de kreten van Vikingen kan horen.

Eindelijk zien we een licht door de mist schijnen en als we dichterbij komen, zien we auto's langs de kant van de weg staan. De Tan Hill Inn. In de modder van de Yorkshire Dales maakt deze naar het schijnt hoogstgelegen pub van Groot-Brittannië zich op voor een minifestival waar de volgende dag vierhonderdvijftig gasten worden verwacht. We zijn zo uit de mist in het feestgedruis beland.

'Het aantal coronagevallen schiet weer omhoog, maar de regering zegt dat we ermee moeten leven. Nou, dit is er dus mee leven: we gaan gewoon terug naar normaal. Goed dat jullie hier vanavond zijn, morgen zul je nergens een plek om te kamperen vinden. Hoe dan ook, jullie mogen buiten je tent opzetten, als je iets eet, dus wat willen jullie eten?' De barman is even rechtstreeks en ter zake als alle anderen die we in dit gebied hebben ontmoet. Dit is Yorkshire, waar mensen zonder omhaal zeggen wat ze denken. Misschien ben ik soft geworden doordat ik zo lang in het zuiden heb gewoond, of zoveel tijd in de glens van Schotland heb doorgebracht, maar ik heb dagenlang gedacht dat mensen hier gewoonweg onbeleefd zijn. Tot ik me herinnerde dat mijn vader, die niet uit Yorkshire kwam maar uit een iets zuidelijker streek, toch nog diezelfde directheid had, die houding van 'het beestje bij de naam noemen en waarom zou je eromheen draaien?', en besefte dat het helemaal geen onbeleefdheid is. Waarom zou je per slot van rekening woorden verspillen om je boodschap in vriendelijkheden te verpakken? Ik hoor het mijn vader bijna zeggen: 'Als je iets te zeggen hebt, meisje, zeg het dan gewoon.'

'Voor mij graag een pie, friet en thee.'

'Geen bier?'

'Nee, thee.'

'Prima, komt eraan.' Helemaal niet onbeleefd, gewoon ter zake.

Terwijl ik pie eet, kijk ik op mijn telefoon naar het nieuws. In de laatste uitzending van *Newsnight* heeft presentatrice Emily Maitlis gezegd dat het Amazoneregenwoud nu meer CO_2 uitstoot dan het absorbeert. Ik denk aan alle kilometers open veenland, de glens zonder bomen, de vernietiging van ecosystemen voor woningbouw en terwijl wij hier in de pub in de mist zitten, lijkt er geen weg terug te zijn: we staan aan de rand van de afgrond. Wij zitten friet te eten terwijl de Tan Hill Inn feestviert en de wereld brandt.

Een dag van hitte, schapen en vliegen leidt door het warme gehuchtje Keld, waar alles dicht is. Hier kruist de Pennine Way de

Coast to Coast Walk: als we naar het oosten of naar het westen afslaan, zijn we binnen een week aan de kust. We gaan even in de schaduw zitten en overwegen die mogelijkheid, maar kiezen ervoor op de Way te blijven en lopen door naar de top van Great Shunner Fell. Paddy waarschuwt ons in zijn gids dat we hierboven door soppend veen zullen lopen, maar wij treffen alleen maar hitte, turf, stof en geen water. Wat ik me ook allemaal had voorgesteld van de Pennines, een turfwoestijn hoorde daar niet bij. Er is geen boom te bekennen op deze brede, open heuvel, de enige schaduw komt van de gestapelde stenen muurtjes en als de zon op zijn hoogst aan de hemel staat, bieden ook die geen beschutting. Er ligt een dood konijn naast het pad, stijf en overdekt met vliegen. Ik trek mijn hoed nog dieper over mijn hoofd en bedek zo veel mogelijk blote huid, maar ik verbrand zelfs nog door mijn kleren heen. Ik stop net het antizonnebrandmiddel weg als ik door het hittewaas iets onze kant op zie komen. Wanneer het dichterbij komt, zie ik dat het een man is die schommelend over het pad komt aanlopen. Nee, niet schommelend, wankelend. Misschien is hij dronken. Misschien zijn deze eindeloze moors wel genoeg om je aan de drank te brengen. Hij komt nog dichterbij en ik denk eerst nog dat hij in het roze gekleed gaat, maar als we bij hem zijn, beseffen we dat het geen roze kleding is, maar roze huid. Hij zit vol tweedegraads verbrandingen; zijn gezicht, nek, armen en benen zijn niet zomaar verbrand, ze zijn verschroeid door de zon.

'Ik heb er zonnebrandmiddel opgedaan, maar dat hielp niet.' Hij maakt geen grapje. Lappen vel hebben losgelaten, daaronder is rauwe rode nieuwe huid zichtbaar en aan zijn knieën hangen grote, waterige blaren. 'Ik ben twee dagen ziek geweest en voel me nog steeds raar.'

Deze man hoort in het ziekenhuis te liggen. Waarom houdt hij er niet mee op, waarom zoekt hij geen hulp of gaat hij niet naar huis?

'Ik heb alleen maar vrij van mijn werk gekregen om de Way te lopen omdat ik tijd nodig had voor mijn psychische gezondheid. Dus ik kan niet zomaar teruggaan.'

Ik vraag me af of het wel zo goed voor zijn psychische gezondheid is om zoveel pijn te hebben als hij nu moet hebben. Dit lijkt meer op zelfbeschadiging dan op voor jezelf zorgen.

'Het is een puinhoop op het werk, ik ben de enige die het kan oplossen; er zijn zoveel problemen en ik moet het allemaal uitzoeken. Ik heb eerst een paar dagen voor mezelf nodig.'

Deze man moet niet wandelen, hij moet bij de EHBO zijn brandwonden laten behandelen en dan met iemand over zijn problemen op het werk praten. We proberen hem over te halen terug naar Hawes te gaan en hulp te zoeken, maar hij wil niet luisteren en wankelt verder in het hittewaas. Wandelen is niet voor alles de oplossing. Het kan je de tijd geven om problemen te overdenken of om ze een tijdje uit je hoofd te zetten, het kan meer perspectief geven en ruimte bieden, maar soms moet je dingen eerst onder ogen zien voor ze opgelost kunnen worden. Na een kilometer zijn we zo ongerust over hem dat we teruglopen in de hoop hem in te halen om te zorgen dat hij hulp krijgt, maar we kunnen hem niet vinden. Hij is verdwenen.

Over de heuvel, langs steeds meer dode konijnen, twee overstapjes de verkeerde kant op, en opeens staan we op het terrein van Simonstone Hall. Uit de hitte van de kale heuveltop zijn we in de tuinen van een natuurstenen landhuis beland, in een scène die volkomen onwerkelijk lijkt. Stoffig, stinkend en uitgedroogd lopen we door een tafereel van prachtig geklede mensen, pronkende pauwen en dienbladen met drankjes. Het is alsof we een filmset binnen zijn gelopen. Een man houdt ons staande. Het is geen film, het is een bruiloft, en hij is kennelijk de bruidegom.

'Kan ik iets voor jullie doen? Willen jullie iets drinken? God, ik ben op van de zenuwen.'

'Het komt wel goed, het wordt vast een heerlijke dag. Ja, we zijn een beetje verdwaald en ik zou heel graag wat water en een kop thee willen.'

We zitten onder een luifel thee te drinken terwijl familieleden rondrennen en de bruidegom eindelijk wordt weggereden naar het lot dat hem in de dorpskerk wacht. Later, als we Hawes in lopen, komt het bruiloftsgezelschap net in een wolk confetti de kerk uit; alle zenuwen zijn vergeten.

Hawes krioelt van de toeristen en motoren, dus we slaan een nieuwe voorraad eten in en lopen terug naar de moors. Pas als de tent op de flank van Dodd Fell staat, halen we de gids tevoorschijn en beseffen we dat we meer dan tweeëndertig kilometer hebben gelopen op een van de warmste dagen die Yorkshire ooit heeft meegemaakt. Ik blader terug door de pagina's van de gids, maar er is geen twijfel aan, die kilometers zijn echt afgelegd.

'Pas maar op, voor je het weet ga je afstanden en tijden bijhouden.'

'Misschien doe ik dat wel.' Moth ligt op zijn luchtbed in de koelte van de avond, met zijn hoofd tegen zijn rugzak, als de zon ondergaat en de drie pieken van de Pennines in reusachtige silhouetten verandert, door de begroeiing van hoge distels en varens heen.

In het vroege ochtendlicht gaat Moth overeind zitten en probeert hij de ring om zijn gezwollen vinger rond te draaien.

'Ik zal hier iets aan moeten doen. Ik krijg de ring niet meer in beweging. Stel dat die de bloedsomloop helemaal blokkeert?'

Ik kijk naar de vinger; die wordt met de dag dikker. 'Tja, wat kunnen we doen?'

'Ik zal de ring eraf moeten krijgen, dus we moeten ofwel op zoek naar een ziekenhuis, of naar iemand met een vijl en een tang.'

'Nou, ik weet waar we dat allebei kunnen vinden, maar eerst moet ik het nog een keer zeggen: heb ik het je niet gezegd?'

'Oké, oké, ga jij nou maar theezetten.'

We breken vroeg op en zijn om zes uur op weg, in de hoop in

Horton in Ribblesdale aan te komen voordat het te warm wordt. Maar het wordt snel warmer en het duurt niet lang voordat we in de hitte over stoffige heidevelden vol schapen en door droge rivierbeddingen lopen. Weer dode konijnen en ook dode schapen, achter een muur. Hoe verder we komen, hoe meer dode dieren we zien, tot er om de paar honderd meter een dode ooi ligt. Het pad wordt stenig en we willen net afslaan in de richting van Pen-y-ghent als we langs een ooi komen die niet wegloopt, maar wankelend naast ons blijft staan. Er is niets wat duidelijk aangeeft wat er mis met haar is, maar het is eind juli en ze heeft nog steeds haar vacht. Ik kijk om me heen en zie dat veel schapen niet geschoren zijn, terwijl ze hier op de heide in de brandende zon staan, waar geen schaduw is en geen zichtbare waterbron. Zonder schaduw en water, en zonder dierenarts waarschijnlijk, gaat ze dood, maar we zijn ver van die drie verwijderd, dus we leiden de ooi naar de schaduw van een muur, en kunnen dan niets anders doen dan haar achterlaten en er het beste van hopen.

Aan het eind van de morgen lopen we over de flank van Pen-y-ghent en de hitte is extreem. We dragen allebei een bloes om onze huid te beschermen, maar ze hangen kletsnat van het zweet om ons heen.

'Wat doen we hierboven, verdomme? We hadden rechtstreeks naar het dorp moeten gaan.' Moth kijkt in de gids naar de anderhalve kilometer die het nog naar de top is.

'Het leek logisch het hoge pad te volgen nu we toch hierboven waren, zodat we morgen niet weer omhoog hoeven te klimmen, maar dit is wel heel heftig.'

We komen op de top, maar het uitzicht verdwijnt in een hittewaas en we kunnen alleen maar denken aan hoe we beneden kunnen komen om de schaduw op te zoeken. Paddy Dillon had beloofd dat we veel zouden tegenkomen op de Pennine Way, voornamelijk regen, wind en sneeuw, maar hij heeft absoluut nergens iets gezegd over een zonnesteek, uitdroging en dode beesten. Of dat het pad omlaag vanaf Pen-y-ghent, dat hij alleen maar 'ruig' noemt, in werkelijkheid een vrijwel loodrechte klauterpartij over keien is, die elk moment een lange val naar een vrijwel wisse dood kan worden.

27

Het ziekenhuis van Lancaster heeft een verpleegkundige die expert is in het verwijderen van ringen. Met wat ijs, een tube glijmiddel en veel moeite perst ze Moths vinger door de ring, zodat die er niet af gezaagd hoeft te worden.

'Dat is ongelooflijk, ik probeer het al weken en ik kreeg er geen beweging in.'

'Waarom hebt u hem in hemelsnaam niet meteen afgedaan? En hoe kan het dat u me dat gewoon liet doen? De meeste mensen zouden het uitgillen van pijn.'

'Ik voelde wel wat gesjor, maar echt pijn deed het niet.'

'Vreemd. Oké, laten we een röntgenfoto van die vinger maken.'

Enkele uren later, met zijn gebroken vinger professioneel verbonden, stappen we uit een taxi en kloppen op een vertrouwde deur.

'Goeie hemel, je kunt jullie ook geen paar dagen alleen laten: kijk nu eens hoe je eraan toe bent. Een gebroken vinger en jullie zien eruit alsof je onder een vlammenwerper hebt gestaan.' Dave draagt onze rugzakken het huis in.

'Ja, het is een beetje warm geweest. Ik dacht dat jij zei dat het in het noorden altijd regende.' Ik plof neer op een bank in de koelte van het oude huis.

'Nee, in het noorden is het altijd zonnig, als je regen wilt, moet je teruggaan naar Cornwall.'

We liggen te weken in het bad, geven een gebroken vinger rust en slapen twee dagen, voordat we de trein terug naar Horton in

Ribblesdale nemen. De trein is stampvol; ik betwijfel of er nog iemand bij zou kunnen en wij staan midden in een groepje vrouwen dat een weekend weggaat voor een vrijgezellenparty.

'We gaan naar York, maar we hebben nu al te veel glazen gin gedronken en volgens mij zitten we in de verkeerde trein. Is er nog tonic, Suzi?'

Suzi kijkt in haar tas. 'Bijna alles is op. Ik heb nog een lindenbloesem.'

'Wat is lindenbloesem?'

'Ik weet het niet precies, een soort hennep geloof ik.'

'Wat, hennep? Wiet? Laat maar zitten, ik ga geen wiet in mijn gin doen, dan drink ik het wel puur.'

Er is iets ongelooflijk aanstekelijks aan lachen, waar het ook vandaan komt.

Er is geen twijfel aan: je moet altijd voorzichtig zijn met wat je wenst. Als op de Pennines de regen begint te vallen, en ik bedoel echt vallen, geen milde horizontaal zwevende regen, maar regen die je treft als een hogedrukreiniger waarmee je de patio schoonspuit, kan dat dagenlang doorgaan. We lopen over de flank van Fountains Fell als het begint, te ver van Horton om terug te gaan, te ver van Malham om daar te kunnen komen. Binnen een paar minuten zijn we drijfnat, dus het heeft geen zin ergens een plek te zoeken om te schuilen. Die zijn hier trouwens ook niet, afgezien van de tent, die doorweekt zal zijn voordat we hem kunnen opzetten. Er lijkt weinig anders op te zitten dan doorlopen.

Het pad blijft boven de wolkengrens en we lopen in een onbekende wereld van water. Water dringt onder capuchons, door broeken heen, in schoenen, tot we zo doorweekt zijn dat we er niet langer over nadenken dat we nat zijn en simpelweg het water worden. Golven van een halve meter hoog stormen over Malham Tarn en slaan neer op het pad en in schoenen die al boordevol turfwater zitten. Voortgestuwd door de wind gedraagt het water zich als een opkomende vloed. De wind pakt het op aan de westkant van het meer en blaast het naar het oosten tot de golven stukslaan op de oever onder onze voeten. Wanneer de wind, zoals nu, het water in golven opstuwt, wordt de afstand die hij over het water blaast, de aanloop die de golf aflegt voor hij overslaat, de 'fetch' genoemd, de aanloop. Op het South West Coast Path had een surfer het leven van Moth vergeleken met een fetch: hoe harder de wind blaast, hoe langer de weg is die hij aflegt, hoe mooier de fetch. Ik zie hoe Moth, tot zijn enkels in het water, over het pad waadt, tegen het weer in naar het noorden. Als die surfer nu hier was geweest, zou hij gezegd hebben: 'Ik heb het je gezegd: het draait allemaal om de wind; als je de wind weet te berijden, dan ben je aan het surfen, man, dan zit je op een fetch waaraan nooit een einde komt.' Moth begint in de wolk te verdwijnen, dus ik ga hem achterna. Een gebroken vinger, een of andere schade aan perifere zenuwen in zijn voeten, maar in zoveel andere opzichten meer gefocust en sterker dan hij in maanden is geweest. Surfend op zijn fetch, rijdend op de wind. We zetten de tent op achter een stenen muur, gieten het water uit onze schoenen en proberen te slapen in onze vochtige slaapzakken. Alleen op woeste grond, waar we de hele dag niet één wandelaar hebben gezien.

De ochtend brengt een verandering in de regen. Minder hogedrukreiniger, meer horizontaal spuitende douchestraal, aangedreven door een wind waartegen wij vooroverbuigen als backpackers in een striptekening op ansichtkaarten uit de jaren zeventig met als onderschrift: 'Als het weer je niet aanstaat, wacht dan vijf minuten.' Wij wachten er tien achter een stenen muur, maar het weer verandert niet, en dus lopen we maar verder, met ons hoofd gebogen tegen de wind, naar Malham Cove. Het vlakke kalksteenplateau boven de kom is een krankzinnige ondergrond van barsten, spleten en scheuren waarin het water verdwijnt en een oppervlak achterlaat dat doet denken aan een plaat gebakken brownies die te snel is afgekoeld. Onze voeten glijden en glibberen over de natte ondergrond: poreuze steen, spiegelglad gepolijst door duizenden jaren storm en regen zoals nu. De kom zelf, een steil, zeventig meter hoog kalkstenen amfitheater, schijnt te zijn gevormd door een rivier uit de ijstijd waarin gletsjersmeltwater over de rand van de rotsen stroomde. Er is hier al bijna tweehonderd jaar geen waterval meer, behalve op een middag in 2015, na een storm als deze. We lopen snel door en hopen dat vandaag niet de dag van de volgende flitswaterval is.

We zoeken beschutting in Malham, achter een beslagen caféraam met uitzicht op een dorp dat zijn deuren gesloten en zijn straten leeg houdt. Hier hadden we een plek om te overnachten kunnen vinden, als niet elk bed in het hele district al bezet was. In plaats daarvan drinken we thee en lopen dan verder. Stortregen gaat uiteindelijk over in grijze, gestage regen op modderig, glibberig boerenland. De regen en het boerenland houden dagenlang aan. Dagen vloeien samen, de ene gaat over in de andere. Dagen van velden en muurtjes, van schapen die met hun rug naar de wind op een kluitje staan, van het kletsnatte, met veen overdekte Ickornshaw Moor, van eindeloze rijen *grouse butts*, stenen muurtjes voor de jacht op korhoenders, maar zonder korhoenders. Dagen van weinig praten, geen in het wild levende dieren, geen mensen, alleen water. Dagen die alleen worden onderbroken door af en toe een ogenblik in een tearoom, schuilend tegen het ergste noodweer. Nu hebben we alles wat Paddy heeft beloofd. Misschien heb ik een vloek over ons afgeroepen door te denken dat de Pennines zich midden in een droogteperiode bevonden.

Eindelijk, als we een omleiding door het Golden Clough-dal naar Hebden Bridge volgen, houdt het op met regenen; de wolken trekken op en een paar seconden lang zien we de zon. Ik weet niet of ik net naar mijn voeten keek of met mijn ogen knipperde of dat hij vanuit een andere dimensie werd neer gestraald, maar opeens verschijnt er naast ons een man, die meeloopt alsof hij daar al die tijd al was. Pas als ik me afvraag waarom ik zo door hem verrast ben, besef ik dat het dagen geleden is dat we een andere wandelaar hebben gezien. Deze pauze in de regen heeft hem en anderen onmiddellijk tevoorschijn gebracht. Faisal is dol op de Pennine Way. Hij praat er ook maar wat graag over.

'Lopen jullie de Pennine Way, helemaal?'

'Ja, naar het zuiden.'

'Dat wil ik ook. Op een dag laat ik de taxi staan en dan zal mijn vrouw zeggen: "Waarom ben je niet aan het werk?" En dan zeg ik: "Omdat ik de Pennine Way ga lopen, helemaal." Ik loop elk weekend op het pad; het heeft mijn leven veranderd. Ik rijd al vijftien jaar op die taxi, ik was een jonge man met het lichaam van een jonge man toen ik begon, maar ik werd met het jaar dikker. Toen kreeg ik last van mijn rug en kon ik weken niet werken en ik voelde me verschrikkelijk. Maar op een dag dacht ik bij mezelf: ik ga een eindje wandelen.'

'En, hielp het?' Moth is benieuwd naar de rest van het verhaal.

'O ja. Ik begon met een klein eindje wandelen, daarna wat verder, en na acht weken was ik vijfentwintig kilo afgevallen en de pijn in mijn rug was helemaal over. Ik voelde me lichter, letterlijk, maar ook in mijn hoofd. Toen kreeg ik geen ziekengeld meer en moest ik weer aan het werk. Maar altijd als ik twee dagen vrij ben, loop ik nog steeds minstens vijfenveertig kilometer. Soms wandel ik zelfs 's nachts.'

'Dat is bijzonder.'

'Ik ben dol op de Pennines. Ik ben zo trots dat ik er woon. Nu ken ik het gebied beter dan ooit en vaak kom ik geweldige mensen tegen, zoals jullie, ik wandel nu zelfs met mijn broers en soms met mijn neven, maar dat is niet zo prettig, want zij kunnen me niet bijhouden. Ik geloof niet dat ik ooit zal ophouden met wandelen over de moors, ik hou er zoveel van.'

'Wat geweldig.'

'Ja, mijn leven is veranderd. Dankzij Allah, maar ook heel erg dankzij het wandelen.'

Faisal verdwijnt even plotseling als hij verschenen was en we beseffen dat we zomaar het schrijvershuis Lumb Bank voorbij zijn gelopen, het graf van Sylvia Plath hebben gemist en bijna in Hebden Bridge zijn.

28

Er hangt grijsheid over Hebden Bridge. De muren van de natuurstenen gebouwen glanzen nat in het grauwe licht, door de straten lopen waterstromen en de weinige voetgangers haasten zich voorbij met hun capuchon strak over hun hoofd. In het laagste deel van het stadje brult de rivier tussen bomen en onder een stenen brug door en laat bergen afgebroken takken, plastic flessen en papieren bekers op haar oevers achter. Het is of het stadje het punt heeft bereikt dat het niet nog meer water kan opnemen. Maar deze stad is gegroeid rond de kracht van het water dat de molens aandreef die de wol van de duizenden schapen op de moors tot textiel verwerkten. Er werd hier zoveel kleding gefabriceerd dat Hebden Bridge op een bepaald moment bekendstond als Trouser Town. Nu is alles anders. Volgens *High Life*, het passagiersmagazine van British Airways, is dit het op drie na meest swingende stadje ter wereld, misschien dankzij het verbazende aantal buitenissige winkeltjes en micropubs of misschien omdat dit ook bekendstaat als de lesbische hoofdstad van het Verenigd Koninkrijk.

Ik ben doodmoe van het nat zijn, moe van de lucht van natte kleren, moe van het eten van vochtige energierepen en bovenal ben ik gewoon spierkramp-, wattenhoofd-, pijnlijke bottenmoe. In een pub eten we soep en drinken eindeloos thee terwijl het personeel overlegt of ze een kamer hebben die hard genoeg aan een opknapbeurt toe is om er nu twee druipnatte, met modder overdekte zwervers in te durven onderbrengen. Ik geloof dat de regen eindelijk in mijn lijf is gaan zitten; ik kan alleen nog maar denken aan het gevoel van warm zand onder mijn voeten en de geur van zoute lucht. Ik weet niet zeker of ik last heb van heimwee of ziek ben van het veen. En ik heb over een uur een Zoom-afspraak. Moth is uitgeput en ik ben behoorlijk wanhopig, dus de opluchting is mateloos als we horen dat ze inderdaad een kamer hebben, met een bad, en ik me niet op mijn telefoonscherm hoef te richten met mijn gezicht onder de modder en stukjes berkentwijg in mijn haar, terwijl honderden Amerikanen toekijken.

Zittend op de rand van het bed vergelijken we onze voeten. De mijne zijn wit en gerimpeld van hun dagenlange verblijf in schoenen vol water; de huid van mijn tenen is gezwollen en lijkt zich van de nagels terug te trekken – eigenlijk denk ik dat ik loopgraafvoeten heb. Die van Moth zijn vochtig en hier en daar een beetje rood door de wrijving van vochtige sokken, maar de pijn in die voeten is bijna erger dan hij kan verdragen. Hij neemt een dubbele dosis pijnstillers. Het schuldgevoel spoelt weer over me heen, ik hou op met zeuren en stap in het bad. In de koestering van het warme water beginnen de dagen van veen en turf te vervagen. Maar uit onze doorweekte, dampende bezittingen en uit mijn schoenen, ondersteboven in de wastafel, sijpelt letterlijk water en zo stijgt er in de kamer een onmiskenbare nattehondenlucht op.

'Onze spullen worden vannacht nooit meer droog.' Moth hangt de natte sokken over de radiator, maar de verwarming staat niet aan. 'Jammer, wat zou het fijn zijn om een paar droge sokken aan te trekken.'

'Ik denk dat ik ze wel droog kan krijgen met de haarföhn, maar dat kan uren duren.'

'Zullen we naar dat winkeltje gaan dat we hebben gezien en nieuwe kopen voordat we morgen vertrekken?'

'Maar we zijn nog maar een paar dagen van het eind van de Pennine Way – is dat de moeite waard?'

'Ray, ik verga van de pijn in mijn voeten. Ik zou nu kunnen

stoppen en op de trein stappen, maar ik moet dit pad afmaken. Het is maar een paar sokken, verdomme.'

Hoe erg moeten zijn voeten eraan toe zijn om deze rustige man zo kwaad te maken, of is hij ook veenziek? Ik zak terug in het nu lauwe water. Schuldgevoel, altijd meer schuldgevoel.

'Ik bedoelde niet dat je geen nieuwe sokken moet kopen.'

'Mooi.'

De outdoorwinkel heeft een stoffige, enigszins ouderwetse sfeer. Moth vindt wat paren sokken in zijn maat, extra large, maar er zijn er geen meer in een standaardmaat.

'O, nee, ik heb geen medium, dat is de maat die iedereen wil.' De vrouw gaat bij een rek met sokken staan en schudt haar hoofd alsof ik om de nieuwste iPhone heb gevraagd en er een rij tot om de hoek staat. Ik wil alleen maar een paar sokken. Ik neem niet de moeite te vragen waarom ze de meest gevraagde maat niet heeft; het antwoord daarop weet ik al.

Als ik mijn rugzak oppak en op het punt sta de winkel uit te gaan, houdt een vrouw een wandelschoen omhoog en zie ik de schouders van de winkeleigenaresse omlaagzakken.

'Hebt u deze in maat 39?'

'Nee mevrouw, wel in maat 42. Misschien wilt u die passen?'

Zelfs in de op drie na swingendste stad van de wereld moet het nog steeds moeilijk zijn niet te wanhopen wanneer je bedrijf het zwaar heeft door oorzaken buiten je macht en het nooit ophoudt met regenen.

Het monument boven op Stoodley Pike werd oorspronkelijk opgericht ter herinnering aan de overwinning op Napoleon in 1815, maar viel na een paar decennia Pennine-weer om en werd in 1854 vervangen door een monument van 40 meter hoog dat kilometers in de omtrek zichtbaar is. Normaal gesproken. Maar we zitten weer in de wolken, aan de rand van weer een moor en ik raak ervan overtuigd dat de Pennine Way nooit eindigt. We hebben nog maar een paar kilometer gelopen en het maakt al niet meer uit of mijn sokken aan het begin van de dag oud waren of nieuw, nat of droog, ze zijn weer doorweekt.

'Mijn voeten zijn zo nat dat elke stap aanvoelt alsof ik door de modder sop. Hoe gaat het met de jouwe?'

'Jaaa, goed hoor, ze zijn nog droog.' Ik kijk omlaag naar mijn voeten, naar het water dat met elke stap uit het leer opwelt en moet eindelijk toegeven dat mijn oude wandelschoenen aan hun eind zijn.

De wolken trekken wat op en stapelwolken, zwaar van regen, zeilen op een harde wind naar het oosten. Eindelijk is het droog genoeg om te gaan zitten. Onze voeten bungelen over de rand van een kale rotsformatie op Blackstone Edge en we laten onze kleren in de wind drogen. Naar het zuiden toe zien we een stroom verkeer oost- en westwaarts over de slingerende M62 gaan en daar voorbij, in het zuidwesten, als een klein gehucht in de verte, ligt Manchester. Een gaatje tussen de wolken laat lage stralen zonlicht over het landschap strijken, waardoor de veenpoelen en beekjes met een zilveren glans oplichten. Heel even klaart onze stemming op, nu er kans op daglicht is, maar het licht verdwijnt even snel als het kwam en daar is het donkere, strenge Pennine-landschap van veen en steen weer. Ik doe mijn ogen dicht tegen de wind en even draai ik 360 graden in de rondte op Cross Fell, vol verwondering over de eindeloze uitgestrektheid van oneindige lucht, moor en licht, met onze huid verbrand door de zon. Het lijkt een heel leven geleden, alsof deze donkere veenwereld me opgezogen heeft en ik misschien nooit zal ontsnappen. Misschien worden we over duizenden jaren gevonden, geconserveerd door de turf, opgegraven en tentoongesteld als veenmensen. Wetenschappers zullen zich verwonderen over de grafschatten die ze bij deze leden van het veenlandvolk aantreffen, schatten als titanium pannen en tentharingen. Voorwerpen die bewijzen hoe primitief de tijd was waar wij vandaan komen. Of misschien blijven we gewoon doorlopen, in de hoop dat we ooit weer op droge grond zullen komen.

Paddy Dillon vertelt me dat dit gedeelte van de M62 zes jaar na de opening van de Pennine Way is aangelegd. Er is toen ook een voetbrug gebouwd, om wandelaars de mogelijkheid te bieden veilig de snelweg over te steken en misschien even te blijven staan en zich af te vragen: 'Waarom toch die haast?' Op een zonnige dag in 1971 leek het misschien veilig een paar auto's onder een pas aangelegde brug door te zien rijden. Maar aan het eind van een middag begin augustus 2021, als het verkeer voorbijraast onder een brug die betere dagen heeft gekend en bij elke stap meeveert, in een wind die ons bijna van de sokken blaast, is dit niet een plek waar ik graag wil blijven staan. Vandaag, Paddy, is er ook haast, maar alleen om van die brug af te komen.

De moors glooien verder, vlak, zwart, bruin, donker, tot een moment aan het begin van de avond waarop het licht doorbreekt. Dichte, ondoordringbare wolken beginnen uiteen te vallen, slierten in regenbuien omlaag naar de aarde, ijlen voort op de harde wind, uiteengedreven door hun eigen snelheid. Vanaf een hoge bult van brokkelige rotsen verandert het landschap in donker en licht, zilver en groen, terwijl de wolken zich uitrekken, van elkaar losraken als de aarzelende vingers van geliefden die elk hun eigen weg door de hemel gaan. Morgen kunnen we kiezen. We kunnen ons verder haasten, zo snel mogelijk naar het zuiden, of we kunnen een omweg van een paar kilometer maken naar het dorp waar de Dichter des Vaderlands is geboren. We staan neer te kijken op de vallei van bomen en rotsen die in een bocht naar Marsden loopt, als er een grote grijze vogel verschijnt. Een slechtvalk is opgestegen van de rotsrand maar een paar meter van ons vandaan, en blijft even in de harde wind hangen, alsof hij niet vooruit kan komen en valt dan terug naar de richel. Een paar tellen later komt hij weer op, maar niet in zijn eentje; met zijn tweeën zetten ze af, blijven hangen, en vallen dan weer terug, voordat ze weer omhooggaan. Terwijl we staan te kijken is het alsof ze de lucht testen, wachtend tot de wind heel even afneemt, een moment waarop de luchtdruk verandert en er ruimte komt tussen stromingen, waar ze doorheen kunnen glippen. De wind duwt tegen mijn gezicht, laat mijn kleren flapperen, vindt onbeschermde plekken en verkilt die tot op het bot. Ik denk aan schuilen en beschutting. De slechtvalken gebruiken de wind. Hun ervaring van de lucht verschilt even sterk van de mijne als mijn begrip van water van dat van een vis. Overal om ons heen bestaan er andere dimensies, niet als parallelle universums, maar in hoe wij dit universum ervaren. Deze vogels voelen de lucht zoals ik die nooit zal voelen; ik voel de aarde op een manier die voor hen onmogelijk is, zoals vissen het water kennen op een manier waarop wij dat niet kunnen. De slechtvalken zweven in de lucht, de ene achter de andere en dan, alsof zij kennis vergaren door te voelen, zoals wij door te zien, vinden ze hun moment, gebruiken de opening in de lucht en zijn weg. Ze laten een gat in de mist achter, een plek die zich vult met inzicht in de manier waarop een andere levensvorm deze aarde bewoont, een ruimte waar ik me alleen kan verwonderen over de arrogantie van de mensheid wanneer we ons het recht toe-eigenen deze wereld te vernietigen, alsof die van ons is, alsof wij het recht hebben om die keus te maken.

De wolk vormt zich weer en komt omlaag en binnen een paar minuten zijn we ingesloten door de natte lucht. Het uitzicht over het dal verdwijnt, de rotsrichel is weg, we zitten weer in een bel van veen en water en het is bijna donker. We zetten de tent op moerasgras en hopen dat er geen gaten in het grondzeil zitten.

Ik heb Simon Armitage nooit ontmoet. Hij volgde in ons voetspoor op het South West Coast Path, vaak een paar dagen, soms enkele uren achter ons. Kilometers langs het pad waren mensen in afwachting van een beroemde dichter die voorbij hun huis zou komen, maar de meeste hadden geen idee hoe hij eruitzag, ze wisten alleen dat het een man van middelbare leeftijd met een rugzak was, die naar het westen liep. Maar ter voorbereiding op de komst van deze vreemdeling hadden ze theegezet en taart en allerhande ander lekkers gebakken om de wandelende woordkunstenaar aan te bieden wanneer hij voorbijkwam. Moth lijkt helemaal niet op Simon Armitage, maar als hij langskwam, van middelbare leeftijd, met een rugzak, op weg naar het westen, kwamen ze met hun gulle gaven hun huis uit. Wij waren hongerig, soms misschien zelfs uitgehongerd en ze hadden zoveel zorg aan hun baksels besteed, het zou onbeleefd zijn geweest die af te slaan. Dus nu we hier staan, in de geboortestreek van de grote man, hebben we eigenlijk geen keus. We nemen de omweg.

Sinds we Simon niet hebben ontmoet, heb ik heel wat gedichten van hem gelezen, om erachter te komen wie de man is voor wie mensen zoveel moeite deden. Maar op een of andere manier heb ik hem nooit echt kunnen vinden, zelfs niet in zijn woorden – tot vandaag. Het pad leidt heuvelafwaarts en verder omlaag, door natte lucht die ons blijft volgen, die als wolk begint en als regelrechte regen eindigt. Geen harde regen of zachte regen, maar recht omlaagvallende, recht op zijn doel af gaande, geenflauwekul-Yorkshire-regen. En hier is het, de essentie van de man zit in deze plek, waaruit zijn woorden voortkomen. Tussen de donkere, sobere stenen huizen, op straten die de heuvel af slingeren, zie ik de jongen die, zoals hij in zijn gedichten schrijft, '[zijn] moeder beneden in het dorp / de straat zag oversteken' of die zich uitstrekt 'naar een luik tot een eindeloze lucht om te vallen of te vliegen'. Zijn woorden roepen deze straten op, roepen hem op. Opeens begrijp ik meer van de man die dan wel niet 'blootvoets door de Taj Mahal is gestapt' maar wel 'platte stenen over Black Moss gooide op een dag / zo stil dat hij elke rimpeling kon horen / waar ze ketsten'. Een man wiens volwassen woorden gevormd zijn door de band die hij als jongen had met deze plek, dit stadje, dit land.

We hadden taart willen gaan eten om dit moment te gedenken, maar we zijn te vroeg en de enige gelegenheden waar we terechtkunnen zijn de Co-op en het Homemade Kitchen Café. We kiezen voor het café. Het is klein en er hangen provisorische anti-coronaschermen tussen de tafeltjes die een groot deel van de schaarse ruimte in beslag nemen, dus we verwachten half en half dat we weggestuurd zullen worden. Maar we worden gastvrij ontvangen in de warme, huiselijke ruimte, proppen onze druipende rugzakken in een hoekje en pellen lagen natte kleren af. Ik zet mijn schoenen ondersteboven neer, hang mijn sokken over de stoel om uit te druipen en zie hoe het water een beekje vormt dat naar de deur loopt.

'Waar zijn we in hemelsnaam mee bezig?' Ik leun achterover in de stoel als een golf van vermoeidheid me overspoelt.

'We bestellen ontbijt.' Moth bestudeert de menukaart.

'Nee, doorgaan in dit vreselijke weer.'

'Je wilt toch zeker niet voorstellen om naar huis te gaan? Nog maar twee dagen naar Edale, dan is het voorbij.' Hij kijkt weer naar de menukaart. 'Weet je, de allereerste keer dat ik aan een langeafstandspad dacht, was het de Pennine Way. Ik had echt de hoop opgegeven dat ik die ooit zou lopen.'

Ik kijk naar Moth terwijl ik het grootste, lekkerste ontbijt wegwerk dat ik ooit heb gegeten: een bord vol aardappelen, eieren, courgette, prei en paprika. Hij zit te smullen alsof hij een maand niet heeft gegeten, de vork die naar zijn mond gaat trilt nauwelijks en ondertussen bestudeert hij de kaart die bij Paddy's wandelgids hoort.

'Volgens mij moeten we proberen vanavond op Black Hill te kamperen, dan zien waar we morgen komen, de dag daarna naar Edale. En dat is het dan, klaar. Als we willen dat het klaar is.' Hij legt de kaart weg.

'Willen we dat het klaar is?'

'Laten we nog een kop thee bestellen voor we gaan.'

29

Ondanks alle regen zijn de stuwmeren boven Marsden nog steeds niet vol, maar als wij ze passeren houdt het op met regenen en komen de moors weer in zicht. Het is vroeg in de avond als we naar de top van Black Hill klimmen. Er komen mensen naar beneden, op weg terug naar hun auto's, en we wachten onder aan een paar smalle treden terwijl een lange man met een bruine pakol op naar beneden komt.

'Het is wel heel laat om nog naar de heuvel te lopen, waar gaan jullie naartoe?'

'Gewoon omhoog. We gaan daar vannacht ergens kamperen.'

'Ik kan wel zien dat jullie de hele Way lopen – jullie zien eruit alsof je vele kilometers in jullie schoenen hebben zitten.' Wat een beleefde man. 'En hoe vinden jullie mijn heuvels?'

'Uw heuvels?'

'Ik weet wat u denkt, hoe kan een man van wie de wortels overduidelijk ergens anders liggen, de moors zíjn heuvels noemen? Het komt doordat ik zo enorm van dit gebied hou. Ik kom hier altijd wandelen. Ik ben naar dit land gekomen toen ik jong was, nu ben ik niet meer zo jong. Zelfs toen ik nog nauwelijks de taal sprak en me een buitenstaander voelde, heetten de heuvels me welkom, ze lieten me binnen en werden mijn vrienden. Ik ken ze zo goed: van Edale tot Hebden Bridge, deze heuvels zijn mijn thuis. Zelfs nu ik wel deel van de gemeenschap ben, nu mijn kinderen hier geboren zijn en hier hun leven hebben, vergeet ik nooit waar ik echt hoor. Hier, te midden van mijn oude vrienden, de heuvels.'

Ik zie de rustige, zachtaardige man weglopen naar zijn auto die op de weg geparkeerd staat en krijg een brok in mijn keel. Ik heb meer hartstocht en liefde voor deze heuvel gehoord van mensen die er vanuit andere landen naartoe gekomen zijn dan van de vele doorstampers uit eigen land, die zich al uren en kilometers tellend voorbij haastten. Zij hadden een band met het land die je niet krijgt door stappen te tellen. Misschien moeten we allemaal langzamer aan gaan doen, met nieuwe ogen naar onze wereld kijken en onszelf herinneren aan de wonderlijke schoonheid van dit landschap, voordat we door onze vingers laten glippen wat we hebben.

Op de top van Black Hill is nergens een plek om de tent op te zetten en daarom laten we de grenzeloze uitzichten voor wat ze zijn en volgen het flagstonepad door diepe turfgaten aan de zuidkant van de heuvel. Het is vrijwel donker als we vlak bij het pad een iets droger heuveltje vinden en de tent opzetten tussen ritselend veengras. Na dagen waarin we vrijwel geen dierenleven hebben gehoord, blijven we wakker om naar het geroep van een goudplevier te luisteren en als we bij daglicht de flap van de tent openslaan, splijt de snelle zwartheid van een sperwer de lucht, zo dichtbij dat ik de wind voel die hij achterlaat.

Het pad volgt een lijn waar een beekje en duizenden mensenvoeten diepe littekens in de turf hebben gegutst. Brede, donkere snelwegen van blootliggende koolstof. Als we eindelijk naar een smal pad over een rotsige kam geklommen zijn, strekken de laatste kilometers zich in de verte uit. In de lucht tussen ons hangt een stijgende opwinding. Niet alleen omdat dit lange, zware pad ten einde loopt, maar ook omdat we nu onze eigen geschiedenis binnenwandelen. Voor ons liggen Bleaklow en Kinder Scout, twee monsters van de Dark Peak. Een wereld van turflagen, veen, weidse luchten en hellingen die uitzicht bieden over het Engelse *heartland*. Dit zijn de heuvels van onze eerste tijd samen. Dagen van zon en wind en met wolken bezaaide hemels, waar wij vrij waren tussen de hoge moors naar het noorden en de leistenen ruggen verder naar het zuiden. Waar we verbindingen legden met dit land en met elkaar, banden die nooit verbroken zijn. Elke stap brengt ons dichter bij die plek, bij een vertrouwdheid waarvan ik me niet realiseerde dat ik ernaar snakte tot ik haar in de wind ruik. Die diepe, rijke, zurige geur van turf en droge kalksteen. Waar in de lucht de roep van torenvalken klinkt, waar de wind altijd over de rand waait met de belofte dat niet ver daarachter iets nieuws ligt, waar je de regen kunt ruiken als hij over het vlakke land in het zuiden valt, in gordijnen van grijs die het landschap verhullen. De plek waar ik Moths eenentwintigjarige hand in de mijne kan voelen en waar zich een leven van mogelijkheden voor ons uitstrekt.

We zijn de trans-Pennine-fietsroute overgestoken die van west naar oost over de moors loopt en zitten nu op een steen in de hei terug te kijken naar Black Hill. De afstand die we hebben afgelegd, spreidt zich verder noordwaarts uit, noordelijker en noordelijker: een enorme, onbekende uitgestrektheid die nu ingevuld is met kennis en inzicht, alsof de complexiteit van dit land zich eindelijk begint te ontvouwen. Vanuit het niets valt een stel neer in de hei naast ons.

'Hé, hallo. Wij lopen de Pennine Way, naar het noorden, telkens een paar dagen achter elkaar. Maar jullie – ik weet dat jullie heel ver gelopen hebben.'

Ik kijk omlaag naar mijn kleren: modderig, gescheurd, stinkend naar opgedroogd veenwater.

'Ik weet het, we zien er wel een beetje slordig uit.'

'Nee, zo kom je er niet vanaf. Ik weet wie jullie zijn. Jouw boek heeft ons leven veranderd, het heeft onze hele manier van leven veranderd. Voordat we jouw boek hadden gelezen, zouden we onszelf nooit de tijd hebben gegund om gewoon maar te gaan wandelen.'

Ik kijk het stel aan, ze lopen tegen de middelbare leeftijd, maar stralen van zon, wind en enthousiasme. 'Het boek heeft jullie misschien op een idee gebracht, maar het heeft je leven niet veranderd.'

'Hoe weet je dat?'

'Omdat boeken geen levens veranderen. Ze kunnen je manier van denken veranderen, maar jullie hebben zelf je leven veranderd. Jullie stonden open voor de invloed van het boek en daarna hebben jullie besloten hoe je je leven wilde veranderen. De kracht zit altijd in jezelf, het boek heeft alleen maar de deur opengezet.'

'O, je geeft me het gevoel dat ik heel sterk ben, alles onder controle heb.'

'Dat zijn we allemaal ook, denk ik, als we onszelf de kans geven. Willen jullie een jelly baby?'

We eten jelly babies en wisselen wandelverhalen uit tot het licht zwakker wordt en we op zoek moeten naar een plek om te kamperen.

De tent staat op heide die veert als een waterbed als we erop gaan liggen. De zon gaat onder boven Manchester en verlicht de stad als een citadel in de verte, terwijl korhoenders kakelend in de lage bosjes rondspringen. Een diepe, rijke veeg kleur verspreidt zich over de westelijke horizon, achter de gloed van de stadslichten. Een uil zigzagt over de hei op zoek naar knaagdieren en vliegt telkens weer voorbij, terwijl de muggen komen opzetten.

'Ik herinner me niet dat er muggen waren toen we hier vroeger kwamen, maar het is natuurlijk ook bijna veertig jaar geleden.' Ik wuif met de wandelgids langs mijn gezicht om ze weg te jagen.

'Omdat ze er toen niet waren. Ze trekken naar het zuiden, net zoals de koekoeken naar het noorden trekken. Het is de klimaatverandering die zich pal voor onze neus voltrekt, al lijkt het wel of de mensen haar niet kunnen zien. Maar ik denk dat je ook echt naar de wilde dieren en planten moet kijken voordat je de verandering kunt zien.'

'O, je bedoelt zoals die keer dat ik mijn haar had afgeknipt en het twee weken duurde voordat jij het zag, omdat je het zo druk had met je eindscriptie voor de universiteit?'

'Jaja, zoiets, maar hou je daar nooit over op?'

'Waarschijnlijk niet.' Ik geef hem de wandelgids aan en hij wappert ermee om de muggen te verdrijven.

Vanaf de flank van Bleaklow steken we via Snake Pass over naar de noordrand van Kinder Scout, en opeens verandert het leven. De gehavende, weggevreten turfvelden van gisteren liggen achter ons, en voor ons ligt kilometer na kilometer flagstonespad. Dit deel van de moor is de hopeloze erosie van wat volgens een bordje een 'zevenduizend jaar oud dekenveen' is, bespaard gebleven. Hier geen twintig meter brede littekens van blootliggende turf. Hier zijn de veengrassen en de heide weer opgekomen, ze bedekken de turf tot aan de randen van de flagstones en houden zo grote hoeveelheden koolstof veilig opgesloten in het veen. Wij blijven op de stenen, stappen van de ene op de andere zoals iedereen die aan deze stenen draad door het veenland wordt getrokken. Zou de mensheid niet alles wat we op deze kostbare planeet doen, zo moeten aanpakken? Ons beperken tot een smalle doorgang voor algemeen gebruik en met lichtheid en zorgzaamheid deze ene aarde betreden.

Terug op de bekende rotsformaties is het alsof ik thuiskom, een onverwacht gevoel van warmte, van totale vervulling. Op deze rotsen zaten wij als jonge dromers naar ditzelfde uitzicht te kijken en te fantaseren over het leven dat voor ons lag. De weg die we kozen bracht ons alle materiële zaken waarnaar we volgens de maatschappij moesten streven en daarna raakten we die weer kwijt en leidde de weg ons naar vandaag. Naar twee aanzienlijk oudere, iets wijzere dromers, die op een rots zitten te fantaseren over een nieuwe weg, met nauwelijks nog iets eetbaars in de voorraadzak.

'We hebben nog dat zakje gedroogde aardappelpuree. Ik geloof dat ik dat al sinds Edinburgh meedraag.' Ik schud de voorraadzak leeg. 'En een zakje tonijn in citroenolie.'

'Ik had eigenlijk nooit zin in die aardappel, maar zo te zien is er geen andere keus.'

Ik roer de tonijn door de met water aangemaakte aardappelpuree en we beginnen te eten, kijkend naar mensen die in een rij staan te wachten tot ze via stapstenen de rivier kunnen oversteken op de plek waar de Kinder Downfall-waterval zich over een rotsrand stort. Moth kijkt naar zijn vork, dan naar mij en trekt zijn wenkbrauwen op.

'Waarom hebben we dit niet eerder opgegeten? Het is best lekker. Wauw, als ik aan al die noedels denk die we hebben gegeten, en dan, op de laatste dag, ontdekken we dit.' Hij werpt een blik op de horizon en kijkt dan mij weer aan. Een lange blik die niets met aardappels te maken heeft.

Op de top van Jacob's Ladder is het druk met een schoolklas uit Manchester – opgewonden tieners die lachend over rotsen klauteren –, een grote familie die verstoppertje speelt tussen de keien en twee oudere mannen die op de grond gaan zitten om op adem te komen na de klim naar de top van de Ladder. Terwijl we wachten tot een groep jonge vrouwen boven is, vertellen de oudere mannen ons dat ze als twintigers uit India zijn gekomen om een nieuw leven in het Peak District te beginnen. Ze zijn nu bijna zeventig, maar gaan nog steeds om het weekend naar deze heuvels.

'We vinden het heerlijk hier, de moors zitten in onze botten. Hierboven zijn we allemaal gelijk, op dezelfde heuvel, onder dezelfde zon.'

Wij gaan op weg naar beneden met het warme gevoel dat we hier thuishoren, op deze top, net als iedereen – op dezelfde heuvel, onder dezelfde zon.

Jacob's Ladder is niet echt een ladder, gewoon het begin van een lange afdaling naar Edale, een dorpje met een paar pubs dat het eind van de Pennine Way markeert. Hand in hand lopen we het dorp in. Vierhonderddertig kilometer zon, regen en veen tussen ons en Kirk Yetholm. Elfhonderd kilometer wildernis, dierenleven, jaagpaden, kustlijn en moorland tussen hier en het strand van Sheigra. Maanden van sporen, paden en weggetjes, veedrijversroutes en militaire wegen. Bijna drie maanden waarin we de lijnen volgden die door het land geweven zijn, die mensen met elkaar en met het land verbinden.

Terwijl de tranen van ongeloof in onze keel prikken, maken we foto's van de paal die het begin van de Pennine Way markeert, en een grote familie biedt aan ons samen te fotograferen.

'Hebben jullie de hele Pennine Way gelopen?'

'Jazeker.' Ze juichen en klappen en het voelt als een ontvangstcomité.

We zitten in de pub met een grote karaf ijskoud water, een pot thee en een heleboel eten.

'Ongelooflijk dat het voorbij is, niet te geloven dat we zo ver hebben gelopen. En kijk jou eens. Had jij ooit gedacht dat dit mogelijk was, die dag in de boomgaard, toen je viel?'

Moth glimlacht met een mond vol pie. 'Die dag dacht ik dat het met me gedaan was. Ik dacht dat er geen weg terug meer was.' Hij legt zijn vork neer en bedekt mijn hand met de zijne. 'Het is moeilijk te beschrijven hoe het voelt als je lichaam je in de steek laat, maar dan weer begint te reageren. Het is bijna onmogelijk, alsof je de tijd terugdraait, alsof ik mijn leven terug heb. Dus ik heb een idee, ik weet niet wat jij ervan vindt, maar...'

Ik laat hem niet uitpraten. Ik heb zijn gezicht gezien toen we aardappelpuree aten op de heuvel: ik weet precies wat hij gaat zeggen. De zon en de wind hebben zijn gezicht een diepe roestkleur gegeven, nog benadrukt door het zilverwitte haar dat rechtovereind staat, hoelang hij ook zijn pet op houdt. Zijn armen hebben elk grammetje overtollig vlees verloren, ondanks de grote hoeveelheden friet en noedels die hij heeft gegeten, zodat je de spieren vlak onder zijn huid ziet bewegen. Niet de krachtige armen die hij als veertiger had, maar nog steeds sterk. Maar belangrijker nog: zijn gezicht straalt een licht uit dat verloren was gegaan in de donkere mist van die aansluipende ziekte. Het is het licht van hoop, van mogelijkheden, van het verlangen om het te blijven proberen. Hij wil dit en ik weet dat ik hem zal volgen. Mijn hele volwassen leven heb ik zijn ongebreidelde enthousiasme gevolgd, was het een baken dat ik achternaging, om elke bocht, naar elke verborgen hoek en over elke onbeschutte landtong. Maar kan ík het nu aan, heb ík er de kracht nog voor? Op de achtbaan van het leven die ik met maar één persoon deelde, heb ik de jaren niet voorbij zien gaan, heb ik mijn leeftijd en het verglijden van de tijd niet bijgehouden, maar nu wegen die jaren zwaar. De handen op de tafel zijn niet de handen van een jonge vrouw, de huid is gerimpeld en uitgezakt, er verschijnen bruine vlekken waar ze niet horen. Er is iets met een zenuw in mijn been wat met elke kilometer erger wordt en waarvan de pijn me 's nachts wakker houdt, en mijn voeten zijn niet echt hersteld van de martelende zwarte laarzen op de Cape Wrath Trail. Maar terwijl ik zie hoe hij de erwten van zijn bord oppikt en hoe die op de vork blijven liggen tot ze bij zijn mond zijn, weet ik dat ik het licht van deze man zal volgen, waar het ook naartoe leidt.

'Ja, oké, ja, laten we het doen.'

'Je weet niet eens wat ik wil zeggen. Misschien zeg je geen ja, als je het weet.'

'Je wilt zeggen: laten we naar huis lopen.'

Hij geeft geen antwoord, stopt alleen nog een vork erwten in zijn mond, maar zijn opgetrokken wenkbrauwen vertellen me dat we koers zetten naar het zuiden.

DEEL VIER

De Heartlands

'Alsof er iets viel, een pijlenbui
uit het zicht afgeschoten, die ergens verandert in regen.'

Philip Larkin, *De pinksterbruiloften*

Routes, jaagpaden en het Offa's Dyke Path

Van Edale naar Chepstow

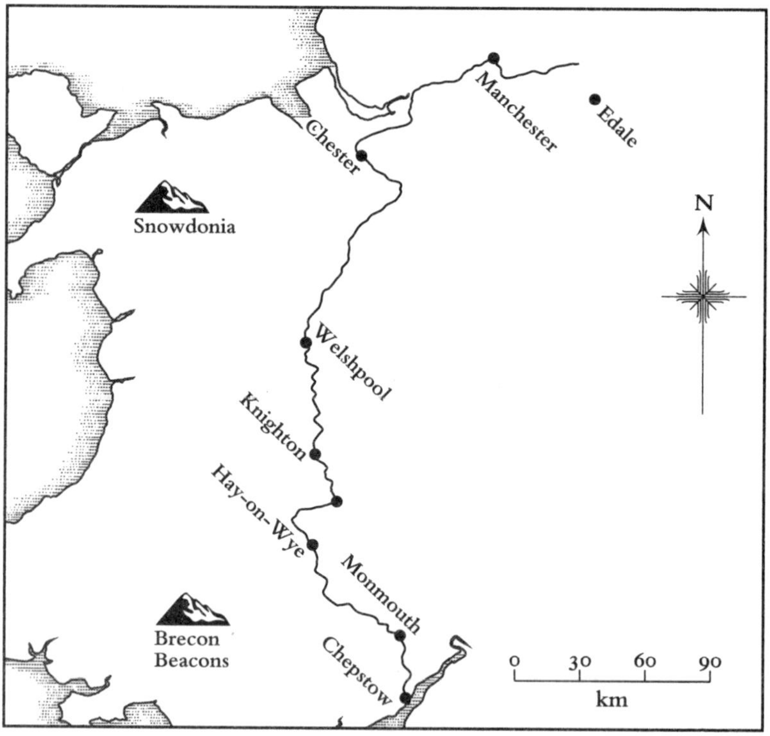

30

‘Dit is heel fijn, bedankt, hiermee zijn we echt geholpen.’

‘Geen dank, veel plezier nog.’

De man die we voor de deur van de winkel tegenkwamen, rijdt weg en wij lopen over de Trans Pennine Trail naar het westen, waar voor ons uit de glanzende citadel ligt die we vanaf de flank van Bleaklow zagen. We kennen Manchester. Het is veel: een centrum van muziekgeschiedenis, universiteiten, voetbal en noordelijke vastberadenheid, maar het is zeker geen glanzende citadel. Het is een natte, donkere stad in kletterende stortregen, een knooppunt van leven, doorsneden met getuigen van goederenvervoer en handelsverkeer in verleden en heden over wegen, kanalen, spoorlijnen en landingsbanen.

We vinden een hotel, boeken er voor twee nachten een kamer, pellen sokken af die zijn versmolten met huid, wassen onze kleren in de wastafel, legen onze rugzakken, eten alle gratis koekjes op en slapen twaalf uur aan een stuk. De volgende morgen gaan we naar het centrum om nieuwe wandelschoenen te zoeken. Moth heeft iets nodig wat de schok van elke voetstap een beetje opvangt, iets wat de pijn in zijn voeten enigszins verzacht. Ik heb schoenen nodig die meer regen buiten houden dan ze binnenlaten en waarin mijn loopgraafvoeten kunnen helen. Maar de kelders van de outdoorwinkels staan onder water. Te moe om door de stad te lopen, zitten we eindeloos thee te drinken terwijl zij het water naar buiten pompen. Aan het eind van de middag, als de winkels eindelijk weer opengaan, blijkt dat water niet hun enige probleem is. Net als overal in het noorden hebben ze weinig in voorraad; ze denken dat het misschien iets te maken heeft met de rijen voor de grens. Moth kiest het enige paar dat ze in zijn maat hebben: een paar zwarte kunststof schoenen, waarmee het lijkt alsof hij op enorme donuts loopt. In mijn maat hebben ze niets, en ik neem een paar dat een paar maten te groot is, koop extra sokken en hoop er het beste van. Op weg terug naar het hotel slaan we een voorraadje pijnstillers en blarenpleisters in. In de rij voor de kassa zie ik een buisvormige voetband; waarom weet ik niet goed, maar ik voel me er vreemd toe aangetrokken. Naarmate de rij korter wordt, komt de band dichterbij. Ik probeer er niet naar te kijken, maar als ik aan de beurt ben om te betalen, kan ik hem niet meer weerstaan en hij gaat in de tas. Misschien hebben we te lang gelopen, misschien heeft het zoveel geregend dat ik een of andere veenkoorts heb opgelopen, of misschien heb ik gewoon nog meer slaap nodig.

We gaan terug naar het hotel, voorbij dakloze mensen in elk portiek, voorbij posters waarop staat dat Manchester zijn daklozenproblematiek aanpakt, langs mensen die bedelen om eten en hulp. Manchester doet meer dan de meeste steden om het daklozenprobleem van de stad op te lossen, maar net als overal in het Verenigd Koninkrijk is de 'Iedereen binnen'-campagne, waarbij dakloze mensen tijdens de pandemie in lege hotels terechtkonden, afgelopen. Nu is iedereen weer buiten, zo te zien. Het programma heeft geweldig gewerkt en het heeft laten zien hoe het daklozenprobleem opgelost kan worden als de wil daartoe aanwezig is. Maar terwijl wij aan het wandelen waren, is het leven op de straten weer normaal geworden. Het beleid van voor de pandemie had tot doel om in 2022 het aantal buiten slapende mensen met de helft te verminderen, maar nu we door deze straten lopen, denk ik dat de cijfers die aangeven dat het nog wel tien jaar of zelfs langer kan duren om dat doel te bereiken, wel kloppen. Het nieuwe daklozenbeleid lijkt in veel steden een terugkeer naar het oude normaal.

Eindelijk houdt het op met regenen en we gaan bij een café

aan het kanaal zitten. We hebben het grootste deel van de dag in boekwinkels doorgebracht, op zoek naar kaarten van de omgeving om erachter te komen welk pad we kunnen oppikken om naar het zuiden te gaan, maar het lukt blijkbaar niet om iets te vinden wat werkt.

'Waarschijnlijk hadden we niet naar Manchester moeten gaan, we hadden over de Limestone Way naar het zuiden moeten lopen.' Moth kijkt door de verschillende secties van een kaart die hij heeft gekocht, maar zo te zien is die een en al wegen en kanalen, geen paden. Hij zoekt nog eens op de kaart, vouwt hem helemaal uit op de tafel en kijkt dan naar mij op met een blik alsof hij net heeft gehoord dat hij de loterij heeft gewonnen.

'Wat is er?'

'Waar zijn we?' Hij houdt zijn vinger op de kaart, maar ik kan niet zien waar hij naar wijst.

'Wat bedoel je? We zijn in Manchester.'

'Ja, maar wáár dan?'

'In een café.' Nu word ik een beetje ongerust. Hebben we te ver gelopen? Is het eigenlijk toch tijd om op te houden en gewoon de trein te nemen?

Hij schudt zijn hoofd. 'Maar waar ligt het café?'

Ik kijk om me heen naar de bakstenen gebouwen die een eindje van de straat liggen, aan de rand van het kanaal. 'O, nu snap ik het. Aan het kanaal.'

Hij vouwt de kaart op en neemt nog een pasteitje. Natuurlijk, de kanalen.

Het Bridgewater Canal leidt de stad uit, voorbij de bebouwde, armoedige, industriële rafelranden, tot grauwe bebouwing uiteindelijk plaatsmaakt voor groen. Als regenwolken eindelijk uiteenvallen in stapelwolken die over een vlekkerige blauwe hemel jagen, beseffen we dat we niet langer langs de rand van het Bridgewater lopen, maar langs het Manchester Ship Canal. Dit brede, diepe, industriële kanaal zal ons niet brengen waar we moeten zijn; volgen we het veel verder, dan zijn we op weg naar de Ierse Zee. In een soort overgangsgebied nemen we de eerste de beste weg naar het zuiden en kronkelen langs miezerige heggen en over smalle wegen voort tot het bijna donker is. Moth blijft staan, met zijn handen op zijn knieën om het gewicht van de rugzak van zijn schouders te halen.

'Ik heb het helemaal gehad. Ik weet niet of ik nog verder kan.' Hij legt zijn rugzak op de grond en gaat erop zitten. 'Kijk eens naar dat weiland, wat denk je, kunnen we daar de tent in opzetten?'

We zijn vlak bij huizen en er komen geregeld auto's voorbij, maar in het weiland staan alleen een oude ezel, die de helft van zijn haar mist, en een ruif van ijzerdraad op een modderige plek in de hoek.

In de tent snurkt Moth de hele nacht door en buiten knarst de ezel met zijn tanden en snuift als de koplampen van een auto door de heg schijnen, zodat er bogen licht over de tent glijden. Het is moeilijk te begrijpen waarom we hier zijn, verdwaald op de landwegen van North Cheshire, terwijl we ook een trein hadden kunnen pakken en nu in ons bed in Cornwall zouden kunnen liggen, met Monty zielsgelukkig slapend onder de tafel. Maar voor het eerst sinds we in de kampeerbus stapten om naar het noorden te rijden, voel ik me niet schuldig. We zijn hier omdat Moth vindt dat hij nog verder te lopen heeft, en dat is reden genoeg.

Eindeloze landwegen en voetpaden door landbouwgrond met monoculturen en gras zonder onkruid leiden uiteindelijk naar het Shropshire Union Canal. Als we het jaagpad daarvan op gaan, krijgen we het gevoel dat we vanuit een woestijn in de Hof van Eden zijn beland. De heggen langs het kanaal zitten vol wilde peen en de lucht gonst van het insectenleven. Er hangt een wazige nevel over het gladde water, maar de roep van watervogels breekt erdoorheen, eenden en waterhoentjes verschijnen en verdwijnen weer in het riet, zwaluwen vliegen laag en doen zich te goed aan de insecten. Dit is een wereld apart. Heel even heb ik een déjà vu. Heel even doet dit me denken aan het South West Coast Path, waar we hetzelfde verschijnsel hebben ervaren. Aan de landzijde van het kustpad strekte zich veld na doodstil veld met monoculturen uit. Hectaren tarwe, haver en kool, waar weinig meer bewoog dan een paar kraaien. En toch bestond er op het pad zelf een verbazingwekkende diversiteit aan wilde natuur en biodiversiteit. Dit lijkt net zoiets: een toevluchtsoord. Als ik door de heggen heen naar de groene, onkruidloze velden achter het kanaal kijk, zie ik waarom. Wie naar de weelderig groene grasvelden kijkt, vergeet gemakkelijk dat een groot deel van het Engelse platteland besproeid wordt met onkruidverdelgers die ons land ontdoen van zuring, distels, netels en allerlei andere planten die we als onkruid beschouwen. Wat overblijft, is glad en groen en voor oppervlakkige ogen nog steeds normaal landelijk Engeland, zoals het altijd is geweest. Maar de habitats die veel van onze insecten nodig hebben, zijn verdwenen. Ik weet zelf maar al te goed hoe moeilijk het kan zijn te overleven wanneer je thuis en je voedselbron weg zijn.

Na alle ondergronden waarover we gelopen hebben, voelt het jaagpad als een automatische loopband voor voetgangers. Dankzij vlakke, gemakkelijke grond, verende nieuwe schoenen en benen die bealachs en venen hebben doorkruist, zweven we over het jaagpad alsof we in een wereld zonder zwaartekracht leven. Tot we, schijnbaar zonder inspanning, zover zijn dat we de Romeinse muren van Chester in zicht krijgen. We hebben bijna geen eten meer en het is nog vroeg: tijd genoeg om later een slaapplek te vinden, en zo stappen we een pizzeria binnen. Het is een grote ruimte met veel tafels en daarvan is er maar één bezet door een gezin dat bij het raam zit. Ik zie hoe de serveerster ons van top tot teen opneemt en de menukaarten die ze in haar hand heeft neerlegt.

'Het spijt me, maar we hebben geen tafel meer vrij.'

Ik kijk om me heen, er zijn zeker twintig lege tafels. 'Maar er is hier niemand.'

'Nee, maar alle tafels zijn gereserveerd, er komen al heel snel mensen.'

Ik kijk Moth aan en die haalt zijn schouders op. We weten allebei wat dit is, we hebben het al zo vaak meegemaakt. Maar ik kan het niet laten: ik doe mijn rugzak af en zet die bij de deur. Afwijzingen als deze waren zo'n dagelijkse ervaring in de tijd dat we dakloos waren, dat zij de open zenuw heeft geraakt en ik sta er zelf verbaasd over hoe rauw die nog steeds is.

'Nou, laten we doen alsof je mijn rugzak niet hebt gezien, wat zeg je dan nu?'

'Maar ik heb uw rugzak wél gezien.'

'Speel even mee en stel je voor dat je hem niet hebt gezien.'

Ze kijkt hulpzoekend om zich heen, maar er is niemand om haar te helpen, dus vermant ze zich en antwoordt: 'Willen jullie misschien gaan zitten?'

'Dat dacht ik ook, en nee, nu je het zegt, ik heb geen honger meer.'

31

Bij het krieken van de dag sluipen we door Chester. Het is stil op straat, geen mensen of auto's, alleen wat zeemeeuwen die snoepverpakkingen uit vuilnisbakken trekken. Tussen de muren van een stad lopen als er geen mensen zijn, is alsof je in een tijdcapsule bent, alsof je door een laagjestaart van Chesters bestaan heengaat. Vanaf de Romeinse oorsprong via de middeleeuwse, de Georgian en de victoriaanse periode naar de dag van vandaag, waarop de bakkerij haar deuren opent voor twee bouwvakkers die buiten staan te wachten. We gaan het jaagpad op, laten de ontwakende stad achter ons en verdwijnen in de stilte van het kanaal.

Kilometers gaan voorbij, kilometers van alleen maar wij, het water en het natuurleven om ons heen. Zelfs nu het warmer wordt, zijn er maar weinig mensen op stap. Blijkbaar is het jaagpad langs het Shropshire Union Canal voorbehouden aan hondenuitlaters, fietsers en de natuur. Er hangt een sfeer van rust over het stille water, een natuurcorridor tussen hoog opgeschoten heggen en volwassen bomen. We lopen urenlang over paden die al generaties in gebruik zijn. Waar paarden de *narrow boats* met hun lading voorttrokken over waterwegen die ooit belangrijke vervoersverbindingen waren. Nu zijn het plekken waar mensen zich komen ontspannen, er is geen lading meer, alleen de langzame doortocht van mensen die genieten van het rustige water op een plek waar de tijd geen haast heeft.

Het dagenlange verblijf in stedelijk gebied heeft zich in me opgehoopt als een innerlijke druk die met het uur toenam, maar op deze stille plek spoelt er eindelijk een diep gevoel van ontlading door me heen, als het kielzog van een langzaam varende boot. Ik begin te beseffen dat die innerlijke claustrofobie die ik in dichtbevolkte gebieden voel, weinig met de mensen daar te maken heeft en alles met mijzelf. We hebben nu drie maanden gewandeld en gefietst. Water afgeschud met de herten in Loch Nid, vrij gevlogen met de arenden in de glens, we zijn één geworden met het weer op de wilde toppen van de moors en zonder te beseffen wat er gebeurde, zijn we weggestapt van het gewone leven dat we na onze maanden op de landtongen van het kustpad met zoveel moeite hadden hervonden. Het normale is van ons afgegleden, als boter van een warm mes. We hebben geen uren of dagen geteld, maar zijn eenvoudigweg vervallen in een toestand van zijn, die kan ontstaan wanneer de gewone, beschaafde wereld je loslaat, zodat je wilde ik de ruimte krijgt.

Misschien komt het door de vlakke rechtheid van het kanaal, door zijn nooit veranderende verhoudingen of door een ander natuurkundig begrip dat ik niet ken, maar een jaagpad roept een vreemd gevoel van parallax op. Wij lopen in een bepaald tempo, worden gepasseerd door narrow boats die iets sneller gaan, maar de andere kant op, en het begint te lijken alsof we helemaal niet vooruitkomen. Alsof wij eigenlijk stilstaan en alle leven aan ons voorbijgaat. Na een dag van onwerkelijke kalmte slaan we ons kamp op tussen lage struikjes achter de heg langs het kanaal. We koken eieren die we durfden te kopen, wetend dat het pad vlak en de kans dat ze zouden breken kleiner zou zijn, en eten pasteitjes van de bakker, die plat en leerachtig zijn geworden door het gewicht van de eieren erbovenop. De tijd staat hier stil. Water koken bij de tent, luisteren naar de waterhoenders in het riet, net als iedereen die door de eeuwen heen langs deze waterweg reisde. Wanneer het leven wordt teruggebracht tot het hoogstnoodzakelijke, valt de tijd weg. We eten de eieren op, kijkend naar een woelmuis in de struiken. Dit zou elk jaar, elke tijd kunnen zijn.

Dat zou het kunnen zijn, tot ik op mijn telefoon door het

nieuws van de dag scroll terwijl we de laatste kop thee van de dag zetten, en ik iets zie waardoor ik het water van het gas moet halen om het helemaal te kunnen lezen. Het klimaatrapport van de VN is gepubliceerd. Ze noemen het 'code rood voor de mensheid'. Blijkbaar zal de wereld in 2040 het omslagpunt voor de opwarming van de aarde met 1,5 °C bereiken. Het punt waarna er geen terugkeer meer mogelijk is, nog tijdens het leven van velen van ons. Er luidt een doodsklok over deze velden die alleen dienen om de exponentiële groei van de mens te voeden. En toch kijken we gewoon toe, we eten en planten ons voort, alsof wij niets te maken hebben met de catastrofe die deze aarde misschien wacht. We zijn toeschouwers bij de voorstelling.

Ik ben nog steeds in shock van het rapport als we wakker worden tussen droge aren van gras en fluitenkruid. Maar de hemel licht nog steeds op in het lichte geel van een vroege zomerochtend en we gaan terug naar het jaagpad.

Als we vanaf het Shropshire Union Canal naar het zuidwesten afslaan naar het Llangollen Canal, wordt de begroeiing zo dicht dat het moeilijk is het pad te zien tussen de kanaaloever die een weelde van riet, gele lis en knoopkruid is en de overhangende heggen. De lucht is vol leven met het gezoem van insecten: bijen die loom van bloem naar bloem zweven, elektrificerend blauwe libellen, schaatsenrijdertjes en enorme steekvliegen die pijnlijker steken dan de Pennine-versie. Maar net zoals de kustlijn op bepaalde plekken een laatste bastion wordt voor onze wilde natuur, zo is het hier ook. Deze linten van leven worden voor een groot deel van onze biodiversiteit de laatste hoop.

Een stel vaart ons op hun boot voorbij, ze roepen goedemorgen en zwaaien terwijl ze door een sluis gaan. Later, na de sluis, varen ze weer voorbij en roepen al varend: 'Jullie hebben vast wel zin in een kop thee?'

'Dat zou heerlijk zijn.' Ze tuffen verder, al lachend tegen ons vanaf hun boot.

Gebogen victoriaanse bakstenen bruggen overspannen het kanaal, stuk voor stuk genummerd en gerestaureerd. We vervallen in een ritme van bruggen tellen en het aantal stappen daartussen. Maar we raken de tel kwijt als we aan de overkant van het kanaal steeds meer aangemeerde narrow boats zien liggen. Eerst liggen ze alleen of met zijn tweeën, permanent aangemeerd te oordelen naar de tuinen die ze op de oever van het kanaal hebben aangelegd: lukraak beplante tuinen, designtuinen, tuinen met tegels, schuurtjes en potplanten, tuinen met zithoeken en opslag. Dan opeens is er geen ruimte meer tussen de boten; ze liggen kop aan kont, als in een kanaalfile. Vanaf een lege boot zonder tuin roept een man over het kanaal.

'Goedemorgen! Prachtige dag voor een wandeling, waar gaan jullie naartoe?'

'Naar het zuiden. Ja, het is een mooie dag. Wat doen al die boten hier? Het lijkt zo'n afgelegen plek voor zoveel boten.' Het lijkt wel of Moth met elke kilometer die we hebben afgelegd directer is geworden, maar de man vindt het zo te zien niet erg.

'Dit is een stuk kanaaloever dat van niemand is, het is vrij lang, waarschijnlijk vanaf de laatste brug die jullie hebben gezien tot misschien een of twee die kant op.' Hij wijst westelijk over het jaagpad. 'Ik heb geboft dat ik net een plek vond toen ik mijn boot kocht.' Zijn boot heeft duidelijk betere tijden gekend, ze is bruin van roest en afbladderende verf, maar de man straalt een aanstekelijke energie en enthousiasme uit. 'Ik ben opgehouden met werken en ga haar opknappen, het binnen gezellig maken, een kachel erin zetten en genieten van het kanaalleven. Geen rekeningen, geen verantwoordelijkheden. Je hebt geen idee hoe gelukkig ik ben.'

We zwaaien en lopen door, langs minstens honderd boten, hun vrolijke eigenaars en grote hoeveelheden potplanten. Eindelijk komt er een eind aan de boten en is het kanaal weer rustig, tot we voor ons uit aan onze kant van het kanaal een boot aangemeerd zien liggen. Als we dichterbij komen, ontdekken we twee ligstoelen die dwars over het jaagpad staan. We komen bij de stoelen en het blijkt het stel uit de sluis.

'O, jullie hebben het gehaald. Ga zitten, ontspan je, willen jullie suiker in je thee?' Net als de andere mensen die we op de kanalen hebben ontmoet, lijkt ook dit stel een en al leven. Blij met hun plekje, en blij dat ze dat kunnen delen.

'Wat aardig van jullie. Ik doe een moord voor een kop thee.'

We gaan in de stoelen zitten en zij voorzien ons van thee en chocoladerepen. Zij hebben hun drukke leven opgegeven om op hun boot te wonen, maar kunnen zich dat niet helemaal permitteren en zijn daarom weer parttime gaan werken. Doordeweeks liggen ze aan de wal en als ze niet werken varen ze uit.

'Ja, ik had een goeie baan, het grootste deel van mijn leven heb ik voor de gemeente gewerkt, maar nu rijd ik twee dagen per week op een taxi en ik ben nog nooit zo gelukkig geweest. Mijn vrouw is stervensbegeleider. Doordeweeks zit ze bij mensen die stervende zijn en in het weekend schuurt en schildert ze de boot en draait ze sluizen open.'

Zijn vrouw komt met nog een portie koekjes de boot weer uit. 'Ja, het is rustgevend hierbuiten, een goed leven. En het gaat er toch om dat je het evenwicht goed krijgt? Volgens mij hebben wij dat nu gedaan.' Ze doet de zijdeur van de boot open en twee grote labradors springen naar buiten en rennen het pad af. Het ziet er aardig evenwichtig uit, vind ik.

De lucht wordt vochtig van de opkomende dauw als de zon verdwijnt en de hemel dieper blauw wordt. We zitten op een bank bij weer een andere sluis op de kaart te kijken om te beslissen waar we de nacht zullen doorbrengen, als een boot bij de oever aanlegt om op haar beurt te wachten tot een andere boot uit de sluis komt.

'Zijn jullie verdwaald?'

'Nee, we proberen te bedenken waar we vannacht kunnen kamperen.'

De twee bejaarde mannen zijn rond hun boot druk in de weer

met de rituelen van het aanleggen en de voorbereidingen voor de sluis, en ze genieten duidelijk van elk moment.

'Ik zet net thee, willen jullie ook een kop?' De jongste van de twee heeft een theepot in zijn hand.

'Ik zeg nooit nee tegen een kop thee.' Ik kijk Moth aan als hij dat zegt. Er is iets in de manier waarop hij het zei, iets in zijn gezicht, iets onder de uiterlijke vermoeidheid. Ik kan er niet precies de vinger op leggen, maar het zou bijna tevredenheid kunnen zijn. De man komt weer naar buiten met mokken thee en een schaal koekjes. De oudste man vertelt dat hij zijn hele leven met boten te maken heeft gehad, maar is opgehouden met werken om voor zijn vrouw te zorgen tot ze overleed. Nu delen de twee mannen deze boot en gaan ze er weken achtereen mee het water op.

'Wat vind ik dat naar, van uw vrouw.' Het klinkt hol, maar ik weet niet wat ik anders moet zeggen.

'Ik niet, het was het beste. Ik kon het niet meer aan en ik kon haar ook niet in een verpleeghuis stoppen, dus dit was het beste.'

We kijken ze na als ze door de sluis gaan en ik vraag me hardop af hoe je zo praktisch kunt zijn over de dood van iemand met wie je je leven hebt gedeeld. Misschien benader ik Moths ziekte wel met een zelfzuchtig soort zwakheid. Misschien moet ik gewoon sterker zijn en beginnen met loslaten.

'Praat niet zo', Moth staat me hoofdschuddend aan te kijken alsof er iets is wat ik gewoon niet begrijp.

'Ik probeer uit te leggen hoe ik me voel.'

'Nee, zwaai niet zo met je handen als je praat, straks laat je nog het laatste koekje vallen.' Ik kijk naar het zandkoekje in mijn hand en hij grist het uit mijn vingers en eet het op.

We slaan een weggetje in dat van het kanaal af loopt, in de hoop dat we een weiland vinden waarin we de tent kunnen opzetten, maar langs de weg liggen alleen akkers, nergens is gras. Het schemert al wanneer we ophouden met zoeken en over een hek een maïsveld in klimmen. Er groeit niets anders dan maïs op deze akker. Geen onkruid eronder, geen insecten erboven, alleen maïs, op rijen die in de schemering verdwijnen. Maar ergens in de verte hoor ik een merel zingen. Lopend door een monocultuur bij het afnemende licht, kan ik het niet laten weer aan de duizenden andere akkers met maïs, graan en suikerbieten te denken die het platteland van Groot-Brittannië bedekken. Allemaal besproeid met een overvloed aan pesticiden en herbiciden die de productie zo groot mogelijk moeten maken, zodat er nergens een plek overblijft waar dieren en planten kunnen leven, en er een systeem ontstaat dat uit evenwicht is. Onze wilde natuur is langzaam aan het verdwijnen, raakt steeds verder versnipperd en strandt op eilandjes te midden van monocultuurwoestijnen. Maar we zijn met te veel mensen om te kunnen overleven zonder grote gebieden te beplanten met landbouwgewassen. En als we honderden hectaren goede landbouwgrond uit productie halen en die opnieuw laten verwilderen, zoals wel is voorgesteld, blijft er niet genoeg te eten voor ons over. Voedselzekerheid is de crisis die op de loer ligt, de crisis waarover het Westen niet wil praten. Maar met de toenemende wereldbevolking wordt het een steeds groter probleem om genoeg voedsel te produceren om onszelf te kunnen voeden, zelfs hier. Groot-Brittannië produceert maar 60 procent van het voedsel dat wij eten, en daarmee zijn we kwetsbaar voor klimaatverandering en politieke ontwikkelingen elders op de wereld, dus onze eigen voedselproductie is van levensbelang. Maar tegen welke prijs? Dankzij de nieuwe vrijheid die de Brexit heeft opgeleverd, heeft de regering onlangs het gebruik van een bestrijdingsmiddel met neonicotinoïden, dat in de EU verboden is, opnieuw geïntroduceerd. Dit middel werkt tegen een ziekte bij suikerbieten, maar is ook dodelijk voor bijen. Het maakt niet uit hoeveel insectenhotels we bij het tuincentrum kopen, als de boer aan de andere kant van het hek neonicotinoïden over zijn gewassen sproeit. We moeten een evenwicht vinden. We kunnen allemaal best zonder dat extra schepje suiker in onze thee, maar velen van ons zullen het niet overleven als we onze bestuivers verliezen.

We volgen een geul tussen de maïsstengels en zetten de tent op een open plek waar de maïs niet is opgekomen. Het wordt aardedonker en de stengels boven ons ritselen in de wind. De windvlagen worden sterker, het lawaai van de maïs harder en slapen kunnen we wel vergeten. Dan slaat het noodweer echt toe, grote hagelstenen roffelen op de tent terwijl wij daarbinnen ineenkrimpen, in de verwachting dat ze elk moment door het versleten doek heen kunnen breken.

Zodra het licht wordt, ritsen we de tent open en schuiven hopen hagelstenen zo groot als knikkers opzij. Het tentdoek is op de tentstokken gescheurd en hangt nog maar aan een paar lapjes. We blijven nog even in het maïsveld en proberen met een halve rol ducttape het doek te repareren, maar zodra we eraan schudden valt de tape eraf en glippen de tentstokken eruit. De tent heeft zijn tijd gehad. Mijn keel snoert dicht en er stromen tranen over mijn gezicht. Ik kijk de andere kant op, in de hoop dat Moth het niet ziet, maar ik kan het niet meer verbergen en ik ga snikkend in de natte modder zitten. Deze tent heeft ons beschermd en beschut op de wilde landtongen van het South West Coast Path, hij is ons onderdak geweest, onze redding, op een paar van de wreedste momenten van ons leven. Het is niet zomaar een tent. Hij is geranseld door stormen, heeft nieuwe stokken en haringen gekregen, maar het doek van deze oude Vangotent was ons thuis, toen dit het enige dak boven ons hoofd was dat we hadden. Het lijkt een hopeloze gedachte om zonder hem door te gaan, alsof een oude vriend die bij moeilijkheden in het leven altijd onze hand vasthield, ons nu heeft losgelaten. Ik veeg het snot en de tranen van mijn gezicht terwijl Moth hem wegbergt en een bed voor vannacht boekt in Welshpool. Ergens in de verte zingt een merel, alsof er niets veranderd is.

Het Montgomery Canal staat bekend om de waterplanten die erlangs groeien. Dik en overvloedig wuiven ze over het pad, zoemend van het insectenleven. De lucht is opgeklaard en het augustusonweer is alleen nog een herinnering. We hebben vandaag veel kilometers voor de boeg, maar het is nog vroeg, we hebben de tijd. We vervallen in een regelmatig wandelritme, kilometers gaan voorbij zonder dat we veel praten. Maar terwijl ik Moths voetstappen volg, raak ik gebiologeerd door zijn zwarte donut-schoenen. Ze lopen in een rechte lijn, elke schoen komt met dezelfde druk op de grond neer, ze gaan gelijk op, bewegen met hetzelfde ritme. Eén-twee, één-twee, één-twee, niet één... tweee, één... tweee. Ik ben betoverd. De aarzelende tred waaraan ik zo gewend was geraakt, is weg. Ik loop in stilte achter hem aan, terwijl er weer een lach op mijn gezicht verschijnt. Eén-twee, één-twee, één-twee. Het is al laat als we in Welshpool aankomen, friet eten, het hotel opzoeken en onder een warme douche het maïsstof uit ons haar wassen.

'Ik kan geen andere driepersoons vinden, maar er is wel een tweepersoonsversie van dezelfde tent. Ietsje kleiner, wat vind je?' Moth zit op het bed op zijn telefoon te kijken.

'Wat heeft het voor zin? Waar zouden we hem moeten laten bezorgen?'

'Het enige hotel dat ik kan vinden waar nog een kamer vrij is, is in Kington, maar dat is drie dagen lopen van hier.'

Ik kijk naar hem zoals hij daar op het bed zit, de gids vergelijkend met de telefoon, geconcentreerd op het probleem. 'Wat moeten we drie dagen zonder tent?'

'We zouden bivakzakken kunnen gebruiken. Die houden de slaapzakken droog en het weer ziet er toch wel goed uit.' Hij kijkt in de gids, heeft een tent gevonden, de weer-app bekeken en gaat nu een hotel boeken. Ik zit naast hem en weet niet zeker wat er gaande is. Afgelopen winter kon hij een e-mail een week onbeantwoord laten, omdat hij het te ingewikkeld vond om een antwoord te tikken. Hoe kan dit? Maar van die bivakzakken ben ik niet helemaal overtuigd; het is lang geleden dat ik in een plastic zak op een heuvel heb geslapen.

'En waar laat je de tent dan bezorgen?'

'Ik bel het hotel wel even om te vragen of het goed is dat we hem daarheen laten sturen, voordat ik hem bestel.'

Vol ontzag kijk ik toe terwijl hij met het hotel praat, een kamer boekt, de tent bestelt en een kop thee zet.

'Ik zit te denken: we hebben geen bivakzakken bij ons en hier zijn ze zeker niet te krijgen, dus zullen we morgenochtend een paar extra stevige vuilniszakken kopen, voor het geval dat?'

Verbijsterd drink ik mijn thee op. 'Ja, goed idee.'

32

Volgens de niet al te betrouwbare overlevering besloot de Engelse koning Offa van Mercia aan het eind van de achtste eeuw een dijk te bouwen. Of hij nu de stammen van Wales buiten wilde houden, of de Mercianen wilde beletten naar Wales te vluchten, of dat hij gewoon een heel duidelijke grens wilde, niemand schijnt het zeker te weten, maar om wat voor reden dan ook, de dijk werd gebouwd. Offa gaf een leger mannen opdracht eerst een greppel te graven en daarlangs alle opgeschepte aarde op een hoop te leggen, tot de dijk uiteindelijk een begrenzing van zee tot zee vormde, van Prestatyn in het noorden tot Chepstow in het zuiden. Maar mocht de dijk als verdedigingswerk zijn bedoeld, dan werkte hij niet echt. De Welsh waren het niet eens met de plek waar Offa hem had gelegd en de greppel werd gewoon één van de vele onderwerpen om ruzie over te maken in het eeuwen durende conflict tussen de Welsh en de Engelsen. Al deze zeer discutabele historische verhalen zijn door de wetenschap onderuitgehaald, want inmiddels is bewezen dat er al in de vijfde eeuw, lang voor Offa, met de aanleg van de dijk begonnen was. Nu loopt er een nationaal langeafstandspad langs de dijk, die over de hedendaagse grens tussen de beide landen slingert: het Offa's Dyke Path. Wij zijn er halverwege op gekomen en lopen naar het zuiden de Welsh Marches in, het landelijke gebied waar Shropshire en Herefordshire grenzen aan Wales. Ik besluit de wetenschap te negeren. Het idee dat we over een post-Romeinse dijk lopen, klinkt gewoon minder romantisch.

Het schemert al wanneer we een groepje bomen vinden dat beschut genoeg lijkt om er voor de nacht in te bivakkeren. Tegen de tijd dat we van klikozakken en ducttape bivakzakken hebben geknutseld, is het bijna donker en bij het licht van de hoofdlampjes leggen we er de laatste hand aan. De luchtbedden en slaapzakken passen wel in de plastic zak, maar die is te kort om de slaapzak over de hele lengte te bedekken, daarom nemen we een tweede zak, scheuren daar de bodem uit en plakken hem met tape aan de eerste. Zo hebben we een enorme, superlichtgewicht, maar niet erg duurzame bivakzak.

De nachtlucht is koel en vochtig op mijn gezicht, ik wil slapen, maar ben me bewust van elk geluid, voel elke beweging van de lucht. Ergens in de bladeren vlakbij ritselt een klein dier, een muis of een woelmuis, te klein voor een konijn. Ik hoor het heen en weer scharrelen, terwijl het gras rond zijn lijfje beweegt. Ergens in de buurt roept een bosuil, dan het geluid van lucht die door de takken ruist en gekras aan boomschors. Het knaagdier maakt geen geluid meer. Wij maken ook geen geluid, we luisteren. Maar er valt niets te horen, er is alleen totale, vochtige duisternis. De slaap komt op, dan opeens bewegende lucht, geritsel in bladeren, een zwak gepiep, en weer stilte. Wij liggen in onze plastic zakken terwijl de wilde strijd om te overleven zich om ons heen afspeelt, voor sommigen tenminste, niet voor anderen.

Heuvels, heggen en verspreide witte wolken, kilometerslang, terwijl er maar heel af en toe een mens in zicht is, en als we er een tegenkomen, klinkt er alleen een grom ten teken dat we zijn opgemerkt. Radnorshire was tot 1974 een zelfstandig graafschap, voordat het van de ene dag op de andere werd opgeslokt door het nieuwgevormde graafschap Powys. Maar nog steeds is er iets wat deze omgeving anders maakt, nog steeds apart. Het is een groen land van boerderijen en boeren, heggenbouwers en landbouwingenieurs, een plek die door de snelheid van het moderne leven over het hoofd is gezien. We komen door Knighton, een van de belangrijkste stadjes hier en volgen de dijk omhoog naar een holte in de flank van Hawthorn Hill. De lucht is donker, een diepzwart donker, bezaaid met talloze, oneindig verre sterren, alleen maar verlicht door een dunne sikkel van de wassende maan.

'Ik weet niet precies waarom ik hier lig, in een plastic zak op de flank van een heuvel, maar ik ben er eigenaardig blij om.' Moth reikt in het donker naar mijn hand en houdt die in de zijne. De maan schuift langs de hemel terwijl wij telkens even in slaap vallen en weer wakker worden, maar het zou me niet kunnen schelen als ik helemaal geen oog dichtdoe. Ik kijk naar de hemel tot ik het gevoel heb dat ik ernaartoe zweef, opgenomen word tussen de sterren, tot die verbleken en er een zacht licht over het blauw glijdt en de ochtenddauw op mijn gezicht droogt.

In de enige straat van het stadje Kington hangt een ontspannen sfeer, met winkeltjes waar je van alles kunt kopen, van dromenvangers tot wandelschoenen. We vertrekken de volgende morgen met de nieuwe tent en een grote zak broodjes van het café, en lopen over de steile helling omhoog het stadje uit naar Hergest Ridge. Het pad volgt gemaaide stroken heide over een brede moorland-wal. Even is het alsof we weer op de Pennines zijn. Kale turf, gele vijfvingerkruidbloemetjes, varens en een hemelkoepel die zich uitstrekt van Powys in het noorden tot Herefordshire in het westen en zuiden. Moth beent over de vlakke heuvelrug, met soepele bewegingen, zelfs zijn afhangende schouder lijkt minder opvallend. Hij blijft staan om met een boer te praten die de maaier achter aan zijn tractor probeert te repareren.

'Problemen, vriend?'

'Ja, deze plaat hierachter is eraf gevallen en ik krijg de schroef er niet meer in. Ik heb nog een extra paar handen nodig. Verrekt ding, ik zal de maaier los moeten maken en naar huis moeten gaan om iemand te halen.'

'Ik doe het wel. Hier, als ik dit nou optil, maak jij het dan weer aan elkaar vast.' Moth legt zijn rugzak neer en licht het zware stuk metaal van de grond. Ik slenter door en kijk van een afstandje toe. Maar mijn ogen worden voortdurend naar het noorden getrokken, naar de kilometers die zich achter ons uitspreiden. Alsof ik de weg terug naar Sheigra kan voelen en de klimmer die bij zonsondergang op de klif stond en zei: 'Jullie stellen je open voor hoop. Als je dat doet, is alles mogelijk.'

Ergens op de heuvelrug wordt Engeland Wales en wij zijn weer grenslopers, we wippen van het ene land in het andere, van de ene cultuur naar de andere. Maar net als in Schotland worden de mensen die aan de grens wonen daar niet door gescheiden. Ze leven in hun eigen tussengebied, waar nationaliteit minder belangrijk is dan dat ze aan de ene kant van de straat een mondkapje moeten dragen om de Co-op binnen te mogen en aan de andere kant in de garage niet, of andersom. Wij lopen over een smal, stenig pad de heuvel af naar het dorp Gladestry. Ik sta op een kei te wachten om een groep ruiters te paard te laten passeren en ik voel me sterk, tevreden, alsof ik na een hele tijd zoeken antwoorden vind. Dan stap ik van de kei af. Zodra de voet de grond raakt, voel ik alleen nog maar pijn. Hete, gloeiende, stekende pijn. Ik hink verder omlaag naar het dorp, langs een oude dame die tegen een familie wandelaars schreeuwt, omdat ze het verkeerde pad hebben genomen en in haar tuin zijn beland.

'Ga weg van de bijen. Dat zijn mijn bijen. Waag het niet mijn bijenkorven te beschadigen. Kijk, jullie maken ze boos.' De wandelaars keren om en willen teruggaan zoals ze gekomen zijn, maar de oude dame houdt ze tegen. 'Waag het niet om nog een keer door mijn tuin te lopen en mijn planten te vertrappen.' De familie blijft bij de bijenkorven staan, klemgezet in het domein van de vrouw, terwijl het kind bijen van zich af slaat en natuurlijk wordt gestoken. Ik hink weg. Aan welke kant van de grens we ook zijn, blijkbaar is het ons mensen eigen om dwangmatig onze begrenzingen te verdedigen. Komen nationalisme, separatisme, devolutie of zelfs de invasie van een soeverein land allemaal op hetzelfde neer? We leven allemaal in dezelfde tuin, maar in plaats van daar blij mee te zijn en de schoonheid ervan te delen, kunnen we alleen maar ruziemaken over van wie de bijen zijn.

Ik sleep mijn voet over kilometers boerenland naar een plek op Disgwylfa Hill, waar we tussen bosjes varens en op een tapijt van schapenkeutels de nieuwe tent opzetten. We persen ons er naast elkaar in: hij is verschrikkelijk krap, als een doodskist voor twee.

'Nou, ik denk wel dat het warmer is zo.' Moth verschuift wat om zich om te draaien, maar daar is geen ruimte voor en we moeten hoofd aan voeten liggen om genoeg plaats voor onze schouders te hebben. 'Ga jij nog naar je voet kijken?'

'Dat gaat niet, er is niet genoeg ruimte om erbij te komen, het kan wel tot morgenochtend wachten.'

In het vroege ochtendlicht graaf ik in de rugzak naar de voetband die ik zomaar opeens in Manchester heb gekocht. Duidelijk een voorgevoel, geen veenkoorts.

'Jammer dat ik geen voorgevoel had over die kei.'

'Het kwam niet door die kei, het komt door je schoenen. Je hebt maat 42 aan, terwijl je normaal maat 39 draagt. Je voet zwemt erin.' Ik trek de voetband aan en mijn dikste paar sokken en nu voelt de schoen iets veiliger. Ik vraag me af hoelang die slechte bevoorrading van winkels nog zal duren, of deze obsessie met grenzen zal betekenen dat we straks allemaal schoenmaat 42 dragen? Ik slik een dubbele dosis pijnstillers en ga op de voet staan. Het is draaglijk.

33

Het blijft niet lang draaglijk: elke afdaling in dit heuvelachtige grensland is een marteling. Elke heuvelafwaarts wijzende beweging zorgt voor een hevige pijn in mijn wreef, zodat ik gedwongen ben zijdelings omlaag te lopen, een hele ochtend waaraan nooit een einde lijkt te komen. Eindelijk komen we bij de vlakke oever van de rivier de Wye en die volgen we tot in Hay-on-Wye, de boekenhoofdstad van Groot-Brittannië, een stadje dat wankel op de Welshe kant van de grens balanceert. In Wales, maar net.

Een bruiloftsgezelschap golft de straat op, probeert een hotel binnen te gaan, maar komt elke keer weer terug naar de straat voor nóg een foto. Wij gaan in het café ertegenover zitten en kijken naar de hoeden en het gelach in de zon van de vroege middag. Tientallen jaren geleden kwamen we geregeld in ditzelfde café en terwijl ik in de zon met mijn schoen uit mijn voet zit te masseren, heb ik een warm, vertrouwd gevoel. In al die jaren is er heel weinig veranderd. Nog steeds hangt er dezelfde bohemien boekensfeer als altijd; zelfs het kasteel dat altijd een halve ruïne leek, is nog steeds een halve ruïne, al is er wel hier en daar wat voegwerk gedaan. Ik trek mijn schoen weer aan en eet een grote kom groene heerlijkheid, waar geen noedel of pie aan te pas komt.

We blijven veel te lang bij het café zitten, maar mijn voet is zo pijnlijk dat ik elke minuut rek voordat ik er weer op moet lopen. Een serveerster komt naar onze tafel toe; ze wil duidelijk dat we weggaan en daarom bestellen we nog een kop thee met taart en maken een praatje.

'Wat is het druk vandaag.'

'Het is de hele zomer al een gekkenhuis. Iedereen gaat op vakantie in eigen land. We hebben nooit genoeg taart voor de hele dag. Waar gaan jullie met die grote rugzakken naartoe?'

Ik denk even na, voor ik antwoord geef, twijfelend wat ik zal zeggen. De waarheid klinkt bijna te bizar om uit te spreken, maar ik probeer het toch.

'We zijn drie maanden geleden in het noordwesten van Schotland begonnen, maar nu lopen we gewoon naar huis.'

'O, wonen jullie dan hier in de stad?'

'Nee, in Cornwall.'

'Wat? Wandelen jullie naar Cornwall?'

'Ja.'

'Vanuit Schotland.'

'Ja.'

Ze gaat op de lege stoel zitten.

'Wauw, dat is gewoon episch. Maar hoe hebben jullie dat gedaan, je weet wel, op jullie leeftijd?'

Altijd weer diezelfde vraag, waarom denken jonge mensen toch dat het avontuur ophoudt als je een paar rimpels krijgt? Ik heb het antwoord niet, al dacht ik waarschijnlijk ook zo toen ikzelf nog geen rimpels had.

'Je blijft gewoon de ene voet voor de andere zetten. Nou ja, als je niet net je enkel hebt verstuikt.' Ik ben zo kwaad over mijn voet, ik kan gewoon niet geloven dat ik hem heb bezeerd, net nu het met Moths voeten wat beter gaat.

'O, dat heb ik een paar weken geleden ook gedaan. Pijnlijk. Ik heb zalf in mijn tas die echt hielp. Ik haal hem wel even.' Ze is al weg voordat ik nee kan zeggen, maar komt al gauw terug met een kleurig potje met iets wat ruikt naar kaas die te lang in de zon heeft gestaan. Maar we bedanken haar toch en maken aanstalten om te vertrekken.

'Wat jullie doen is gewoon ongelooflijk. Ik hoop dat jullie het helemaal tot thuis halen.'

Het loopt al tegen het eind van de middag als we eindelijk het stadje verlaten en aan de lange wandeling omhoog naar Hay Bluff Hill op de rand van de Black Mountains beginnen. We moeten kilometers omhoogploeteren voor we ver genoeg uit het dal zijn om de woeste wolkenlucht te zien die van achter de heuvels opdoemt, en de kracht van de wind voelen die vanuit het westen opsteekt. Te ver omhoog om weer naar beneden te gaan. We klimmen over het open moorland naar de hellingen onder de top van de heuvel, als wilde pony's omlaag komen hollen in de richting van de bosrand. Pijn weerhoudt je er op een of andere manier van terug te keren op de schreden die je met zoveel moeite hebt gezet, en wij blijven omhooglopen, in de hoop een beschutte plek te vinden. Eindelijk komen we bij een holte in de oostelijke flank en zetten de tent neer op hobbelige, venige grond. De wind trekt aan en drijft woedende paarse wolken voor zich uit, die zich naar het oosten haasten, maar nog genoeg ruimte bieden om in het zuiden de laatste stralen licht op de stad Hereford te laten schijnen, voordat ze zich sluiten en ons laten zien waarom deze bergen Black Mountains worden genoemd.

Om drie uur in de nacht is het lawaai van de storm oorverdovend, maar de wind ketst af op de rotsen boven ons en blaast de regen horizontaal voort, zodat die niet op de tent valt, die stevig en droog blijft staan. Moth is met zijn hoofdlampje op zoek naar de waterfles, draait zich dan om en schijnt het licht recht in mijn gezicht.

'Weet je, voordat die serveerster het woord "episch" zei, had ik er eigenlijk nooit op die manier over nagedacht. Het was gewoon het volgende pad, dan de volgende route. Maar als je het allemaal bij elkaar optelt, is het behoorlijk episch.'

'Behoorlijk episch voor oude mensen. Doe dat lampje uit, je verblindt me.'

'Nee, ik ga die zalf op je voet smeren.'

'Om drie uur 's nachts?'

'Waarom niet? Slapen doen we toch niet, of wel soms?'

Uiteindelijk vallen we in een onrustige slaap, niet gestoord door de wind, maar door de overweldigende lucht van rottende kaas in het kleine tentje.

Om acht uur 's morgens valt er een zwak, grijs licht rond de flank van de berg. Als we de tent opendoen, regent het niet meer, maar we zitten in dichte wolken en de wind gaat woest tekeer. We trekken de rits dicht om de berg buiten te sluiten en slapen verder tot halverwege de morgen.

De heuvelrug is gehuld in dikke wolken, als koude stoom, hierheen gedreven door een harde wind die onze regenjacks doet flapperen en ons dwingt er voorovergebogen tegenin te lopen, alsof we al van de heuvel geblazen zullen worden wanneer we alleen maar rechtop gaan staan. We volgen een uitgesleten pad van turf, rode zandsteen en hei. Een grote, donkere gestalte in de mist neemt vorm aan, dan een tweede en nog een, tot we door een kudde pony's lopen die roerloos blijven staan kijken hoe wij passeren, zo dichtbij dat we ze kunnen aanraken. Zij weten wel beter dan in de mist te gaan rondrennen, ze blijven gewoon staan kijken. Eindelijk, in de loop van de dag, begint de wolk uiteen te vallen, zodat we hier en daar een glimp kunnen opvangen van een lappendeken van oude weidestelsels en kleine boomgaarden. Tot hij opeens helemaal optrekt en we Monmouthshire onder ons uitgespreid zien liggen: naar het westen toe tot de Brecon Beacons en Sugar Loaf Mountain, naar het zuiden tot het Kanaal van Bristol. We volgen het stenige pad dat kilometerslang afdaalt naar Pandy en een groepje bomen, terwijl mijn voet het met elke stap uitgilt.

We komen bij een camping, maar zien niemand aan wie we kunnen vragen of we er mogen staan. Als we gaan rondkijken, blijkt dat het quizavond is in het campingcafé en dat iedereen druk bezig is te bedenken wie ook alweer in 1976 de FA-cup heeft gewonnen. Moth wil hun verschrikkelijk graag vertellen dat dat Southampton was, dat toen Manchester United met 1-0 versloeg, maar ik sleur hem mee en we gaan op zoek naar iets te eten als aanvulling op onze twee zakjes gedroogde aardappelpuree en een blikje tonijn.

In een groot, vierkant hotel aan de andere kant van het dorp brengt een serveerster de menukaart.

'Bestel niet iets met paddenstoelen erin, we hebben niet veel vis meer, nog maar weinig kip en de groente is bijna op.'

'Nogal een lastig dag voor jullie dus. Wat is er aan de hand?'

'Alles zit vast in de vrachtwagens bij de haven. De paddenstoelen waren dagen geleden al op en nu lijkt het wel of iedereen niets anders wil.'

We eten soep en een kom friet in de bar, die leeg is tot er twee mannen en twee jongens aan het tafeltje naast ons komen zitten en de serveerster terugkeert.

'Bestel geen paddenstoelen.'

Zij eten pie en friet tot een van de mannen zijn nieuwsgierigheid niet langer kan bedwingen.

'Dat zijn verdomd grote rugzakken. Zo te zien zijn jullie bezig met iets meer dan een kort tripje.'

'Ja, we zijn vanaf het noordwesten van Schotland komen lopen. Nu wandelen we door naar huis.' Met een tevreden blik op zijn gezicht doopt Moth zijn frietje in de soep.

'Dat is een heel eind. Waar is thuis?'

'In Cornwall.'

'Goeie god, op jullie leeftijd?' Ik kijk naar hem, hij is bijna even oud als wij. 'Wij zijn hier alleen maar een paar dagen aan het mountainbiken met de jongens en ik ben nu al kapot! Hoe doen jullie dat in hemelsnaam?'

'Nou, op sommige dagen is het best zwaar.'

'Hebben jullie dat boek gelezen, *Het zoutpad*? Daardoor krijg je een heel andere kijk op wandelen. Het gaat over een stel dat hun huis kwijtraakt, hij blijkt een hersentumor te hebben of zoiets en dan wandelen ze het South West Coast Path. Aan het eind gaat hij dood, maar het is een verdomd goed boek.'

Onder de tafel prik ik met mijn vork in Moths been en hij blijft gewoon zijn friet dippen.

'Jeetje, een hersentumor, dat is pech.'

Een oude man wandelt met zijn hond over de camping en komt langs de tent terwijl wij bezig zijn die af te breken.

'Zijn jullie hier met vakantie? Ik ook, als je het een vakantie kunt noemen – ik ben eigenlijk alleen maar gekomen om mijn oude huis nog eens te zien. Ik ben hier in de buurt opgegroeid, vroeger was het allemaal landbouwgrond en bos. Maar toen hebben ze alle bomen omgehakt en de weg verbreed. Jullie vinden het nu misschien mooi, maar het is niets vergeleken bij vroeger. Ik kan het gewoon niet aanzien, ik moest wel verhuizen.'

Hetzelfde verhaal dat zich telkens weer herhaalt, over de hele lengte van het land; er moet toch een manier zijn om deze verwoesting te keren?

Door glooiend boerenland met schapen, steekvliegen en valken bereiken we de rand van een dorpje. Misschien komt het door het witgeschilderde kerkje van Llangattock Lingoed, of door de begraafplaats vol wilde bloemen en grasaren, door de zwaluwen die boven ons hoofd cirkelen of gewoon door de stille rust die hier in de lucht hangt, maar deze plek lijkt bijna niet van deze tijd. Zittend op een bank aan de rand van het kerkhof probeer ik er de vinger op te leggen waar het gevoel precies vandaan komt, maar het lukt me niet. Het dorp is oud, maar heel aanwezig, heel sterk anders. Een vrouw en een kind zwaaien een vlindernet tussen de hoge, wilde bloemkelken door, ze vangen insecten en doen die in een pot. Ze lopen door naar de tuin van een pub beneden de muur van de begraafplaats en gaan op een bank zitten praten over de insecten in hun glazen kooi, laten ze dan vrij en lopen de landweg af. Ik doe mijn ogen dicht op deze plek van totale stilte, waar de uren voorbijgaan als een moment. De stilte dringt door tot in elke uithoek van mijn wezen. Als ik ook maar een sprankje religieuze overtuiging had, zou ik dit gevoel met de kerk verbinden, of met de prehistorische begraafplaats waarop die staat. Nu voelt het simpelweg als stilstaan. Waarbij het enige gevoel of geluid van de wind komt die langs mijn gezicht strijkt en de zaden verspreidt.

We lopen verder, vreemd rustig en vol nieuwe energie, alsof we een intense meditatie achter de rug hebben. Over weggetjes met korenbloemen erlangs, door het eerste werkelijk diverse akkerland dat we hebben gezien sinds de rivieroever bij Middleton-in-Tees, voorbij lege huizen en verlaten boerderijen, rond de ruïnes van White Castle, onder rondcirkelende buizerds en rode wouwen, over een land waar de tijd stilstaat, tot we eindelijk in Monmouth komen.

Hier zijn al sinds neolithische tijden mensen gevestigd: duizenden jaren van leven en sterven op deze rivieroevers. Ook wij zoeken een dak boven ons hoofd op en drinken eindeloze potten thee in het café, waar we naar het nieuws kijken op het gloednieuwe tv-toestel. We hebben nauwelijks nieuws gezien sinds we zijn gaan wandelen en het komt aan als een aanslag op onze levensopvatting. We schrikken op uit de rust van de landweggetjes. Politici praten over het klimaat alsof het een handelsartikel is, en een wanhopige vrouw gooit haar kind over een prikkeldraadhek naar wachtende soldaten, terwijl de taliban Afghanistan innemen. Daarna is er geen weg meer terug naar het gevoel van de begraafplaats. Het café gaat dicht, we kopen etenswaren bij de supermarkt en lopen zuidwaarts tot het pad omlaagduikt naar de rivier de Wye, waar we de tent opzetten tussen de hoge reuzenbalsemienen.

Ik rits de tent open en zie een flits zinderend blauw, die over de rivier verdwijnt. Na al die lochs, rivieren en kanalen die we gevolgd hebben, is dit de eerste ijsvogel die we zien. Ik doe mijn ogen dicht en probeer het blauw in mijn geheugen te prenten. Het is een verrassing om bij daglicht te ontdekken dat we in de schemering veel verder hebben gelopen dan we dachten en dat we al in de buurt van Bigsweir zijn. Ondanks de zware regen van twee dagen geleden staat de rivier laag en stroomt ze kalmpjes naar zee. Aan de overkant van de rivier rijden auto's voorbij, maar ik hoor ze niet. Mijn hoofd is vol gedachten aan de zee die dichterbij komt en het gekrijs van meeuwen dat ik me verbeeld.

Ik weet niet of het komt door de herinnering aan de kust en de zoute lucht die ons roept, door de kracht van de Hooglanden in onze benen of doordat Moths voeten eindelijk gelukkig zijn in hun donut-schoenen, maar het vlakke land langs de rivier verdwijnt. Al heel snel beklimmen we een steile heuvel, koken water voor thee en kijken naar parelhoenders die kakelend rondrennen in een weiland vlakbij. Het Wye-dal heeft steile wanden, en diepe bossen en zodra we de oriëntatiepunten van de rivierbochten verlaten, is het lastig te weten waar op het pad we zijn. We klimmen en klimmen, door een donker, volgroeid bos. Eeuwenoude eiken en beuken staan langs het pad en al snel denken we niet langer na over waar we zijn, maar verliezen we ons in de verschillen in structuur, vorm en gevoel van hun schors. Eindelijk worden we uit onze overpeinzingen opgeschrikt als een bord ons waarschuwt dit gebied niet te betreden; doen we dat wel, dan verstoren we de zevenslapers die in dit stukje bos hun thuis hebben. Deze muisjes met hun grote ogen en lange staart worden ernstig bedreigd: hun aantal is de afgelopen twintig jaar gehalveerd, gedeeltelijk door habitatverlies en gedeeltelijk omdat ze door de klimaatverandering uit hun winterslaap wakker worden voordat er voedsel voor hen is. Om de beestjes niet te storen, lopen we op onze tenen het Lippets Grove Natuurreservaat uit en dan beseffen we dat we zojuist dwars door de dijk zelf heen zijn gelopen. We gaan er nog een keer doorheen, met aan beide kanten de hoge wal van aarde en steen, omlaag in de greppel aan de andere kant en terug naar het pad.

Tussen de bomen komt Tintern Abbey in zicht, een enorm stenen klooster dat in de twaalfde eeuw voor cisterciënzer monniken is gebouwd. Het is nu alleen maar een ruïne, een reusachtig overblijfsel uit een tijd waarin geloof en macht grote rijkdom van de bevolking afnamen en in de geldkisten van de Kerk deden belanden, tot de Kroon besloot daar verandering in te brengen en het geld in eigen zak stak. Ondertussen leefde de bevolking nog steeds op rapen.

We lopen verder en verder, langs enkele van de grootste bomen die we sinds Schotland hebben gezien, en stellen ons een land voor waar deze zeldzame en afzonderlijke stukjes oud bos met elkaar verbonden zijn, geen eenzame eilandjes meer vormen. Waar de mycorrhizaschimmels in de boomwortels over het hele land verbindingen kunnen maken en ons op een bepaalde manier opnemen in hun verbindingen, ons in hun grond aarden. En bijna zonder dat we het merken gaan de kilometers voorbij: onder ons ligt Chepstow, dat zich uitstrekt tot de monding van de Severn en het einde van Offa's Dyke.

We blijven een tijdje op de brug in Chepstow hangen om foto's van het kasteel op de heuvel te maken, voordat we het stedelijke pad volgen dat verder slingert naar Sedbury Cliffs en het eind van het Offa's Dyke Path, en dan naar de zoute kwelders beneden. Het is eb en we kunnen het water nauwelijks zien, nu de hele breedte van de Severn uit anderhalve kilometer modder en zand bestaat dat zich uitstrekt onder het avondlicht. Maar aan de andere kant ligt het zuidwesten van Engeland; alle paden leiden nu naar Cornwall. Tussen ons en de zuidkust liggen alleen nog maar de kustvlaktes van Somerset en wat heuvels in Devon.

'Ik kan nog steeds niet geloven dat we zo ver hebben gelopen. Vanhier naar het Kanaal wordt een eitje.' Moth kijkt nog eens naar de OS-app op zijn telefoon. Nu hij zijn telefoon geregeld kan opladen, kan hij er niet vanaf blijven en controleert hij voortdurend in welke richting de pijl wijst.

'Ja, dat zal gemakkelijk zijn, ik verheug me erop om nu dit stuk te doen.'

De opwinding groeit terwijl we naar het laatste grote stuk

land kijken dat nog steeds tussen ons en de zuidkust ligt. Een soort toenemende euforie. We denken wel te weten wat het westen van Somerset te bieden heeft; per slot van rekening zijn we er vaak over de snelweg doorheen gekomen en hebben we veel van het oostelijke deel ervan verkend. De aantrekkingskracht van de zuidkust wordt steeds sterker en ik verlang ernaar op weg te gaan.

Wanneer zal ik ooit leren om voorzichtig te zijn met wat ik wens?

DEEL VIJF

Naar het zuiden

'Er kan geen geluk zijn als de dagen
waar we in geloven anders zijn dan
de dingen die we doen.'

Freya Stark, *The Lycian Shore*

Hoofdwegen en zijpaden

Van Chepstow naar Plymouth

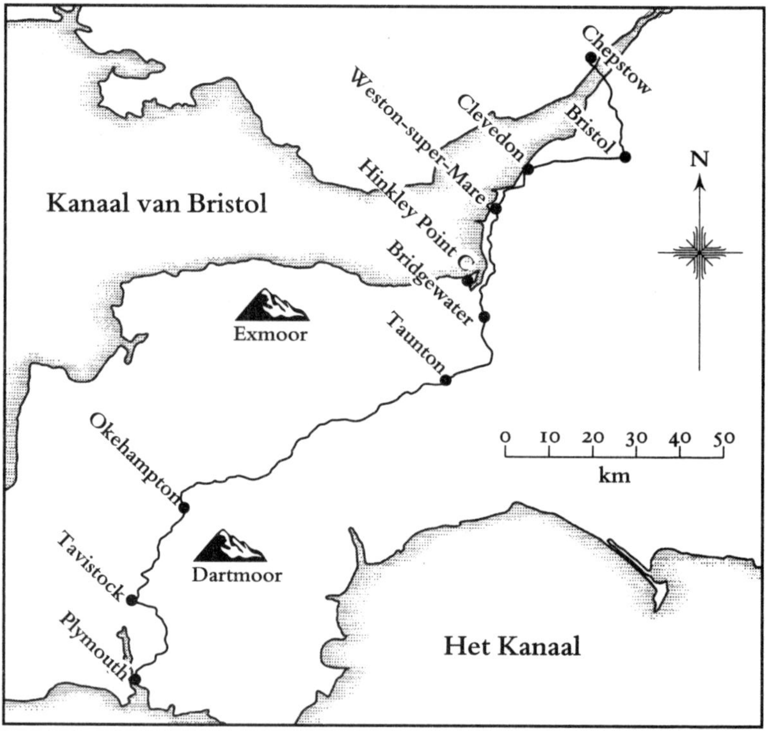

34

Hoog boven de uitgestrekte grens van slikgeulen en zand trilt het voetpad aan de zijkant van de Severn Bridge onder onze voeten, stuiterend onder het gewicht van vier rijbanen voorbijrazend verkeer. Het is oorverdovend, maar af en toe heel even bijna vredig als zilvermeeuwen op een warme wind onder ons door zweven. Moth kan zich zo te zien niet van de trillingen losmaken en leunt over de reling aan de rand van de brug, op het punt zijn warme Engelse ontbijt kwijt te raken. Na een kort verblijf bij familie in Chepstow en een lift door drie kilometer stedelijke bebouwing en verkeer gingen onze eerste stappen van vandaag meteen de hoogte van de trillende brug op.

'Denk je dat het hoogtevrees is? Zo ja, laten we dan maken dat we hier weg komen, dan voel je je zo weer goed.'

'Ik weet niet wat het is, misschien die trillingen na die roereieren die ik heb gegeten.'

'Laten we gewoon van de brug af gaan en de schaduw opzoeken. Het is zo warm, ik voel mijn huid bakken.'

Een man op een fiets rijdt over het hoogste punt van het brugpad. Voor hem uit fietst een klein meisje met een helm op en een zomerjurkje aan. Het is een onwerkelijk gezicht en de tijd lijkt wel te vertragen terwijl het kind de helling af rijdt, met een stralend gezicht, haar jurk wapperend in de wind, met aan de ene kant hoog boven haar de voorbij brullende trucks en aan de andere kant de gapende diepte van de rivierbedding.

Op de OS-wandelkaart leek de weg naar het zuiden vanaf de brug zo gemakkelijk. Hier geen nationale wandelroutes of gemakkelijk te volgen jaagpaden, maar wel paden en landwegen vlak bij de kust, helemaal tot de riviermonding bij Avonmouth. Tenminste, dat zou zo zijn geweest, als de weg niet versperd was door zware metalen hekken en borden met 'Levensgevaar, niet betreden' erop. Op de kaart leek het of we voorbij de kilometers afgesloten wegen konden komen door wat velden over te steken en dan terug te lopen naar de kust. Maar na twee uur braamstruiken, brandnetels, prikkeldraad en voetpadomleidingen eindigen we precies waar we begonnen zijn: aan de rand van de snelweg.

We gaan met een karaf ijswater in de tuin van een pub zitten terwijl twee afzonderlijke kinderfeestjes in dezelfde tuin op een chaos uitlopen. Moth brengt een uur door op het toilet van de pub, terwijl de eieren, of iets anders, hun tol eisen. Hij voelt zich zwak en daarom laten we het kustpad voor wat het is en lopen landinwaarts over schaduwrijke landwegen en voetpaden, tot we eindelijk de tent opzetten onder een groepje bomen vlak bij Bristol.

'Ik weet niet of het door de eieren komt, dan zou het nu al wel over moeten zijn, maar ik voel me nog steeds beroerd.' Hij zit op de stam van een omgevallen boom, zijn huid is bleek en wasachtig, er verschijnen donkere kringen onder zijn ogen.

'Misschien moet je gewoon gaan slapen, dan voel je je morgen vast beter. We zijn vlak bij Bristol, dus mocht het niet beter gaan, dan hebben we in ieder geval de kans voor een dag of twee een bed te vinden.'

'Of een trein te nemen en morgenmiddag terug te zijn op de boerderij.'

'Zou je dat nu doen, gewoon stoppen?' In Manchester wist hij zo zeker dat hij helemaal naar de kust wilde, hij was zo sterk terwijl hij over Offa's Dyke liep, het is moeilijk voor te stellen hoe hij zich zou voelen als hij nu zou stoppen.

'Op dit moment wel, ja. Maar vraag het me morgen nog maar eens.'

De volgende morgen vraag ik het hem nog eens.

'Zullen we gewoon ophouden en de trein nemen? Je hebt nu wel genoeg gedaan.'

'Nee, het komt wel goed, laten we doorgaan.'

De misselijkheid lijkt over, dus we gaan door, maar binnen twee kilometer is die misselijkheid omgeslagen in diarree en stopt hij elke keer als er genoeg struikgewas is. We kunnen niet snel genoeg in Bristol zijn. We vinden een bed voor de nacht en lopen daar dwars door de stad naartoe. Onderweg kopen we een groot pak Imodium.

Dakloosheid is in elke stad waar we doorheen kwamen een groot probleem, maar hier is het echt heel nijpend. Misschien is hopeloosheid in een kleine stad zichtbaarder, misschien was dakloosheid al een groot probleem dat nu nog groter is geworden, maar er zijn hier zoveel portieken waarin gebrek en pijn schuilen. Net als in Manchester is iedereen die binnen was nu weer buiten en de aantallen lijken nog groter dan voor de pandemie. Wij gaan even zitten, terwijl ik het internet afzoek naar antwoorden op de vraag waarom het probleem hier zo zichtbaar is. Ik weet de antwoorden al: door corona zijn zoveel relaties op de klippen gelopen, zoveel gezinnen uiteengevallen, hebben zoveel mensen die het toch al nauwelijks meer redden, de moed opgegeven. Maar de statistieken zijn schokkend: toen wij met onze wandeltocht begonnen, meldden huisvestingsfunctionarissen in Bristol dat het aantal alleenstaande dakloze mensen in de stad met 330 procent was gestegen.

Winkelende mensen op straat kijken naar onze rugzakken en werpen ons wantrouwige blikken toe. Hoe vaak ik dat ook meemaak, het verrast me nog steeds hoe in een stedelijke omgeving de manier waarop je wordt bekeken verandert wanneer je een rugzak op je rug draagt. Een groep dakloze mensen houdt op met praten en kijkt naar ons terwijl we voorbijlopen, al even wantrouwig omdat we misschien nieuw zijn in hun territorium. We blijven staan en Moth vertelt dat we alleen maar op doorreis zijn.

'Dat is goed om te horen, vriend, goed om te horen. We zijn al met te veel hier. Te veel mensen en te weinig plek. Waar gaan jullie dan naartoe? Dit is een vreemde plek om te wandelen.' Een man van middelbare leeftijd met grijzend, slierterig haar staat op en is blijkbaar spraakzamer dan de anderen, die op stukken karton zitten, weggekropen onder dekbedden, ook al is het een warme dag.

'Naar Cornwall.'

'Wat? Met de trein?'

'Nee, we wandelen. We zijn vanuit Schotland komen lopen.'

'Verdomd, dat is een heel eind.' Hij keert zich weer naar de anderen. 'Dat moeten wij ook doen, jongens, gewoon gaan wandelen, lekker met vakantie.'

Een jongere man duwt zijn capuchon achterover en staat op. 'Daar heb ik over gehoord, over dakloze mensen die gewoon gaan lopen. Waarom doen wij dat niet? Het is vast beter dan hier zitten.'

'Ja, doe dat.' Moth geeft hun een pak sandwiches dat hij net bij een winkel heeft gekocht. 'Geloof me, het kan je leven veranderen.'

Na een nacht waarin Moth meer tijd op het toilet doorbrengt dan in bed, voelt hij zich iets beter, dus verlaten we de stad, via het dorp met kunstenaarsallure Clifton en hoog over de Cliftonhangbrug. Maar binnen een halfuur is zijn spijsverteringskanaal blijkbaar een eigen leven gaan leiden en hij verdwijnt herhaaldelijk in de struiken. We proberen de gang erin te houden, langs steeds grotere en duidelijk duurdere woningen. Het is zo'n scherp contrast: binnen drie kilometer van extreme armoede naar extreme rijkdom. Naarmate we door velden, bos en lanen steeds verder van de stad af komen, zien we steeds meer rijkdom om ons heen. Hoe welvarender de omgeving wordt, hoe meer bordjes met 'privé' en 'verboden toegang' we zien, alsof met de rijkdom het overheersende verlangen komt die bezittingen te beschermen. We lopen om het terrein van een privéschool heen, waar hekken op slot zijn, overstapjes gebarricadeerd met prikkeldraad en overal waarschuwingsborden hangen: we moeten oppassen voor 'Waakhonden', 'Vergiftigingsgevaar door bestrijdingsmiddelen', 'Levensgevaar'. We haasten ons verder over een laan waaraan nog grotere huizen staan en steeds meer borden: 'Pas op: zeer gevaarlijke hond', 'Pas op: bewakers', 'Pas op: valse scharrelkippen'.

We zetten de tent op onder de verdedigingswal van een middeleeuws fort en kijken naar de stroom koplampen op de snelweg beneden en naar de lichten die aangaan in Weston-super-Mare aan de kust in de verte. De tabletten helpen niet en Moth gaat telkens weer het bos in, waar hij in de varens hurkt, terwijl ik een zakje tonijn in een pan van poeder gemaakte aardappelpuree doe. Wij vinden hier veiligheid en beschutting voor de nacht, precies zoals de mensen die zich hier in het verleden kwamen vestigen die zouden hebben gevonden. Voedsel, veiligheid, warmte, de basisbehoeften van de mens blijven door de tijd heen gelijk, al zou Moth nu ook doorspoeltoiletten op dat lijstje willen zetten. Ik vraag me af welke kruiden middeleeuwse genezers zouden hebben gebruikt in plaats van Imodium, maar durf er niet naar op zoek te gaan, voor het geval ik het verkeerde pluk en de boel nog erger maak.

We steken via een brug de M5 over, zes rijbanen snelheid en lawaai, naar een oud bos dat ooit rond het fort moet hebben gestaan, maar misplaatst lijkt naast het verkeer en de vervuiling van vandaag. Of is het andersom? Enorme oude eiken en beuken verheffen zich boven een bodem die bezaaid is met gedroogde bladeren en eekhoorns en het eerste hert dat we zien sinds de Pennine Way. Het pad slingert omlaag naar Clevedon, een rustig badplaatsje, en opeens zitten we in een ander tijdperk. De moderne wereld is bij de rand van de snelweg opgehouden; daar voorbij is de tijd stil blijven staan en bevinden we ons in de jaren zeventig van de vorige eeuw. In een wereld waar vakantiegangers jaar na jaar terugkomen. Terug naar een eenvoudiger tijd, naar hun jeugd, om midgetgolf te spelen en eindeloze rondjes met de minitrein te rijden.

Langs de kust zuidwaarts naar Weston, houdt het pad op. We zien op de kaart waar we naartoe moeten, maar tussen ons en daar ligt een breed kanaal vol water. Moth zit uitgeput en bleek op zijn rugzak te wensen dat hij de trein had genomen, als een man met een pet en rubberlaarzen in een roeiboot naar ons roept.

'Willen jullie een lift naar de overkant?'

'Wat? Biedt u ons een lift aan?'

'Nou, ja, dat zei ik.'

We klauteren haastig omlaag en stappen in zijn boot.

'Wat doet u hier?' Het lijkt zo'n onwaarschijnlijke plek om te roeien.

'Roeien. Hoezo, wat doen jullie hier?'

'We wandelen naar het zuiden, zijn nu op weg naar Weston.'

Hij neemt zijn pet af en begint te lachen. 'Nou, veel succes daar. Er staat jullie een verrassing te wachten.' Als we al weglopen, roept hij nog: 'Breng de nacht door in Sand Bay, dan kun je morgen zo naar Weston doorlopen.'

We zetten de rugzakken neer in de duinen achter een lang zandstrand. Het is vloed, zodat er alleen een halvemaan van zand overblijft die naar het zuiden buigt. Het is al laat in de middag, maar de zon staat nog warm in een felblauwe hemel, zelfs geen nevel boven de zee belemmert het uitzicht over het Kanaal van Bristol naar de zuidoostrand van Wales. Zilvermeeuwen zweven lui langs op trage thermiek en laten nog hun dag-geroep horen. Moth kookt water voor thee terwijl ik tussen de duinen ronddwaal op zoek naar een plek om de tent op te zetten. In het helmgras staat een bunker uit de Tweede Wereldoorlog: misschien kunnen we daarin gewoon de slaapzakken uitrollen? Vroeger moeten er in deze betonnen dozen geweren hebben gestaan om het Kanaal van Bristol te beschermen, maar deze bevat alleen pis, papieren bekers en condooms.

Het is verrassend rustig voor een middag in augustus. Alleen verderop op het strand zijn wat gezinnen, dus we zwemmen in ons ondergoed een zee zo glad als stroop in, waar het zoute water alle zweet en stof wegwast, de pijn in stramme ledematen en zere voeten stilt. Het water is niet koud, meer de temperatuur van het badwater wanneer je wakker wordt en beseft dat je een halfuur hebt geslapen. Niet ondraaglijk, gewoon niet iets waarin je al te lang wilt blijven.

We drogen ons af en trekken net een trui aan, als een oude man met een labrador vanuit het gras het strand op komt lopen.

'Hallo, mooi weer.'

'Ja, zeker.' Hij maakt de riem van de oude hond los. Die loopt langzaam naar de zee en blijft tot zijn enkels in het water staan kijken hoe dat rond zijn poten kabbelt.

'Wat een heerlijke plek.'

'Ja, nou ja, dat was het. Vroeger was het hier perfect, een verborgen parel. Maar deze zomer, tja, de parel is nu gevonden. Heel triest.' Hij loopt langs de vloedlijn terwijl de hond, nog steeds enkeldiep, achter hem aan plast.

Een felle stralenkrans van kunstlicht hangt boven Weston, dat alleen wordt afgeschermd door de beboste heuvel die ons van de stad scheidt. De zee vangt de weerspiegeling van een grote afnemende maan, maar de door mensen gemaakte gloed van de stad is zo fel dat het maanlicht erbij in het niet valt. Er is nergens een plek om de tent te verbergen voor de huizen langs de weg achter de duinen en daarom gaan we in een zanderige holte tussen pollen helmgras liggen, met onze slaapzakken in onze klikozakken uit Radnorshire en proberen sterren te tellen tot we in slaap vallen.

35

Terwijl Moth in de duinen, in het bos of achter een heg hurkt, zoek ik trein- en busdienstregelingen op en probeer de snelste route terug naar Cornwall te plannen.

'Het is niet dat ik me nog ziek voel, het is alleen net of mijn lichaam de controle kwijt is.'

'Ik weet zeker dat het door die eieren in Chepstow komt. Misschien moet je naar een dokter. Laten we gewoon een trein nemen en naar de huisarts gaan. Je hebt al zoveel gedaan, zo ver gelopen, je hoeft echt niks meer te bewijzen.'

Hij kijkt me aan, een lange blik waarvan ik het koud krijg, zelfs in de warme morgenzon. 'Je weet best dat het niet door de eieren komt. Dit is een volgend stadium van CBD; dit is het begin van de fase waarin ik alle controle kwijtraak.'

'Wat dan? Het schijtstadium?' Ik probeer hem aan het lachen te maken, maar vanbinnen groeit een vreemd gevoel, een beetje alsof mijn hart krimpt. 'Nee, het komt vast door de eieren. Weet je nog toen je broer uit Nepal terugkwam en twee maanden niet van het toilet af kwam? Misschien is het dat.'

'Laten we maar naar Weston gaan, daar zullen in ieder geval meer toiletten zijn.'

De man in de roeiboot had geen ongelijk. Weston-super-Mare is een hete, zweterige, lawaaiige schok voor het zenuwgestel.

'We kunnen door de stad heen lopen, de trein naar Taunton nemen en dan de sneltrein terug naar Cornwall.'

'Laten we eerst wat eten en water zien te krijgen voordat we een beslissing nemen.'

De cafés puilen uit, dus zoeken we ons een weg door stampvolle straten om een Spar te vinden. De man achter de kassa ziet er doodmoe uit terwijl hij bananen, brood en water in een tas stopt.

'Is het hier altijd zo druk?'

'In augustus is het altijd wel druk, maar niet zo erg als nu. Deze zomer is bijna ondraaglijk geweest en nu krijgen we ook nog het lange Bank Holiday-weekend. Ik ken winkeliers die gewoon niet meer kunnen: te veel mensen die dingen willen kopen die we niet hebben omdat ze vastzitten in de vrachtwagens in de haven. Het is een nachtmerrie, ze sluiten hun winkel voor het weekend en gaan de stad uit. Ik zeg jullie, als ik kon, deed ik dat ook.'

We lopen terug naar de zee, via straten vol mensen, over asfalt dat zo warm is dat het begint te smelten, langs kartonnen dozen en glasscherven, tot we op het brede betonnen pad langs de zee komen. Het is eb en het lijkt wel of zelfs de zeemeeuwen afstand houden.

'Ik wil niet nog eens door die chaos lopen, zelfs niet om een trein te vinden. Laten we nog even doorgaan, gewoon kijken waar we uitkomen.' Moth loopt weg over het beton, moe, bleek, gebogen. Ik wil hem oppakken, hem weer op de boerderij neerzetten en zeggen: Genoeg, je hebt genoeg gedaan, hem in watten wikkelen en hem laten slapen. Ik wil dat hij dertig is met de wind in zijn haar en zijn geest vrij van kennis over het bestaan van CBD. In plaats daarvan slof ik achter hem aan en mompel: 'Ik denk nog steeds dat het door de eieren komt.'

'Wil je nou eens ophouden over die verdomde eieren?'

Het zand is overdekt met geparkeerde auto's, ligstoelen, barbecues, gillende kinderen en ruziënde ouders. Midden op het strand staat een vrachtwagen voor veevervoer met daaraan een rij ezels vastgebonden in de brandende zon. Kinderen rijden op ezels over het strand terwijl ze een ijsje eten, afgeleid, ongeïnteresseerd, de uitgeputte dieren slepen hun hoeven door het mulle zand, met hun hoofd omlaag, elk grammetje van hun lichaamstaal schreeuwt om te mogen stoppen. Een traditioneel Brits strandtafereel.

Een dunne laag hoge wolken kleurt een blauwe hemel parelwit terwijl de lucht stil en warm blijft hangen. Via een fietspad laten we Weston achter ons en lopen kilometers door vlak land van riet en diep doordringende getijdenschorren, waar we wegduiken voor fietsers en groepen vrijwilligers die de bermen van het pad vrijmaken met grasmaaiers en kettingzagen. Door de sleuven tussen de latten van een brug die gebouwd is om naar vogels te kijken zonder ze te storen, zien we zilverreigers die in de modder naar voedsel zoeken, en plotseling krijg ik een onverwachte steek van heimwee. Het was begin mei toen we uit Cornwall vertrokken, nu is het bijna eind augustus: de hele zomer is voorbijgegaan. Zullen er nog zilverreigers zijn op de schorren van de rivier die langs de boerderij loopt? Zal Monty ons nog kennen? De opstekende wind vormt wervelingen van droog zand terwijl wij door een onbekend landschap lopen, te midden van onbekenden. Het harde zand van het eindeloze strand in Brean leidt naar Burnham-on-Sea, we schuiven langzaam steeds verder op naar het zuiden, maar nu wil ik alleen nog maar met Moth de trein nemen en in ons eigen bed kruipen, waar Monty op het voeteneind slaapt.

Omdat er geen manier is om de rivier over te steken, volgen we haar landinwaarts tot we eindelijk bij een brug komen en lopen dan weer terug naar het westen in de richting van het Kanaal van Bristol, op een pad over een hoge wal die dient als hoogwaterbescherming, met aan de ene kant onder ons de bedding van de rivier, en aan de andere kant weilanden met vee. Aan de overkant van de rivier liggen uitgestrekte schorren die de grens vormen van het Bridgewater Bay Natuurreservaat. Achter die schorren, waar zoveel van onze kostbare steltlopers leven, ligt de bouwplaats van kerncentrale Hinkley Point C. En daar weer achter zien we het diepste, rijkste, donkerst gebrande roest en amber van de zonsondergang, die de zee omtovert in gesmolten lava en de heuvels in koperen bergen. Het is bijna donker wanneer we de tent opzetten boven de vloedlijn, hopen we, op een lapje grond tussen het pad en een hek naar een weiland. De hemel heeft nu bronzen en heel donkerblauwe tinten gekregen waardoor de diepe getijdengeulen in de monding van de Parrett oplichten als gouden penseelstreken.

Onder opengeritste slaapzakken liggen we opgekruld als muizen in de tent, aan de rand van de gapende slikgeul, luisterend naar het nachtelijke geroep van steltlopers. Ik hoor de vloed opkomen. Niet het geluid van water of overslaande golven, alleen de diepe klank van zware beweging. Moth ligt rustig te ademen: zo te zien sliep hij zodra hij zijn hoofd op zijn trui legde.

'Ik ben doodop, alsof elke druppel energie verdwenen is.'

'Ik dacht dat je sliep.'

'Nee, ik ben alleen zo moe dat ik mijn eigen gewicht op het matje voel, maar alsof ik het niet echt ben.' Hij slaapt half en ik weet niet wat hij bedoelt. 'Zo voelt mijn lichaam de laatste paar dagen aan, alsof ik het wel kan voelen, maar het niet van mij is.' Ik trek zijn arm wat dichter om me heen en houd hem vast. Dezelfde arm die mij mijn hele volwassen leven stevig vastgehouden heeft. 'Ik voel me alsof ik wegglijd, laat me niet los.' Ik houd zijn hand vast en veeg de tranen uit mijn ogen.

'Ik laat je nooit los.' Ergens in de verte blaft een vos.

Ik word wakker doordat de tent schudt en er een raspend, snurkend geluid klinkt. Ik kruip eruit, in de verwachting dat het lawaai wordt veroorzaakt door een boos persoon die wil dat we weggaan. Er is niemand te zien, alleen een troepje nieuwsgierige charolais-koeien die zich over het hek van het weiland buigen en aan de achterkant van de tent likken. Ze lopen weg en verdwijnen langzaam in de mist. De slikgeul is verdwenen, net als de zee en de weilanden. Er is alleen nog de met vocht gevulde lucht die beweegt als mysterieuze verborgen landschappen: heuvels en dalen van doorschijnend wit, zilver en blauw, die buigen en deinen op de bries.

Moth wordt laat wakker en we eten mueslirepen terwijl de

mist optrekt en de bouwplaats van de kerncentrale weer in zicht komt. Er zijn hier meer vogels dan we sinds Schotland hebben gezien: blauwe reigers, zilverreigers en een stel wulpen zwerven rond de sliklijn; twee scholeksters vliegen laag in de lengte van het kanaal en dan naar zee. De vogels zijn er wel, maar niet in de aantallen waarvan je zou verwachten dat dit uitgestrekte schorrengebied zou aantrekken.

'Hoeveel eten hebben we nog?' Het is halverwege de morgen en Moth zit nog steeds met zijn slaapzak om zich heen in de tentopening.

'Genoeg om Bridgewater te halen.'

'Kunnen we hier blijven? Ik weet niet of ik de kracht heb om verder te lopen.'

Ik kijk in de etenszak; we hebben nog genoeg. 'Laten we naar Burnham teruggaan, daar kunnen we de bus nemen, dan een trein en dan lig je vanavond in je bed.'

Hij is weer in de tent gekropen en gaan liggen. 'Dat kan ik niet. Daar heb ik de energie niet voor.'

De morgen gaat langzaam over in de middag terwijl hij slaapt. Stel dat deze wandeltocht echt te ver is geweest en het laatste restje van zijn kracht heeft gevergd? Hij koos ervoor door te gaan toen we in Manchester waren, maar hij zou hier überhaupt niet geweest zijn als ik hem in het voorjaar niet had meegesleurd. Schuldgevoel komt aangekropen, vreet zich door mijn botten als een rups door dood hout. Ik zie het tij opkomen en afnemen. Het is als ons leven samen, rijk, vol en zwaar bij hoog water, maar nu glibberig, modderig en instabiel terwijl het tij wegtrekt en de kwetsbaarheid eronder blootlegt.

Moth kruipt de tent uit als het licht van de ondergaande zon op het metaalwerk van de kranen valt die boven het stalen raamwerk van de kerncentrale uittorenen, en de lelijkheid daarvan in een glanzend monument van menselijk kunnen verandert. Tot de zon verdwijnt en de bouwplaats weer wordt wat hij werkelijk is: een groot stuk land vol staal, kranen en schijnwerpers. Een bouwwerk dat in 2018 is begonnen, volgens de berichten rond de 23 miljard pond kost, 45,5 miljard pond tijdens zijn hele levensduur en dat Franse en Chinese energiebedrijven de controle zal geven over een aanzienlijk deel van onze energie-infrastructuur. Een heel grote hoeveelheid geld voor een project dat maar zes miljoen huizen van stroom zal voorzien, in een verwachte levensduur van maar zestig jaar, maar dat de energiebedrijven grote winsten en de consumenten gegarandeerd hoogoplopende energieprijzen zal opleveren wanneer de centrale eindelijk in 2026 in bedrijf komt. Ik vraag me af hoeveel van de nieuwe huizen die sinds 2018 zijn gebouwd en die de komende jaren nog gebouwd gaan worden, zelfvoorzienend in groene energie hadden kunnen zijn als daar wat geld in was geïnvesteerd? Even zit ik weer in de pub in Inverie te luisteren naar het gesprek van de handelaren over hoe 'de politiek het geld volgt'.

Terwijl ik door de opkomende mist naar de oranje bol van licht in het westen kijk, is het of die een grote vraag stelt: wie gaat er het meest van dit monster aan onze kust profiteren? Vast niet de wilde dieren en planten in Bridgewater Bay: vissers melden nu al dat de visstand achteruit is gegaan en als de aantallen vissen teruglopen, geldt dat ook voor de aantallen vogels. En de kerncentrale is nog niet eens in bedrijf.

De mist trekt op: weer een nieuwe morgen. Moth is sterk genoeg om te lopen en we gaan weer verder.

'Weet je zeker dat je niet terug wilt naar Burnham? Dat is dichterbij.'

'Nee, laten we het een dag langzaamaan doen naar Bridgewater. Vandaar is het gemakkelijker om een trein te nemen, ik heb weinig zin om uren in een bus te zitten.'

We volgen het verhoogde wandelpad langs diepe getijdengeulen in het slik, tot de roep van de canadaganzen wordt overstemd door geschreeuw in de verte.

'Wat is dat voor lawaai?' Moth kijkt om zich heen om te zien waar het precies vandaan komt.

'Het klinkt als varkens.' Ik ben opgegroeid met het geluid van varkens als onderdeel van het dagelijks leven. Ik ken hun tevreden geknor, hun opgewonden gepiep, en ook dit geluid. Een geluid dat hetzelfde klinkt als een heel hard, hoog gegil. Het is het geluid dat varkens maken als ze in nood zijn. Het pad buigt omlaag langs een enorme golfplaten boerenschuur die bijna zo groot is als een voetbalveld en deel uitmaakt van een grotere groep identieke gebouwen. Daarbinnen gillen de varkens. 'Misschien worden ze verplaatst.' Varkens houden er niet van om verplaatst te worden en maken dat geluid wanneer ze van de ene plek naar de andere worden vervoerd. Maar de herrie houdt niet op. Dit zijn de kreten van opeengepakte, ongelukkige varkens. We lopen weg, in mijn hoofd komen herinneringen op aan de Large White-zeugen en hun biggetjes op de boerderij van mijn kindertijd, en de gedachte dat ik misschien mijn laatste baconsandwich heb gegeten.

Even verderop staat een hoge, dikke heg, maar door een gaatje kan ik rijen pluimveeverblijven zien: nachthokken met een lange ren van gaas eraan vast. Ik kan niet zien wat erin zit, maar mijn nieuwsgierigheid is gewekt en ik dring mezelf de heg in en gluur erdoorheen. Er zitten geen kippen in, zoals ik eerst dacht, dit zijn hokken voor patrijzen. Het ene hok gekooide vogels na het andere. Er kunnen maar twee redenen zijn waarom ze in deze kooien zitten. Ofwel ze worden gefokt om opgegeten te worden, óf ze worden gefokt om eerst vrijgelaten, dan doodgeschoten en dan opgegeten te worden. Nu ik deze vogels zie, herinner ik me weer dat er wetgeving in de maak is om het vrijlaten van fazanten en patrijzen binnen vijfhonderd meter van een beschermd natuurgebied te verbieden, omdat men vermoedt dat zij een bedreiging voor inheemse dieren en planten zijn. Deze prachtige vogels zijn al zo'n vierhonderd jaar in ons land; ik vraag me af hoelang het duurt voordat iets inheems wordt? Als we deze dieren niet langer zouden schieten uit naam van de sport, werden ze misschien niet in zulke buitensporige aantallen gefokt en losgelaten. Dan konden deze vogels vrij rondzwerven en werden hun aantallen in het wild op natuurlijke wijze gereguleerd. Ze doen me denken aan de herten in de Hooglanden en het aantal dieren dat elke landeigenaar verplicht moet ruimen. Onze wilde fauna en flora moeten in evenwicht zijn, maar als ze met rust gelaten worden, vinden ze zelf dat evenwicht wel. Elke soort doet dat, behalve één, die zichzelf niet als onderdeel beschouwt van het geheel dat in evenwicht moet zijn, en zich ongecontroleerd verspreidt.

We zijn nu op het England Coast Path, een nieuw en nog niet helemaal voltooid pad dat, als het eindelijk klaar is, een epische route rond de hele Engelse kust zal vormen. Maar zo te zien weet nog eigenlijk niemand dat het er is of misschien kan het niemand iets schelen. Het pad slingert langs vuilnishopen en brandnetelvelden, onder een ingestorte zinken schuur door en stuurt ons uiteindelijk een industrieterrein op waar zo te zien afgedankte kliko's hun einde vinden, of misschien een tweede leven krijgen, dat is moeilijk te zeggen. Er is hier niemand, dus we gaan op een betonnen rand zitten om water te koken. De rivier de Parrett kronkelt voorbij in een U-bocht, waar een groep canadaganzen bivakkeert, het enige dat hier beweegt, afgezien van een kliko die in de wind voorbij rolt.

Bridgewater komt aan het eind van een hete, vermoeiende dag, een stad met een ongewoon groot aantal heren- en dameskappers en kebabzaken. We zijn mat en in onszelf gekeerd terwijl we in een caféetje een derde mok thee drinken. We hebben door drie landen gewandeld, tegen artsen, logica, weersomstandigheden, kwetsuren en ziekte in, en nu staan we op het punt op te geven en terug te gaan, nog maar één graafschap van ons doel verwijderd. We zitten zwijgend bij elkaar, de stemming is somber, grauw en, al zullen we het geen van beiden zeggen en ondanks alles wat we hebben gedaan, verslagen.

Moth draait een theelepeltje rond tussen zijn vingers en staart naar het geruite tafelzeil. 'Ongelooflijk dat we het gaan opgeven, nu we zo dicht bij het einde zijn.'

'Ongelooflijk, ja. Ik verheugde me er echt op om de kust te volgen tot Lynton en dan de Two Moors Way naar Plymouth te nemen. Nou ja, een andere keer misschien.'

'Ik zou het nu niet redden op de moors. Wat baal ik van die ingewandenonzin, en ik voelde me zo sterk toen we Offa's Dyke hadden afgemaakt, alsof ik altijd kon blijven lopen. En toen werd het allemaal shit.' Hij legt het lepeltje neer en schenkt nog een keer thee in; ondanks alles is zijn hand aan de theepot vast en stabiel. We zitten allebei uit het raam te kijken naar mensen die kapsalons in en uit gaan.

'Maar er is nog een mogelijkheid.' Er verschijnt een klein lachje op zijn gezicht terwijl hij een lepel suiker door zijn thee roert en ik wacht op de mogelijkheid die niet komt.

'Wat dan? Wat voor mogelijkheid?'

'We zouden een gemakkelijke route kunnen nemen. Over de jaagpaden naar Tiverton, dan naar het westen door Devon en om Dartmoor heen, in plaats van eroverheen.'

'Maar jij bent doodop – hoe zou je dat kunnen?'

'Omdat ik dit moet afmaken. Ik moet de kust halen.' Hij drinkt zijn thee op, maar de lach wordt breder.

36

Ik hou niet van cricket. Ik hou niet van cricket, net zoals ik niet van aardbeienjam hou. Niet dat ik er een afschuw van heb, zoals van Marmite, maar ik zie er de zin niet van. Waarom zou ik aardbeienjam eten als ik liever aardbeien eet? En dus ook: waarom zou ik in een veld zitten kijken naar mannen die met een bal gooien en ertegen slaan, terwijl ik liever in een weiland naar de hemel zit te kijken? Maar hoe dan ook, we nemen een verkeerde afslag Taunton in en komen voorbij het cricketveld. Er is een wedstrijd gaande die nog maar twee uur zal duren. Moth wil erheen, dus ik ga mee, met het idee dat we zo ten minste twee uur kunnen zitten. We hebben meer dan twintig kilometer gelopen vanaf onze plek in de buurt van Bridgewater, over een jaagpad vol fietsers, hondenuitlaters en naar wespen meppende picknickers, langs een kanaal vol eenden, waterhoentjes en libellen, en ik moet nu echt zitten.

Somerset speelt tegen Nottinghamshire en het is moeilijk te zeggen wie er aan de winnende hand is. Ik zit te doezelen in de plastic stoel, terwijl ik naar witte wolken boven mijn hoofd kijk en naar het publiek luister. Achter ons zitten twee oudere mannen; het is duidelijk dat ze het grootste deel van hun leven al naar het cricketten komen kijken. Ik hoor flarden van hun gesprek tussen mijn slaapjes door.

'Ik heb Betty gevraagd of Bill zijn geheugen kwijtraakte, maar zij zei van niet.'

'Nu zou ze vast ja zeggen, hij wist vanmorgen niet wie ze was.'

'Ja, het is niet hetzelfde hier zonder Bill.'

‘Kijk nou naar de batsman, hij kwam altijd op drie, hij was goed toen.’

‘Nou, hij is nu ook goed.’

Er drijven wolken over en ik trek mijn trui aan tegen de kille wind.

‘Hij had zeven overs, twee maidens.’

‘Nou ja, toen wel, maar nou kan hij er niks meer van.’

Ik trek mijn sokken op en de pijpen van mijn legging omlaag tegen de wind.

‘Waarom was je dan zo laat hier?’

‘Ik ben over Crewkerne gegaan.’

‘Waarom dan?’

‘Ik ga altijd over Crewkerne.’

‘Waarom?’

‘Dan weet ik de weg.’

‘Waarom duurde het dan zo lang?’

‘Ik verdwaalde, ben links afgeslagen, niet rechtsaf.’

‘Ik dacht dat jij de weg wist.’

‘Ja, die weet ik, daarom ga ik altijd zo.’

Ik doe mijn muts op en kijk naar een man die met zijn zoon vooraan zit; de jongen probeert een schoolcricketwedstrijd te beschrijven.

‘Ik hield mijn vingers zo, en ik bowlde gewoon.’

‘Nee, je had je vingers zo moeten houden.’

‘Nee, papa, niet zo, zó.’

‘Maar je had het zo moeten doen, dan was het beter gegaan. Zo deed ik het vroeger altijd. Waar kwam de bal trouwens terecht?’

‘Tegen het wicket. Ik gooide hem uit.’

‘O.’

Ik sla mijn benen over elkaar om ze tenminste voor de helft warm te houden. Zo te horen krijgen zelfs de oude mannen achter me het koud.

‘Koud windje.’

‘Tja, het is herfst nu.’

'Het wordt pas in september herfst.'

'Dat is al over twee dagen.'

'Precies. Dus dan is het toch zomer? Maar goed, het is een kil windje en ik heb zin in koffie.'

'Dat komt omdat het herfst is.'

De wedstrijd van die dag is afgelopen en ik heb geen idee wat er op de pitch is gebeurd, maar ik geloof dat ik wel snap waarom wij mensen ons zelden met de grote dingen bezighouden, waarom we ons dik maken over grenzen, maar nooit de klimaatcrisis onder ogen zien of de honger in de wereld oplossen. Hoe hard we ook ons best doen onze gedachten bij de wedstrijd te houden, onze menselijke hersens zullen altijd in de kleine dingetjes blijven rondscharrelen. We zullen altijd willen weten wat er met Betty en Bill aan de hand is of wiens vingers de bal op de goede manier vasthouden. We kijken niet omhoog om te zien hoe de zwaluwen zich op de rand van het stadion verzamelen, ter voorbereiding op een vroege reis terug naar huis. Dat kunnen we niet, we zijn te veel bezig onze handen warm te houden rond de koffiebeker en ze tegen de kille wind te beschutten.

Devon ontvouwt zich naar het westen toe als een lappendeken van landwegen en paden door maïsvelden en ciderboomgaarden, langs rivieren en wegen. In een dorpje lopen we tussen een grote oude eik en een kerk door, als Moth mensen in een pubtuin ziet zitten eten.

'Hebben we nog veel eetbaars over?'

'Een paar mueslirepen en wat gedroogde aardappelpuree.'

'Zullen we daarheen gaan en iets te eten nemen?'

We vinden een stoel in de tuin, zetten de rugzakken ertegenaan en gaan naar binnen om te kijken wat ze er te eten hebben. Het is er vol mensen, die eten, drinken of eten bestellen, maar als wij binnenkomen, valt de hele ruimte stil en alle ogen kijken naar ons. Even denk ik dat ik op de set van een Clint Eastwoodfilm ben en ik verwacht half en half dat er een bos tuimelkruid langs het raam zal dwarrelen. Niemand zegt iets, tot een man die bij het raam zit de moed heeft om zijn mond open te doen.

'Zijn jullie verdwaald, of zijn jullie terroristen?'

Ik kijk om me heen, denkend dat het een grapje is, maar de gezichten die me aankijken zijn uit steen gehouwen. Ik weet niet wat ik moet zeggen, maar Moth vindt een manier om de man antwoord te geven.

'Grappig genoeg geen van beide. We kwamen binnen om iets te eten te bestellen.'

'Te laat om te eten.' De barman mengt zich nu ook in het gesprek, terwijl zijn collega aan de andere kant van de bar een bestelling voor eten opneemt.

'Maar jullie nemen nog steeds bestellingen op.'

'Nee, jullie zijn te laat om te eten.'

Ik zie hoe Moths rug begint te verstijven, maar grijp hem bij zijn arm en we lopen de deur weer uit, pakken de rugzakken op en lopen zo snel we kunnen weg.

'Terroristen?' Moth is even van slag als ik. Ik denk wel dat wij niet het type mensen zijn dat je normaal gesproken diep op het platteland van Devon verwacht tegen te komen. We zijn verfomfaaid, vreemd gekleed, zien eruit alsof we het hele land van noord naar zuid door zijn gelopen. En dan is er nog de korte broek die Moth aan heeft.

'Misschien is het die camouflagebroek?'

Hij kijkt omlaag naar zijn benen. 'Hoe vaak zie jij een terrorist in korte broek en legging?'

De lockdown heeft ons allemaal schrikachtig gemaakt, een beetje wantrouwig, op onze hoede. Wat wij niet wisten, was dat er kort daarvoor in Plymouth, net aan de andere kant van het graafschap, een grote schietpartij had plaatsgevonden, waardoor de mensen extra nerveus waren. Wat zij niet wisten, was dat wij bijna vijftienhonderd kilometer hadden gelopen en gewoon zin hadden in een bakje friet.

De dagen en lanen rijgen zich aaneen. Dagen van hoge heggen, kleine weggetjes, voetpaden door het boerenland van Devon. Nachten van sterren en regen, van kamperen achter heggen en in bossen. Tot het stadje Okehampton in zicht komt en we eindelijk op de rand van Dartmoor zijn en nog maar een paar dagen van de kust. Moths lichaam heeft uiteindelijk een enigszins normaal ritme hervonden; we kunnen nu tenminste door een plaats lopen zonder op zoek te hoeven naar openbare toiletten. En we moeten hier de tijd nemen, er hangt iets rond deze plek wat we niet hadden verwacht: kalm, ontspannen, een bijna Hay-on-Wye-achtige sfeer, maar zonder de boeken. Hier komen dagelijks wandelaars, op weg naar de moors of over de Two Moors Way, en het is een opluchting weer ergens te zijn waar rugzakken een normale aanblik vormen, niemand ons vraagt wat we hier doen of opkijkt van Moths camouflagebroek. Zelfs het bruiloftsgezelschap niet, dat een eindje voor ons de straat oversteekt, een elfenfamilie die opduikt uit het bos, een vluchtig visioen van in het groen geklede feeën, getooid met bloemenkransen. Een paar minuten zitten we midden in een scène uit *Een midzomernachtsdroom*.

37

Voorbij Okehampton verandert het landschap met elke kilometer. De glooiende heuvels van Midden-Devon rijzen op naar de westelijke rand van donkergroene moors. We lopen om de uitlopers van Dartmoor heen, maar de rotsen, bremstruiken en varens op de hogere flanken werken als een magneet en trekken onze ogen voortdurend naar de in wolken gehulde toppen. Bos van oude eiken en beuken verdringt zich rond de Granite Way die omlaagleidt naar Lydford Gorge, en vult de lucht met vogelgezang en de geur van vochtig kreupelhout. We gaan in een pub aan de rand van Devon zitten, om Cornish pasties te eten en de regen te ontlopen, voordat we de tent opzetten en onder een baldakijn van krakende eikentakken gaan liggen, terwijl vleermuizen rechte hoeken maken tussen de bomen.

De ochtendhemel is helder, de lucht is warm en het uitzicht strekt zich uit tot de verste westelijke horizon. Maar hij is er altijd: die groene bult moorland links van ons, hij verliest ons nooit uit het oog, overschaduwt ons, volgt ons de hele morgen. We gaan op een rotsblok zitten en kijken op naar de hoge moors en ik zoek in mezelf naar dat vertrouwde gevoel. Het gevoel dat me vertelt dat ik op de top wil zijn, de wind wil voelen, de uiterste rand van het leven wil ervaren. Ik luister of ik de roep van de moors hoor, die fluisteren dat de top niet ver is en de wildernis wacht, nog maar een paar stappen, wat extra inspanning en de weidse ruimte kan van ons zijn. Ik verwacht dat die elk moment een van ons zal bereiken en dat wij dan, hoe uitgeput Moth misschien ook is, naar die bekende fluistering vanaf de heuvel zullen luisteren, van het pad af zullen gaan, omhoog, en niet zullen stoppen voor we door wildheid omhuld zijn, ergens voorbij de wolkenlijn. Moth ziet het vast in mijn gezicht, want hij houdt mijn hand vast, zijn ogen zoeken dezelfde plek op de groene horizon.

'Ik had nooit gedacht dat ik dit nog eens zou zeggen...'

Het blijft lang stil, terwijl ik wacht tot hij zegt dat hij omhoog wil gaan. Minuten gaan voorbij; een torenvalk bidt boven een veldje distels, geeft het dan op en vliegt in een boog naar het westen.

'Zeg het dan.'

'We hebben verder gelopen dan ik ooit voor mogelijk had gehouden. Jij en ik, we liepen gewoon maar door.' Hij aarzelt en voor één keer weet ik niet wat hij nu gaat zeggen, weet ik niet waar zijn gedachten heengaan. 'Ik voel me alsof we een berg hebben beklommen waarvan ik niet wist dat hij er was, maar ik ben nu op de top en ik kom nooit meer naar beneden.' Hij kijkt me aan alsof hij verwacht dat ik het begrijp. 'Snap je het niet? We zijn op het gemakkelijke, lage pad, maar mijn hoofd is op de hoogste top, ik word duizelig van het uitzicht en er is geen weg omlaag – ik wil niet dat er een weg omlaag is.' Hij knijpt in mijn hand en kijkt weer naar de moor alsof hij alles heeft uitgelegd, maar blijkbaar ziet hij toch de verwarring op mijn gezicht en hij probeert het nog eens.

'Ik heb een keer iets gelezen, een filosofie, uit het soefisme, denk ik. Het is het idee dat puur door langdurig lopen de wereld weg kan vallen; uiteindelijk worden de loper en het pad één, de loper bereikt de wegloze weg.' Hij neemt een grote slok water en stopt de fles terug in de rugzak. 'Ik ben zo blij dat we de trein niet hebben genomen, want ik heb wel al die kilometers gelopen, maar pas de laatste paar dagen, sinds ik me zo zwak ging voelen na die ziekte, drong het tot me door.'

'Wat dan? Wat drong er precies tot je door?'

'Dat ik niet naar de top van de moors hoef te gaan om de wildernis aan te raken. Die is al hier, bij me ingeprent, binnen in mij.'

'Zoals dat je niet langer in het landschap bent, je maakt er deel van uit, je bent het landschap.'

'Ja. Dus je weet wat ik bedoel?'

'Ja, dat weet ik.'

We hadden naar Lydford Gorge willen gaan, maar de waterval is gesloten voor bezoekers, en zo lopen we fietsers te ontwijken op de NCN27-fietsroute, terwijl de Granite Way de Drake's Trail wordt, en lopen maar door, steeds maar verder door dichtbebost landschap. Ik drink een hele karaf water in een pubtuin, terwijl Moth naar binnen gaat om van het toilet gebruik te maken. Pas dan besef ik dat we deze keer niet in een bruiloftsgezelschap zijn beland maar bij een herdenkingsbijeenkomst. De mensen hebben zomerkleren aan en zitten in de zon in de tuin. En er klinkt gelach, zoveel gelach. Totdat er een man opstaat en iedereen stil wordt.

'Ik denk dat mama het vandaag prachtig had gevonden. Het is een viering van het leven geweest, niet alleen maar droefheid om het einde van dat leven.'

Moth loopt om het gezelschap heen naar onze tafel terug; we pakken de rugzakken op en lopen door de bomen naar het zuiden. Misschien is deze wandeltocht nu hetzelfde als een zomerse herdenkingsbijeenkomst in een pubtuin: een viering van het leven, niet uit verzet tegen de dood, maar ondanks de dood.

We lopen door tot het licht verdwijnt en er onder in het dal mist komt opzetten. Het is aardedonker als we aan de uiterste rand van een camping aan een rivier in de tent liggen en de hele nacht naar het geluid van water over steen luisteren. Water dat vanaf de hoge gronden omlaagvalt en onontkoombaar, onstuitbaar op weg is naar zee. Net als wij.

In Tavistock gonst het van de nazomertoeristen en weekendbruiloften. Voor de kerk bolt een enorme wolk bruidsjurk op in de wind als de bruid naar binnen gaat, gevolgd door de veelkleurige jurken van haar vele bruidsmeisjes. Tavistock is een toevluchtsoord voor kunstenaars, ambachtslieden en dromers en voelt alsof je een zelf gebrouwen cider drinkt na weken van supermarktmerken. Een bonte mengeling van ambachtelijke zaakjes en klanten die erop staan dat éérst de cream op hun scones gaat. Wat is het moeilijk ons los te rukken – we zouden hier kunnen blijven, de hele middag in de zon naar al die bezige mensen kunnen kijken. Maar de kust roept: die is nu zo dichtbij.

Eindelijk, nadat we dagenlang om de moor heen hebben gelopen, leidt het pad omhoog over de zuidelijkste punt daarvan en zijn we boven in de zon, tussen leeuweriken en varens die tot onze dijen komen. De kust is nog maar een dag lopen; hier is eindelijk het zuiden. Ondanks de heldere hemel wordt het vroeger donker en we kamperen hoog op de flank van de moor, op een droog lapje grond onder een oude, kromgegroeide haagdoorn met zijn takken zwaar van de rode bessen, en luisteren naar de uilen die over de heuvel vliegen.

Het is droog als we wakker worden en ik zet thee buiten de tent, voordat de dauw opkomt. Als de vochtigheid van de ochtend zich vormt, zijn de varens om ons heen in licht gehuld, de opkomende zon weerkaatst in miljoenen waterdruppeltjes die aan een tapijt van spinnenwebben hangen, en elk bolletje licht weerspiegelt dit ene volmaakte moment. De zomer is voorbij, de oude man bij de cricketwedstrijd had gelijk. De dauw droogt al snel in de warme zon, maar laat de zachte belofte van de herfst in de lucht hangen.

De overblijfselen van een oude spoorlijn brengen ons omlaag van de moors, omlaag, omlaag, omlaag, door bos waar het wemelt van de eekhoorns, over een pad dat bezaaid is met hazelnoten en de eerste vallende bladeren. Tussen de ene kant van de moor en de andere is een seizoenenschakelaar omgezet, de zomer is uitgeschakeld, een nieuw seizoen van koper en goud begint en werpt zijn eerste laagje herfstkleur over de beboste hellingen.

De stank van auto's kruipt tussen de bomen door, vervuiling en urbanisatie bezoedelen het pad, maar er is ook een gevoel van opwinding dat we niet kunnen onderdrukken. Zwakjes hangt hier, boven de stank van uitlaatgassen en asfalt uit, een vleugje zout. Maar we zijn er nog niet. Een wirwar van wegen en paden leidt ons een nieuw land binnen, een land van betonnen pilaren en afval, onder een betonnen dak dat snelheid en lawaai vervoert. Maar eronder is het griezelig stil. De A38 haast zich over onze hoofden heen op vier rijbanen van verwoesting, maar hier onder het lawaai stroomt een rivier waarop een zwaan drijft tussen omgevallen winkelwagens. De pilaren vormen het doek van graffitikunstenaars: elk glad oppervlak is beschilderd met namen, leuzen en commentaren. Op een ervan staat in grote hoofdletters: 'ADAPT' (pas je aan). Het is alsof dat daar speciaal voor ons geschreven staat, nu we het eind van deze lange, lange wandeltocht naderen. Het beschrijft ons leven. Van leren leven zonder huis via ontdekken hoe je buiten moet leven, tot hoe je een manier vindt om niet buiten te leven; van leren leven met een ziekte naar leren hoe je daar niet aan doodgaat. De afgelopen jaren heeft alles om aanpassing gedraaid. Maar we bewegen ons allemaal in een wereld waarin we ons moeten aanpassen, op allerlei manieren die we ons nu niet kunnen voorstellen. Ons aanpassen aan een nieuwe wereld en een veranderend klimaat, zoals de koekoeken naar het noorden trekken en de muggen naar het zuiden. Onze levensstijl aanpassen om die verandering te vertragen. Onze grenzen aanpassen en ons denken over waarom we grenzen wilden hebben. Ons aanpassen aan een nieuw leven en aan een manier om dat leven te leiden. Aanpassen om te overleven.

Voorbij de betonnen begrenzing haast de rivier zich het licht in, naar Plymouth en de onvermijdelijkheid van de zee. En dat doen wij ook. Na een dag van blauwe lucht en een rivier vol meeuwen, ganzen, zwanen, een overvloed aan vogelleven dat zich op het water verdringt. Door de landerijen van Saltram House, door bos, langs een rivieroever, langs families, langs fietsen, honden en hardlopers, we lopen sneller en sneller, we zijn nu zo dichtbij dat we niet meer kunnen stoppen, alsof we zonder remmen heuvelaf denderen. En we zijn in Plymouth, door het industriegebied, naar de enorme St. Christopher op de muur, naar de wijd open mond van de haven en de zee. Eindelijk. De eindeloze blauwe horizon van de zee.

DEEL ZES

Een dans van licht

'Duisternis kan geen duisternis verdrijven;
dat kan alleen licht.'

Martin Luther King, *A Testament of Hope: The Essential Writings and Speeches*

Het South West Coast Path

Van Plymouth naar Polruan

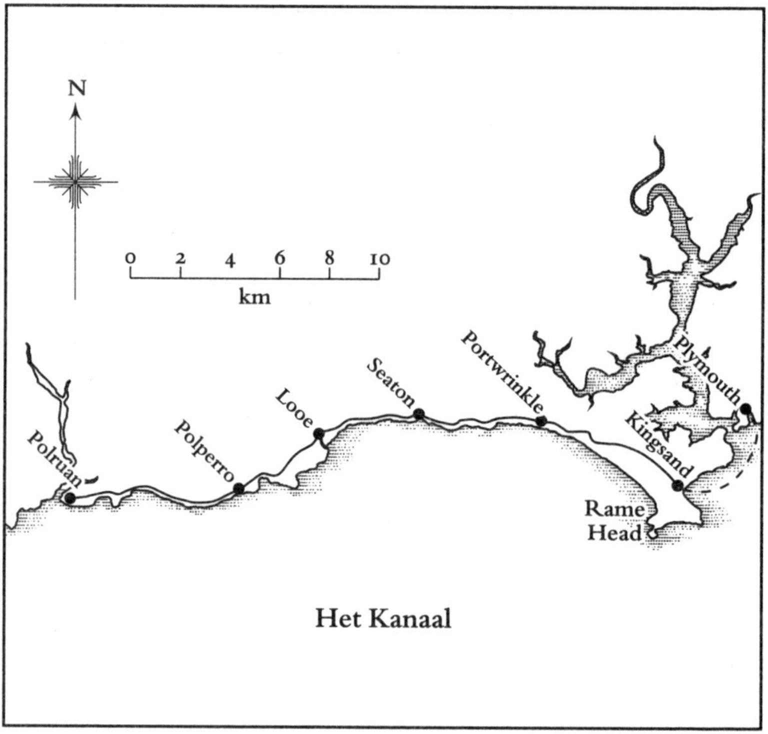

38

Het licht is anders. Het groene licht van bossen en moors is weg. We zijn een blauwe wereld binnengelopen, waar het zonlicht schittert en in een zilveren waas van het water weerkaatst. We zitten onder een luifel met uitzicht over de haven friet te eten, met onze ogen dichtgeknepen tegen de zon. Misschien heeft het iets te maken met het licht, of met een opkomend gevoel dat ik nauwelijks durf te benoemen, maar dit zijn onbetwist de lekkerste frieten die we tot nu toe hebben gegeten.

We nemen de laatste veerboot naar Cawsand, een klein dorpje met stenen huizen aan de overkant van de haven. De zee heeft het stille, stroopzware van de nazomer, in de lucht erboven hangt een dikke, onheilspellende warmte. Voorbij de landtong verandert de hemel weer van kleur, het blauw van de middag verdwijnt achter een donkere wolkenbank. Om de beboste kustlijn ligt een paarse rand, waarin de boomstammen met de laatste zon opgloeien, alsof ze van binnenuit verlicht worden. Late zwemmers drijven in het stroperige water, terwijl de snel bewegende stormluchten van de vroege herfst om hen heen binnenrollen.

De eerste regendruppels vallen wanneer we van de veerboot het strand op stappen. Ze roffelen op de grond tussen de donderslagen door tegen de tijd dat wij beschutting zoeken in een pub, met het plan de bui daar uit te zitten. Maar het blijft regenen, het water stroomt door de luifel van de pubtuin heen, zoekt zijn weg langs de zandzakken de bar in. Ze hebben nog één kamer vrij, dus die nemen we en we liggen de hele nacht te luisteren naar het geloei van de wind in de smalle straatjes en naar de regen die door de raamkozijnen heen slaat.

We weten dat we terug in Cornwall zijn. Niet alleen door de 'jam first'-prullen in de winkels die ons vertellen dat we het laatste graafschap hebben gehaald, maar ook door het weer. De volgende morgen verlaten we de pub onder een rustige, blauwe hemel waarin de kreten van zilvermeeuwen weerklinken, alsof er geen onweer is geweest. Dit is het; dit is de dag. Moth houdt mijn hand vast als we de weg op lopen en ik zie aan zijn gezicht dat hij even gespannen van opwinding is. Het gevoel van verwachting nu we bijna bij de kust zijn wordt steeds groter, maar daarnaast dringt een andere, onverwachte maar lang gewenste emotie op, klaar om los te breken, eindelijk, na zo'n lange tijd.

Het pad over de landtong leidt door kapotte hekken en instortende muren, over monocultuurakkers die zich uitstrekken als hectaren vol groen, voorbij een boerenschuur waarin honderden lege bestrijdingsmiddelenvaten wel drie meter hoog opgestapeld staan. Het is moeilijk te begrijpen hoe ook maar enige vorm van wilde natuur zo'n verwoesting kan overleven, maar we weten het antwoord, we zijn er nu nog maar enkele meters vandaan. Nog één laatste veld, een handvol verspreid staande chalets, en we zijn er. Ik kijk omlaag naar mijn voeten op het nog vochtige stof en we zijn er; mijn voeten hebben het gevonden voordat ik het zag. Een dertig centimeter brede strook aarde en steen. Een draad van hoop en vertrouwdheid en veiligheid en weten. Het South West Coast Path ligt weer onder onze voeten. We zijn thuis. Terug op de smalle rand wildernis rond het zuidwesten, waar het wilde leven zich verdringt in zijn laatste bastion, deze laatste strook natuur tussen het land en de zee. En daar voorbij de weidse uitgestrektheid van Whitsand Bay en de kustlijn die naar het westen toe verdwijnt, de laatste kilometers aan het eind van zestienhonderd kilometer. We zijn thuis.

Eindelijk geef ik de emotie van het thuiskomen de ruimte en ik heb het gevoel dat ik zou kunnen ontploffen van blijdschap. Dit pad heeft ons leven veranderd, het heeft ons leven gered, ons vastgehouden in een tijd van narigheid en ons weer hoop gegeven toen alle hoop verloren was. Maar nu, nadat we er zo lang van weg zijn geweest, nadat we zoveel andere paden hebben gewandeld, was ik bang dat het misschien zou zijn als bij geliefden die proberen een vonk opnieuw aan te blazen waar het vuur al gedoofd is. Maar terwijl de tranen over de terugkeer langs mijn gezicht stromen, zodat mijn huid schrijnt in de wind, weet ik eindelijk dat dit thuis niet verloren kan gaan. Wat er ook gebeurt in het leven, hoe ver we ook reizen, deze strook aarde zal altijd thuis zijn. Wij wonen in het pad en het pad woont in ons. *We zijn thuis.*

We zetten koers naar het westen, koesteren die laatste kilometers, in de wetenschap dat het leven niet gemakkelijk is, maar dat dat misschien ook niet de bedoeling is. Zittend op een landtong, uitkijkend over het Kanaal terwijl een bui de horizon wazig maakt, besef ik dat je niet altijd het gemakkelijkste pad hoeft te kiezen of het pad dat je wordt aangewezen hoeft te nemen; soms bevat het moeilijkste pad de grootste rijkdom.

We pauzeren in een café in Seaton voor de laatste kilometers naar Looe, om de dag te rekken en elke stap betekenis te geven, als iemand ons blijkbaar herkent. Ik denk eerst nog dat hij misschien het boek heeft gelezen, maar als ik wat beter kijk, ken ik hem ook en in een ruimte vol onbekenden omhelzen we een man die we maar één keer eerder hebben ontmoet, jaren geleden. Maar het was een moment dat in ons geheugen gegrift staat. We zaten in zijn café toen iemand ons eindelijk, na maanden zonder een dak boven ons hoofd, een plek om te wonen aanbood. Wij lachten en dansten in het zeewier en hij danste met ons mee, al had hij niet echt een idee wat er aan de hand was.

'Je bent hier! Hoe kan het dat je hier bent? Ik dacht dat je terug naar Costa Rica was gegaan om varkens te fokken.' Moth heeft nog steeds zijn armen om hem heen.

'Ja dat was ik ook, dat was ik ook. Maar de varkens, o, die varkens. Ze keken me aan, weet je, ze keken me echt aan. En dat was dat, ik kon geen bacon maken. Als ik geen bacon kon maken, kon ik geen varkensboer zijn. En ik miste Cornwall, ik vind het hier fijn, dus ik moest wel terugkomen. Ik geloof dat ik nu thuis ben.'

'Volgens mij zijn we nu allemaal thuis.'

In de schemering lopen we door Looe, om de op straat skateboardende kinderen en de auto's die geduldig staan te wachten tot ze klaar zijn, heen. We willen het dorp net weer uitgaan als een man vlak voor ons de weg op stapt. Hij heeft een verweerd uiterlijk, het gebruinde, gegroefde gezicht van een man die veel buiten is.

'Ik zag jullie van de heuvel af komen en dacht: die mensen hebben een lange weg voor de boeg.'

'Echt? Dat komt door de rugzakken, die verraden ons nogal.'

'Nee, niet in afstand, in het leven. Ik zie soms dingen, en ik zie jou.'

Ik zie hem naar Moth kijken en vraag me af of hij een pak tarotkaarten of een kristallen bol tevoorschijn zal halen en om een briefje van vijf zal vragen.

'Maar nu jullie dichterbij zijn, zie ik dat ik het mis had. Ik zie dat jullie de afstand al hebben afgelegd. Jullie hebben gevonden wat je zocht en zijn nu bijna thuis.' Voordat wij tijd hebben om te antwoorden, wendt hij zich af en verdwijnt tussen de mensen. We zijn thuis. Terug in het land van de zieners.

We zetten de tent op, op nog een laatste landtong, voor nog een laatste nacht.

'Ik zal dit missen.' Moth scharrelt in het donker rond en probeert in de krappe ruimte in zijn slaapzak te komen.

Ik weet niet zeker of ik het zal missen. Het is volslagen donker, maar ik ruik zijn voeten bij mijn gezicht, ook al kan ik ze niet zien. 'We kunnen altijd kop aan kont gaan slapen als je dat echt wilt.'

'Nee, idioot, dit. Gewoon eropuit zijn, elke dag, gewoon doorlopen, deze lijnen over het land volgen. Ik voel me anders, geworteld...'

Halverwege zijn zin valt hij in slaap, maar ik weet wat hij bedoelt. De vrijheid van het pad heeft ons teruggevonden, en we zijn weer veranderd, zoals we niet wisten dat we nog konden veranderen. Ik probeer niet in slaap te vallen, probeer wakker te blijven en de laatste nacht in me op te nemen, vast te houden aan het geluid van de zee tegen rotsen, van de wind die aan het tentdoek schudt en de meeuwen die hun lange nachtroep laten horen. Om zo een innerlijke runensteen te maken, een herinnering aan de paden. Maar langzaam, als een zwak groen licht de tent begint te vullen, besef ik eindelijk dat ik dat niet hoef te doen. Deze paden die onze landen doorkruisen, nemen menselijke energie op en drukken die in de aarde, ze verbinden ons met de grond, en daarna is zowel het land als de mens door die verbinding veranderd. Duizenden voeten hebben duizenden jaren lang over veel van dezelfde routes gelopen als wij, het spoor van hun aanwezigheid over het landschap getrokken, de afdruk van hun herinneringen in de grond achtergelaten. Wat overblijft, zijn niet alleen maar paden, het zijn kostbare landlijnen die ons verbinden met de aarde, met ons verleden en met elkaar. Wij hebben ze zestienhonderd kilometer gevolgd en zoveel gezien, zoveel verhalen gehoord, tot we nu, aan de rand van het land, iets anders zijn geworden dan alleen maar wandelaars. We zijn op het punt waar tijd en plaats en energie samenvallen, waar we het pad, de wandelaar en het verhaal worden. Runenstenen zijn niet nodig, het zit allemaal al in ons; we zijn al deel van onze landlijnen, deel van het lied van het land.

Terwijl het groene licht ochtend wordt, vraag ik me af of er een manier is waarop we allemaal in dat gevoel van verbondenheid kunnen delen. Of er een manier is om een evenwicht te vinden tussen het verlies van onze biodiversiteit, de noodzaak onszelf te voeden en de basale menselijke behoefte om verbonden te zijn met het land, met deze aarde, met deze plek die we thuis noemen. Het is niet eenvoudig om dat evenwicht te vinden. Maar boven de kliffen van Sheigra zweven zeearenden, in Teesdale vliegen kievieten door de lucht vol insecten. Misschien ligt het antwoord om dat evenwicht te vinden ergens tussen de monocultuur van het maïsveld waarin we geslapen hebben en de natuurcorridor van het kanaal dat daarachter liep.

Stel dat we dit land opnieuw bedenken? Dat we een land scheppen waarin biodiversiteit en menselijkheid vrijgelaten worden. Een land waarin we onszelf kunnen voeden zonder onze omgeving te vernietigen. Stel dat we de losse eilanden van afgezonderde biodiversiteit bijeenbrengen? Om de monoculturen heen. De gebieden met natuurrijke habitats aan andere gebieden koppelen en zo corridors van natuurlijke overvloed scheppen. Landlijnen die samenkomen, de ene bij de andere, over het hele land, en zo biodiversiteit een vrije doortocht geven via een netwerk van natuuraderen die elke uitgeputte uithoek bereiken, waar wilde dieren, planten en mensen hun eigen weg gaan. Een terugkeer van de heggen, brede wilde bermen rond akkers en mycorrhizaschimmels die een boom in Cornwall verbinden met een boom in Schotland. Stel dat boeren hun afhankelijkheid van chemicaliën verminderen en opvoeders worden die niet-boeren en toekomstige generaties leren dat voedsel een kostbaar goed is, dat ons boerenland van onschatbare waarde is, maar onze biodiversiteit ook? Misschien kunnen we allemaal wat harmonie vinden door ons land weer een tapijt van kleur te maken in plaats van een monochroom van groen, en toegang te bieden tot het land, zodat we echt kunnen begrijpen wat het is dat we kwijtraken. Misschien kunnen we zo een land zonder grenzen of begrenzing vinden, een land dat verenigt en niet verdeelt. Stel dat we een droom hebben en de moed om die tot werkelijkheid te maken?

Nog een laatste ochtend komt de zon op. In het vroege licht pakken we de tent in en lopen langzamer dan we in maanden hebben gelopen, langs een pad dat stijgt en daalt over landtongen die zo vertrouwd zijn dat onze voeten het pad volgen terwijl onze gedachten meevliegen op de wind. We dalen af in Polperro, dan eindelijk naar Mencarrow Head en verder, naar de laatste bank voor Polruan. Een plek waar ik stormen het landschap heb zien veranderen en zonsondergangen het water de kleuren van gebrande aarde heb zien geven. Een plek waar ik op momenten van angst en wanhoop naartoe ben gevlucht. Maar altijd een plek waar mijn ogen naar de horizon worden getrokken, naar de mogelijkheid die daar is, in het lichtspel tussen wolk en zee. Terwijl ik hier zit, aan de zuidelijke rand van het land, raak ik overweldigd, alsof ik een heel eiland achter me voel. Zestienhonderd kilometer heide, moors en bergen, van hier helemaal terug naar de noordkust, naar het strand van Sheigra. Het begin van een pad waar wij ons 'openstelden voor hoop' en het lot zijn loop lieten nemen. We volgen de laatste treden omlaag naar Polruan, naar een dorp waar al onze paden lijken te eindigen en naar de wachtende armen van familie, en Monty, die ontploft in hondenblijdschap. Het woord Sheigra schijnt in geen enkele taal iets te betekenen, maar ik weet wat het betekent. Hoop. De Sheigra Trail, het pad van hoop.

Erna

Is zestienhonderd kilometer ver genoeg om duisternis te veranderen in licht? Kun je door een lichaam te gebruiken waarvoor het is bedoeld symptomen omkeren die onomkeerbaar worden geacht? Zullen we de antwoorden vinden onder de fluorescerende lampen van een wachtruimte in een ziekenhuis?

In de kunstmatige lichtheid van de gang weet ik dat de wetenschappelijke antwoorden op mijn vragen ontkennend zijn. Nee, het is niet mogelijk dat de DAT-scan-uitslagen meer lichtjes op het scherm laten zien. Wat we te zien zullen krijgen, is hetzelfde beeld met uitdovende lichten, of erger, dat er meer lichtjes uit zijn gegaan; het is alleen maar de vraag hoeveel. Nee, je kunt neurodegeneratieve symptomen niet simpelweg wegwandelen; hoe ver je ook wandelt, ze zullen bij je blijven. Elke medische professional op het terrein van de neurodegeneratieve ziektes zal je hetzelfde vertellen: 'De sleutel zit hem in het woord: degeneratie. De toestand kan alleen maar degenereren.' En toch, ook al weten we de antwoorden al, toch zitten we hier, op de plastic stoelen, in de onnatuurlijke atmosfeer van weer een ziekenhuis. Met hoop. Terwijl het beste wat we kunnen hopen is dat er niets veranderd is.

Maar zelfs daar kan ik het niet laten te denken aan de kilometers die we hebben gewandeld, de landlijnen die we door het land hebben gevolgd, de mensen die we hebben ontmoet. Mensen die zich verbonden, geïnspireerd en blij voelden doordat ze lange paden door de natuur volgden. Ik begin die paden te zien als een verbindingsnetwerk dat voor het menselijk leven doet wat mycorrhizaschimmels voor boomwortels doen: verbindingen leggen, voedingsstoffen doorgeven, energie brengen naar de bomen die dat het hardst nodig hebben. En ik vraag me af hoe levens zouden kunnen veranderen als we allemaal toegang tot dat netwerk hadden. Maar als er een deur opengaat en een arts naar buiten komt, is er het overweldigende gevoel dat de bomen waarschijnlijk intelligenter zijn dan wij: zij verspillen geen tijd met het onmogelijke hopen.

De arts loopt door de kamer in een gloed van groen winterlicht dat van coniferen buiten het raam komt. Hij is opgewekt, spraakzaam.

'Hoe voel je je, Moth?'

'Goed, echt goed, beter dan ik me in jaren heb gevoeld.'

'Hoe denk je dat dat komt? Waarom voel je je zo goed?'

Moth leunt achterover in zijn stoel, ontspannener dan hij ooit is geweest in de spreekkamer van een arts. 'Omdat we afgelopen zomer zestienhonderd kilometer hebben gewandeld. Van het noorden van Schotland terug naar Cornwall.'

'Oké. Dat is een heel eind. Nou, we hebben de uitslagen van je DAT-scan. Wil je ze zien? Wat denk je dat je zult zien? Wat zou je graag willen zien?'

Moth kijkt opzij naar mij en trekt even een wenkbrauw op. 'Wat ik graag zou wíllen zien? Ik zou graag willen dat het scherm oplicht als een kerstboom.'

De arts glimlacht en wendt zich weer naar het scherm. Dan met een zwierig gebaar, alsof hij een konijn uit een hoge hoed tovert, draait hij het scherm naar ons toe. Ik kan niet kijken, ik wil niet zien wat erop te zien is – ik hoef het niet te zien. Ik weet dat er een achteruitgang op te zien zal zijn. Het scherm zal ons vertellen dat ondanks alles, ondanks alle kilometers, alle zweet en pijn en tranen, deze ziekte toch gewoon doormarcheert. Ik houd Moths hand vast, kijk naar hem, kijk naar de muur, kijk naar alles behalve het scherm. Maar dan hoor ik de arts terwijl hij Moth aankijkt, in afwachting van een reactie.

‘Daar heb je hem. Daar is je kerstboom.’

Het scherm is aangestoken. Helder schijnende lichtjes. Helderder dan de maan boven Sheigra, of de sterren boven Barrisdale Bay; helderder dan Manchester vanuit de duisternis van Bleaklow, of de koplampen op de M5 vanaf de winderige wallen van het fort. Het scherm licht op in rood en oranje.

De wereld staat stil. Elke vraag die ik had voorbereid, vloeit weg, niet langer van toepassing. Ik zie alleen nog maar de lichtjes. De arts wacht, geeft ons de tijd om in ons op te nemen wat we zien. Maar ik kan het scherm niet zien, ik zie alleen het prisma van licht boven Loch an Nid als de bok de regen uit zijn vacht schudt, de bliksem in Byrness die de moors om ons heen treft in verpletterende vertakkingen van schittering. Ik voel alleen maar zestienhonderd kilometer hoop die vorm krijgt op een scherm.

‘Wat we zien, zijn twee verzamelingen uitslagen: de oude DAT-scan, die een abnormaal beeld liet zien, en deze, de nieuwe, die een normaal beeld toont. Als je de omvangrijke hersenmassa die op je recente MRI-scan te zien was naast deze normale DAT-scan legt, dan krijgen we een heel andere uitslag dan de vorige. Maar met de kennis die we over parkinsonismen hebben, zou het een niet na het ander moeten komen.’

Ik heb met wilde paarden door de dichte mist over een bergtop gelopen, ben wakker geworden in nachten zo donker dat er geen licht kon doordringen, maar die keren zag ik meer dan ik nu kan zien. Tranen stromen over mijn gezicht en veranderen de kamer in een wild landschap van stralen. Op dit moment heb ik er geen behoefte aan dat de arts naar antwoorden zoekt die hij niet heeft, maar laat ik jaren van angst en verdriet simpelweg sussen door de warmte van de lichten. Op dit moment lig ik in de tent boven de Falls of Glomach terwijl Moth theezet op de gasbrander en de hoop oprijst in de zachte avondlucht.

Moth zit roerloos op de plastic stoel en staart ongelovig naar het computerscherm. Dezelfde man die voorover in de modder van de boomgaard lag, zo dicht bij die laatste bocht. Dezelfde man die zestienhonderd kilometer wandelde, bealachs beklom, door keienvelden liep en in een plastic zak onder de sterren sliep. Alle wetenschappelijke kennis van vandaag zou zeggen dat dit niet mogelijk hoort te zijn, dat de man in de boomgaard niet dezelfde kan zijn als de man op de bealach, dat normaal niet na abnormaal komt. Maar we weten wel dat een aantal gebieden in de hersens kan groeien in reactie op fysieke activiteit en we weten dat neuroplasticiteit bestaat, ook al is daar nog heel weinig over bekend. Vroeger dachten we dat de aarde plat was. Vroeger dachten we dat er geen heelal bestond buiten het onze.

Op een dag zullen er antwoorden zijn op nu nog niet gestelde vragen. Tot het zover is, houd ik de hand vast die de mijne vasthield toen ik een tienermeisje op oranje gympen was en hij eenentwintig, met zijn gevlochten haar wapperend in de wind, zijn ogen waarin de wilde hartstocht voor het leven schitterde. Even zeker van het gevoel tussen ons nu als we zoveel jaren geleden al waren.

‘Kies een plek waar je niet al te veel schade aanricht en blijf daar staan, uit volle overtuiging, met je gezicht naar de zon.’

E.M. Forster, *Een kamer met uitzicht*

Dankwoord

We zitten op een rotspunt van het kustpad en schenken thee uit een thermosfles. Reusachtige Atlantische golven slaan tegen de kliffen, opgestuwd door winterstormen op zee. Ergens in de wilde lucht en zoute nevel heb ik aanvaard dat we misschien nooit alle antwoorden zullen hebben, maar dat we ook zonder antwoorden verder kunnen. Ik stop de thermosfles weg en we lopen van de landtong omlaag, onze voeten volgen instinctief het pad, Moths voetstappen recht en gelijkmatig, ondanks de modder. Ik denk dat ik eindelijk begin te begrijpen wat geloof is. Het gaat om inzien dat iets waar is, ook al is daar geen bewijs voor. Tot nu toe is er geen wetenschappelijk bewezen verband tussen een abnormale en een normale scan, maar ik geloof dat het bewijs ergens daar ligt, in zestienhonderd kilometer landlijnen.

Het kostte ons vier maanden om die zestienhonderd kilometer te lopen, en nog eens even lang om ze op papier te krijgen. Maar er is een enorme inspanning van heel veel mensen nodig geweest om die woorden *Landlijnen* te laten worden. Daarom: heel veel dank aan Fenella Bates voor haar onwankelbare geloof dat ik echt kan schrijven, aan Olivia Thomas omdat ze andere mensen aanmoedigde dat ook te geloven, aan Paula Flanagan, Sophie Shaw, Lucy Beresford-Knox en alle anderen bij Penguin Michael Joseph die zo hard werken om mijn boeken tot stand te laten komen. Dank aan Jennifer Christie van Graham Maw Christie omdat ze altijd aan mijn kant staat. Aan Richenda Todd voor haar ongelooflijke aandacht voor details, aan Angela Harding voor haar schitterende artwork op het omslag en Hannah Bailey voor de prachtige kaarten.

Dank aan Dave en Julie voor de warmte van vriendschap, de gelopen paden en de routes die nog verkend moeten worden, en aan de vele, gulhartige mensen die ons onderweg vriendelijkheid, eten en beschutting hebben geboden.

Maar boven alles, dank aan het Team. Aan Tom en Rowan voor hun eindeloze geduld, aanmoediging, liefde en het hondenoppassen. En aan Moth, omdat hij de moed heeft zijn eigen waarheid te zoeken.